陇上学人文存

LONGSHANG XUEREN WENCUN

陇上学人文存

刘 敏 卷

刘 敏 著 焦若水 编选

甘肃人民出版社

图书在版编目（ＣＩＰ）数据

陇上学人文存. 刘敏卷 ／ 范鹏，王福生，陈富荣总
主编；刘敏著；焦若水编选. -- 兰州 ：甘肃人民出版
社,2020.9（2024.1 重印）
ISBN 978-7-226-05565-6

Ⅰ. ①陇… Ⅱ. ①范… ②王… ③陈… ④刘… ⑤焦
… Ⅲ. ①社会科学－文集 Ⅳ. ①C53

中国版本图书馆CIP数据核字（2020）第134221号

责任编辑：肖林霞
封面设计：王林强

陇上学人文存·刘敏卷

范鹏　王福生　陈富荣　总主编
刘敏　著　焦若水　编选
甘肃人民出版社出版发行
（730030　兰州市读者大道 568 号）
德富泰（唐山）印务有限公司印刷
开本 890 毫米×1240 毫米　1/32　印张 12.25　插页 7　字数 309 千
2020 年 11 月第 1 版　　2024 年 1 月第 2 次印刷
印数：1001～3000
ISBN 978-7-226-05565-6　定价：60.00 元
（图书若有破损、缺页可随时与印厂联系）

《陇上学人文存》第一辑

编辑委员会

名誉主任：陆　浩　　刘伟平
主　　任：励小捷　　咸　辉
副 主 任：张建昌　　张瑞民　　范　鹏
委　　员：张余胜　　吉西平　　魏胜文　　高志凌
　　　　　张　炯　　安文华　　马廷旭

学术指导委员会

王希隆　　王肃元　　王洲塔　　王晓兴　　王嘉毅
傅德印　　伏俊琏　　李朝东　　陈晓龙　　张先堂
郝树声　　贾东海　　高新才　　董汉河　　程金城

总 主 编：范　鹏
副总主编：魏胜文　　马廷旭

《陇上学人文存》 第四辑

编辑委员会

《陇上学人文存》第六辑

编辑委员会

《陇上学人文存》 第八辑

总　序

　　陇者甘肃，历史悠久，文化醇厚。陇上学人，或生于斯长于斯的本地学者，或外来而其学术成就多产于甘肃者。学人是学术活动的主体，就《陇上学人文存》（以下简称《文存》）的选编范围而言，我们这里所说的学术主要指人文社会科学研究。《文存》精选中华人民共和国成立以来，甘肃人文社会科学领域成就卓著的专家学者的代表性著作，每人辑为一卷，或标时代之识，或为学问之精，或开风气之先，或补学科之白，均编者以为足以存当代而传后世之作。《文存》力求以此丛集荟萃的方式，全面立体地展示新中国为甘肃学术文化发展提供的良好环境和陇上学人不负新时代期望而为我国人文社会科学事业做出的新贡献，也力求呈现陇上学人所接续的先秦以来颇具地域特色的学根文脉。

　　陇原乃中华文明发祥地之一，人文学脉悠远隆盛，纯朴百姓崇文达理，文化氛围日渐浓厚，学术土壤积久而沃，在科学文化特别是人文学术领域的探索可远溯至伏羲时代，大地湾文化遗存、举世无双的甘肃彩陶、陇东早期周文化对农耕文明的贡献、秦先祖扫六合以统一中国，奠定了甘肃在中国文化史上始源性和奠基性的重要地位；汉唐盛世，甘肃作为中西交通的要道，内承中华主体文化熏陶，外接经中亚而来的异域文明，风云际会，相摩相荡，得天独厚而人才辈出，学术思想繁荣发达，为中华文明做出了重要贡献。

　　近代以来，甘肃相对于逐渐开放的东南沿海而言成为偏远之地，反而少受战乱影响，学术得以继续繁荣。抗日战争期间作为大后方，接纳了不少内地著名学府和学者，使陇上学术空前活跃。新中国成立之后，人文社会科学领域的专家学者更是为国家民族的新生而欢欣鼓舞，全力投入到祖国新的学术事业之中，取得了一大批重要的研究成果，涌现出众多知名专家，在历史、文献、文学、民族、考古、美学、宗教等领域的研究均居全国前列，影响广泛而深远。新中国成立之后，人文社会科学几次对当代学术具有重大影响的争鸣，不仅都有甘肃学者的声音，而且在美学三大学派（客观派、主观派、关系派）、史学"五朵金花"（史学在新中国成立之后重点研究的历史分期、土地制度史、农民战争史等五个方面的重点问题）等领域，陇上学人成为十分引人注目的代表性人物。改革开放以来，甘肃学者更是如鱼得水，继承并发扬了关陇学人既注重学理求索又崇尚经世致用的优良传统，形成了甘肃学者新的风范。宋代西北学者张载有言："为天地立心，为生民立命，为往圣继绝学，为万世开太平"，此乃中华学人贯通古今、一脉相承的文化使命，其本质正是发源于陇原的《易》之生生不已的刚健精神，《文存》乃此一精神在现代陇上得到了大力弘扬与传承的最佳证明。

《文存》启动于中华人民共和国成立六十周年之际，在选择入编对象时，我们首先注重了两个代表性：一是代表性的学者，二是代表性的成果，欲以此构成一部个案式的甘肃当代学术史，亦以此传先贤学术命脉，为后进立治学标杆。此议为我甘肃省社会科学院首倡，随之得到政界主要领导、学界精英与社会各界广泛认同与政府大力支持，此宏愿因此而得以付诸实施。

为保证选编的权威性，编委会专门成立了由十几位省内人文社会科学领域著名学者组成的专家指导委员会，并通过召开专题会议研讨、发放推荐表格和学术机构、个人举荐等多种方式确定入选者。为使读者对作者的学术成就、治学特色和重要贡献有比较准确和全面的了解，在出版社选配业务精良的责任编辑的同时，编委会为每一卷配备了一位学术编辑，负责选编并撰写前言。由于我院已经完成《甘肃省志·社会科学志》（古代至1990年卷，1990至

2000 年卷）的编辑出版工作，为《文存》的选编提供了坚实的基础和基本依据，加之同行专家对这一时期甘肃人文社会科学发展的研究，使《文存》能够比较充分地反映同期内甘肃人文社会科学的基本状况。

我们的愿望是坚持十年，《文存》年出十卷，到 2019 年中华人民共和国成立七十周年之际达至百卷规模。若经努力此百卷终能完整问世，则从 1949 至 2009 年六十年间陇上学人以"人一之、我十之，人十之、我百之"的甘肃精神献身学术、追求真理的轨迹和脉络或可大体清晰。如此长卷宏图实为新中国六十年间甘肃人文社会科学全部成果的一个缩影，亦为此期间甘肃人文社会科学学术业绩的一次全面检阅，堪作后辈学者学习先贤的范本，是陇上学人献给祖国母亲的一份厚礼。此一理想若能实现，百卷巨著蔚为大观，《文存》和它所承载的学术精神必可存于当代，传之后世，陇上学人和学术亦可因此而无愧于我们所处的伟大时代，并有所报于生养我们的淳厚故土。

因我们眼界和学术水平的局限，选编过程中必定会出现未曾意料的问题，我们衷心期望读者能够及时教正，以使《文存》的后续选编工作日臻完善。

是为序。

2009 年 12 月 26 日

目　录

四、社会发展理论研究

五、社会问题研究

编选前言

刘敏(1946年—),男,汉族,出生于甘肃定西。1970年毕业于西北师范大学政教系。历任甘肃省社会科学院副院长、党委委员,二级研究员,享受国务院特殊津贴专家。曾任中国社会学学会副会长、国家哲学社会科学基金社会学学科评审委员、中国人权研究会理事、甘肃省社会学会会长等职。西北师范大学社会学硕士生导师,兰州大学、西北民族大学、兰州理工大学、甘肃政法大学等多所大学兼职教授。

如何撰写社会学家思想史?美国当代著名社会学家刘易斯·科塞,曾主张从生平、学说、学术背景和社会背景四个方面展开。理解刘敏先生的社会学思想,这种撰写方式有着特别的启示。从先生的研究中,既能看到中国两个世纪社会结构转变在刘敏先生学术思想上的印记,又能全面地展现一位学人的思想、人生与社会的交互影响。

一、认识刘敏先生

(一)艰难困苦,玉汝于成

刘敏先生1946年五月初八出生于甘肃省定西县(今安定区)山区的一个农民家庭,根据家中长者回忆,先辈因逃避水患从四川来到黄土高原上的定西县小西岔村。经过数代人的努力,家道殷实,然而1949年却突遭巨大变故。刘敏先生的父亲学生时代参加长跑得了吐血病,由于当时医疗条件限制,年关前不治早逝。父亲的去世彻底地摧垮了这个家庭,按照当地习俗,年关前去世的人要先寄丧到节后才可出殡。当时只有三岁的刘敏(作为长子)跟着爷爷到窑洞里面给父亲脚前的油灯添油,还好奇地问父亲为什么躺在这里,他冷不冷? 这是他人生的最早记忆,也是最残酷的记忆。这一幕深深地刻印在刘敏先生的心里,失去父爱的遗憾也造就了男儿当自强的勇气、对家庭亲情的重视和培育后学亦师亦父般的情怀。

父亲去世后,先生的母亲自 24 岁就守寡,带着三岁的刘敏和不到一岁的弟弟,以柔弱的肩膀挑起五口之家艰辛的生活。逆境激发了先生求学的动力和勇气,先生初小毕业时以第一名的成绩被保送到定西县城的大城小学,但求学之路上却横亘着学费难关,赤贫的家中每天都眼巴巴地等着母鸡下的几颗鸡蛋和一些柴火秸秆。爷爷年迈奶奶小脚,两位十多岁的少年为了一分一角的微薄收入,步行到二十里外的县城去变卖这些物资。先生上初中的时候,正逢 1960 年的三年自然灾害,年初尚有野草子和杂粮混磨的炒面,下半年只能吃谷糠、麦麸皮和草子的炒面。1961 年炒面已经没有,只能吃野草揉成的菜团,苜蓿草、苦苦菜、灰条、玉米秆、榆树皮、柳树叶、秸秆都成为果腹之物,就连这样的食物都是母亲一口一口省下来的。苦难没有打倒先生,也没有留下烦恼、怨恨、退缩,而是成就了先生的乐观、坚持、执着,啃着菜团的先生又以优异成绩考上定西地区的重点高中。四十年后,先生的代表作《山村社会》提出广为流传的"二源动力聚合转换机制",我们能够透过先生的学术思想看到,促进发展几乎成为内化到先生生命中的基因,而强调内源驱动发展何尝不是先生艰难困苦玉汝于成的映照。而借《山村社会》这一著作成为学术名村的小西岔村,更是能看到生于斯的家乡对于先生的影响。先生回报给故乡的,却扩展到陕北、宁南、陇东、陇中四大黄土高原山区的乡村发展理论与政策实践。

进入高中学习,在那个时代意味着有了国家供应粮和助学金。先生非常珍惜难得的学习机会,习字、绘画、体育为艰辛的生活抹上难得的快乐色彩,但挥之不去的艰苦仍然无形中影响着先生最为关键的高考选择。1965年高考结束后刘敏先生虽为该校文科尖子生,后来得知成绩超过了重点线,但他不顾校领导和班主任的反对,毅然报考了甘肃师范大学(现西北师范大学)政教系,原因不过是该校离家近、花费少,以及师范院校的助学政策可以减轻自己上学给家里造成的负担。先生大学期间正值"文革",学习受到极大干扰,虽然先生本人没有受到伤害,但在后来的回忆中,先生仍然用五味杂陈、不堪回首来形容。

(二)扎根田野,往复书斋

1970年9月,先生和所有大学生一样延迟一年分配,被分配到甘肃省农村毛泽东思想宣传队永昌县分队朱王堡公社小队头沟生产大队。一年后省农宣队撤销,被留到当地当公社干部。1972年,先生作为驻队干部在头沟大队推进粮食亩产上《纲要》(国家1956年提出、1960年公布的《一九五六年到一九六七年全国农业发展纲要》要求,北方粮食亩产达到400斤)。先生在当时可谓开风气之先,创造性的提出三项措施:一是小麦品种全部由土品种换为"阿勃"和"甘麦8号"等优良品种;二是每亩种子量由25斤增加到40斤;三是每亩地增施15斤磷肥。科学合理的方法被农民接受并不容易,农民有的偷种土品种,有的弃化肥不用,最后组织大队所有干部坚守春耕地头监督才得以落实。当年小麦亩产一下子由237斤增长到415斤,农民喜获丰收,当地农业生产的观念也为之一变!

先生此后被公社任命为团委副书记、教育干事,抓学校工作,成绩斐然。此后又被派到省委党校学习,后调动到县委办公室担任秘书工作,1975年被提拔为县委办公室副主任,成为当时全县最年轻的科级干部。先生在永昌十年的工作经历在田地也在案牍,曾与农民一起深耕翻地,春种夏收,清晨手推车运送化肥,半夜扛着铁锨田地浇水,撰写的文件报告达一米多。这些扎根到社会中的体验,为以后先生进行社会学研究造成了深刻的影响。先生的研究一直关注社会发展,强调实地调研,研究难得的实践品格和对民生的关注,很多学术思想创造性地转换为甘肃乃至西北地区社会经济发展的实践模式与政策。

党的十一届三中全会后落实邓小平鼓励"专业对口"的政策,先生被调到甘肃省社会科学研究所(现甘肃省社会科学院)工作。1979年,先生正式开始了从学、治学,以及后来的治所、治院之路,在农村社会学、民族社会学、社会问题与社会发展、城乡关系与毒品问题等领域展开深入研究,先后任社会学、法学研究所副所长、所长和副院长,为甘肃社会科学事业发展繁荣,为社会学学科的恢复、重建与发展,为西北地区社会学人才培养倾注大量心血。

(三)耕耘陇上,研究西北

刘敏先生笔耕不缀,著作等身。先后主持和完成国家社科基金项目12项,国内外合作项目8项,省级项目16项;出版专著和合著20余部,发表论文和研究报告百余篇,其中在国内国际会议发表论文5篇。11项成果先后获得省级以上社会科学优秀成果奖,在学术研究中有五个"第一"。

一是刘敏先生1986年主持的《甘肃省农村社会问题和社会发展调查》的阶段性成果"小农观念的调查与思考",在当时省委双周座谈会上发言后,得到省委领导的充分肯定;时年《光明日报》8月4日头版头条做了报道,并同步发表《甘肃日报》的长篇评论员文章;文章此后又在国家权威期刊《社会学研究》公开发表。一篇社会学的调研成果引起媒体和高层的如此重视,在甘肃社会科学研究界至今还没有第二例。

二是 1986 年当选为甘肃唯一的国家社会科学基金社会学学科组评审委员,在全国 200 多名委员中也是最年轻的一位。

三是 1992 年由于研究成果比较突出,由中级职称直接破格晋升为研究员,成为当时甘肃人文社会科学领域最年轻的研究员。

四是 1999 年作为学科带头人与西北师范大学合作,申报了当时西北地区的第一个社会学硕士点, 至今已培养出近 200 名高级社会学人才。

五是 2005 年当选为中国社会学学会副会长,是中西部地区当选的唯一的副会长,也是当时甘肃唯一的国家一级学会副会长。

二、刘敏先生的学术思想

(一)农村社会学研究

黄土高原地区和山区农村之所以发展滞后,其根本原因是经济、社会、人口、资源和环境的恶性循环。而人类不断增长的需要与脆弱的生态环境之间的矛盾,是这一循环链中最薄弱的环节。要打破这一恶性循环的掣肘,实现可持续发展,就必须强化这一环节。刘敏先生认为,加快这些地区的发展必须运用新的思维,将整个黄土高原和山区划分为整体级、区域级和单元级,采取分级治理模式。

整体级即基础转型,主要指以农业为主的黄土高原和山区,要把生态再造与农业发展有机结合起来, 使农业这个基础逐渐由传统农业转向生态农业和持续农业,以协调人与自然、发展与环境的关系,为西北黄土高原的农业转型指明了方向。

区域级即区域减压,指在生态环境恶劣、人口密度较高的山区,通过人口控制、劳务输出和出口、开发型移民、建立无人生态区等措施,进行人口布局的区域性调整,逐步减缓一定区域内人口对资源、环境和生态压力, 使生态环境逐步由掠夺型转向反哺型和保护型。

1982年以来,在西北地区的"三西建设"中实施的移民百万计划,取得了显著的经济效益、社会效益和生态效益。刘敏先生的理论既是对这一政策实践的生动解释,又为后期生态移民扶贫研究和实践提供了重要的理论指导。

单元级即单元增力,指以组成黄土高原的所有小流域为治理单元,进行各种措施多管齐下的综合治理,增强其经济、生态、社会功能。将原来的低经济能量单元变为高能量单元,将侵蚀流失单元变为生态平衡单元,将物质单能单元变为综合强能单元,使弱质单元成为社会功能单元。

刘敏先生的理论是对西北地区本土产生的小流域为单元的综合治理实践的系统总结,运用系统论、协同学、流域经济学和耗散结构理论进行科学研究。先生坚信,以社区发展思想导引,坚持不懈地、一个单元一个单元地长期治理,总有一天,由单元到整体、由小流域到大流域、再到整个黄土高原,都会重披绿色盛装,实现社会的文明进步和全面发展将不再是梦想。2000年出版的《山村社会》是先生的代表作之一,也是刘敏先生对西北农村社区发展理论的再深入。

刘敏先生将农村社会发展概括为三种类型:一是区外动力嵌入型发展。即发展动力源于社区外部,社区内部的动力要素处于被动状态。这种发展的领域是局部的,发展过程是间断的,发展成果是有限的。二是内外源动力聚合型发展。即发展过程由外源动力输入而起,但主要动力源于社区内部,表现为外、内源动力的有序聚合。三是内源动力扩张型发展。即在内外源动力聚合发展的基础上,社区内部的动力要素不断强化和扩张,日益成为农村社区发展的主体性力量,这时外源动力输入减缓,社区发展主要表现为高度组织化的群体自主行为。这种发展涉及经济和社会结构的各个领域,发展状态是持续的,发展成果是全面的。先生指出,任何社区社会发展的主体性力量源于其内部,外源动力要通过内源动力而发挥作用。但在偏僻落后的高原山区,排斥外源动力输入的发展是根本不可能的,唯一有效的途径是促使外内源动力的聚合和转换。西北黄土高原山村社会发展亟待从外部政府行为向社区自主行为转换,把发展动力从外源推力向内外源合力、内在生长力转换,这种聚合转换过程和机制即"二源动力聚合转换"理论,被先生细分为三个阶段:

第一为外源动力要素输入阶段。即区外组织(政府)通过行政手段,向社区推行宏观性的社会政策、发展战略及其计划,以及输入必要的资金等。动力来源于政府的明政,表现为单一的区外组织行为。

第二为外、内源动力要素聚合阶段。即外源动力要素输入后,以社区组织为载体,与社区居民、家庭的需要相结合,形成社区发展的"二源合力",表现为社区自组织行为。

第三为内源动力扩张阶段。即在"二源合力"的基础上,动员社区成员广泛参与社区规划、社区决策和社区发展,使内源动力不断发展、扩张,外源动力要素输入相对减弱,区外组织的功能由"输入"转向"服务",社区发展主要表现为组织化了的社区群体自主行为。刘敏先生先后在陕北、宁南、陇东、陇中四大黄土高原山区进行广泛调查与验证,发现这一理论符合山村社会发展的实践,动力来源贴近上述三个过程,并存在聚合和转换的必然性。目前高原山村社会发展普遍处于第一阶段向第二阶段的过渡过程,只有加快动力要素向第三阶段的转换,促使内源动力生长和扩张,才能加速山区农村社会的全面发展。

西北曾是中华民族农耕文明的发祥地,至今仍是一个农村人口占大多数和以农业为主的相对落后地区。刘敏先生长期耕耘西部农村研究,得到学术界的高度认可,著名社会学家陆学艺在刘敏先生1989年完成的国家社科基金项目《中国不发达地区农村社会发展》

作序予以肯定和鼓励,并向全国推介,认为"这项成果,对于领导部门制定不发达地区农村经济社会发展的决策、对于创建和发展具有中国特色的农村社会学都是很有意义的。"在 2000 年的《山村社会》中陆学艺先生再次作序向全国社会学工作者进行了推介,评价该书"既具有乡土特色,又不失理论创新的独特风格"。

(二)民族社会学研究

刘敏先生在三十多年的学术生涯中,一大半时间和精力从事民族社会学研究,他从民族社会学学科理论出发,站在社会转型和西部发展的高度来审视这一问题,提出我国民族地区正处于一个从传统社会向现代社会的过渡过程,社会变迁的加速进行,使得社会分化和解组势不可免。民族地区基本上保持了社会稳定和民族关系稳定,原因在于民族关系正处在一个健康和良性运行时期,特别是改革开放的全面推进,为各民族快速发展、民族差别日益缩小奠定了更为坚实的基础,为各民族的相互接近、认同、互助和国家意识的提升,创造着更为良好的环境和条件。因此,为了因势利导,进一步巩固和发展平等、团结、互助的民族关系,必须超前应对新形势下的新倾向和新问题,对民族关系这一特殊的社会关系进行适时的战略调整。刘敏先生提出坚持"稳定与发展的统一战略、发展与缩小的同步战略、政策连续性与稳定性的协调战略、坚持马克思主义民族观教育和政治发展的并举战略"四个方略,为解决具有挑战性的民族问题提供了有益的启示和借鉴。

基于西部地区多民族历史形成的"完整社会发展史"这一难得实践,刘敏先生论证了少数民族地区社会转型过程中的结构性障碍,敏锐指出区域性的社会特征是社会转型的起点。少数民族地区除了具有一般社会的特性外,在自然地域、经济社会、思想文化和人口发展等方面又有许多区域性的特征,构成了民族地区社会发展的特殊环境。概括了目前和今后少数民族地区社会转型的四种趋向：一是差别发展中的转折点趋近趋向；二是城乡一体化发展趋向；三是连片滚动趋向；四是单质突破趋向。

回归民族问题研究的本源与理论体系，是刘敏先生在民族社会学研究领域的一种新探索。刘敏先生发现，国家和政府越来越重视民族关系和民族地区经济社会的发展，并以极大地投入获得了显著的成效。但这种努力的社会认同并不乐观，许多冲突和矛盾并没有因发展加快而减少，甚至在一些地方还出现诡异的悖反现象。这与在准确理解和科学坚持马克思主义民族关系理论体系上发生的偏误有关，与在科学研究上理解民族关系的本质问题有关。从马克思主义民族关系理论体系来看，准确解读和坚持马克思主义民族理论体系中的民族平等理论、民族发展和共同繁荣理论、民族融合理论，是解决民族关系的发展基础、发展过程和发展目标等最基本的理论和实践问题的定向与定位问题，是"避免混乱和谬误"的理论基础，也是对整个中华民族复兴和繁荣的责任担当。

刘敏先生在对国内外民族社会学的诸种观点进行比较的基础上，提出了民族社会学研究对象"两位一体论"观点。"两位"一是指民族社会本体，包括社会制度、社会组织、社会结构、社会关系和社会机制等；二是指民族社会主体，即作为人的社会个体、社会群体。由此延伸下去，民族社会学的研究对象就可概括为，研究民族社会本体的变迁、进步，以及民族社会主体的需要满足和全面发展。其宗旨是实现民族社会"一体"的全面发展和现代化。在民族社会学的理论框架问题上，刘敏先生主张构建"动静二分式"的框架，明确民族社会学的主要内容包括：研究对象和方法，多元一体格局和各民族的区位分布，民族社会结构，民族文化和社会心理，民族意识、民族认同和民族社会化，民族交往和民族关系，民族社会流动与社会分层，民族问题与民族政策,民族社会控制、社会工作和社会保障,民族社会问题,民族社会变迁和稳定,民族社会发展和社会现代化。民族社会学的任务就是通过富有成效的调查研究和融学术性、战略性、政策性为一体的研究成果,一是要为少数民族地区的改革、稳定、发展和现代化建设服务;二是为民族社会学自身的学科建设和学科发展,以及建构具有中国特色的民族社会学理论和方法体系服务。

(三)西部社会学研究

西部发展,纵使千曲百折,但始终牵动人心,是因为西北的环境脆弱与保护、民族与文化多样性、地区差距与失衡、社会经济协调等等,都是与国计民生相关的世纪议题。

刘敏先生深深地植根于西部历史、文化和民族的丰厚土壤,对发端于西部独特的区情和开发发展的实践进行研究。作为西部社会学的倡导者和开创性研究者之一,刘敏先生以冷静、理性的态度,运用社会学的基本原理,总结和反思前人开发的经验教训,系统性地从实践基础、理论架构和研究主题论证了西部社会学的议题,并聚焦西部发展的民族、文化、环境、贫困等实践问题,研究地区开发同社会发展的关系,探讨西部开发对象、开发目标、开发条件、开发能力和开发效益有机结合的方法与途径。

刘敏先生认为西部社会学需要"破解五个难题、把握五个向度":一是破解西部人全面发展的难题,把握人的发展与开发过程的和谐度;二是破解资源与生态环境难题,把握资源开发与环境代价的依存度;三是破解区域发展差异性难题,把握经济与社会、区域与整体发展的协调度;四是破解路径依赖难题,把握发展战略与社会政策的对接度;五是破解风险和安全难题,把握开发发展同稳定的对称度。

西部尤其是西北地区,曾是中华民族历史上人类活动最早的地区之一,已有七千多年的历史。我们常说西北是中华民族的发祥地,实际上指的就是历史上人类开发活动创造的华夏文明，尤其是农业文明。不过到了近代，西部却"昔日耕桑，今为草莽"，甚至"陇中苦瘠甲于天下"。今日的西部，既是社会经济欠发达地区，又是国家的重要生态屏障；既要开发西部，又要保护西部。在诸多二元难题中，如何走出第三条道路是当今研究的重要议题。刘敏先生通过反观西部开发的历史，发现过度的农业开发活动使西北付出巨大的生态环境代价，新时代西部开发需要新的理论应对和支持，刘敏先生创造性地提出"低代价开发理论"。从西部大开发的目标、对象、动力、手段和基础等出发，"低代价开发理论"的主要内容可以概括为：一循环二转换三协调，即循环理论、转换理论和协调理论。

"一循环"是指开发行为发生和发展的社会系统内部实现要素的良性循环；"二转换"包括两个方面：一是作为开发基础的资源系统转化，二是开发动力系统转换；在这一基础上展开的西部新一轮开发，要在保持合理开发强度上下功夫，即做到"三个协调"：一是开发目标与社会主体的多层次需要（生存需要、享受需要、发展需要）相协调，力戒急功近利式开发、与社会群体需要相悖的开发、无社区发展的开发；二是开发规模与资源容量及其循环替代相协调；三是开发规模与可持续发展能力相协调。

"三协调"的核心在于正确处理好开发行动与资源环境、人的需要和可持续发展之间的关系，在改造自然中实现人与自然的和谐相处，防止重蹈历史上西北开发和当今一些区域发展的覆辙。"三协调"不是一套抽象的理论，在如何切实实现低代价开发由理念到实践的转变，必须将其政策化，建立与低代价开发相关的配套机制。

如果我们将观察的时空坐标再延展一下，就不难发现，"一带一路"倡议向西延展的丝绸之路经济带沿线国家的地理社会文化与刘敏先生关注的中国西部有着诸多相似之处。"低代价开发理论"对"一带一路"沿线国家有着积极的启示价值，而我们将视野更进一步西延,则可以发现在更为广阔的欧亚非大陆,低代价开发思想也有着广阔的价值。

人是万物的尺度。甘肃在历史长河中先后涌现出孔丘三名徒、一批二十四史立传人物,西汉"飞将军"李广、军事家赵充国,东汉哲学家王符、书法家张芝,三国蜀将姜维,魏晋医学家皇甫谧,北魏尚书仆射李冲,唐明君李世民等,以及近现代以来涌现的一大批名流志士。刘敏先生针对历史演变中的多民族与人口大迁移特征,以社会学家的理性和充满历史人文的笔触对陇人品格进行精确的分析。甘肃境内既有新石器时代仰韶文化和龙山文化两个系统,又有早于且与仰韶文化不全相同的马家窑文化,这些多元文化系统在历史文化长河中激荡融合,锻造出独特的陇人品格:勤奋(勤)、坚韧(韧)、包容(容),这三种品格折射着三个方面的人生态度,分别是对己、对事、对人,为中华民族的繁衍、传承、进步和文明作出了积极贡献。这是对甘肃区域文化与人文品格的跨历史分析,也是从社会学视角做出的生动阐释。陇人品格的生成,既是历史上中华帝国南北冲荡的历史积淀,更像一条玉如意将这些品格与文化带向全国,成为大中华版图和版图构建的发动机。

(四)社会发展理论

刘敏先生早在 20 世纪 90 年代,就开始系统引介社会发展理论,并探索建立中国特色的社会发展理论体系。刘敏先生认为,社会发展理论可以分为四种类型:经典社会发展理论、发展理论、经济社会协调发展理论、社会可持续发展理论。从十九世纪三四十年代社会发展理论的出现到当代,社会发展理论演变的基本走向是由重物到人、物并重,再到以人的永续需要为中心。刘敏先生特别强调建立具有中国特色的社会发展理论体系,提出中华人民共和国从 1949 年建立以来对社会发展从理论到实践的探索具有明显的阶段性特征，形成独特的社会发展模式和社会发展战略，构成社会发展理论体系中介层次的两大支柱。从世界性现代化的时序系统来看，中国的发展模式的前提明显带有"后发外生型"的性质，从推进社会向现代化发展的力量来看，主要由国家或政府自上而下地发动和组织；从现代化的起点来看，起步于国家统一和民族独立之后。

理论无实践则空，实践无理论则盲。刘敏先生在推动中国特色的社会发展理论体系的同时，特别关注中国社会发展的实践问题。在《中国不发达地区农村社会发展》(中国经济出版社 1990 年)一书中，刘敏先生概括提出"开发社会学"的理论框架及其体系，被学界称之为西部社会学人的觉醒，为上世纪末国家提出"西部大开发"战略做了知识准备和理论呼应。在《中国民族地区社会发展特征及其转型》(《社会学研究》1994 年第 1 期)一文中，提出四种社会转型趋向，即差别发展中临界点趋近趋向、城乡一体化发展趋向、连片滚动发展趋向、单质突破发展趋向。其中"城乡一体化"概念在十多年后党的十七大报告中得以采用。后来，先生对各种社会发展思潮进行建设性评述，将社会发展理论进行了宏观层次、中观层次、微观层次更为系统的论述，指出宏观社会发展理论运用于中观社会发展模式和社会发展战略的路径，强调只有宏观、中观、微观三者之间的有机组合和双向作用，实现理论层次—实践层次—技术层次的转换，才有可能实现理论与实践的统一，使社会发展理论体系具有完整性和科学性。

(五)社会问题研究

社会学被誉为"社会医生"，社会问题是社会学家关注的主要领域。刘敏先生指出，社会学的批判性与公共意识是其学科发展的灵魂。社会学研究中批判性与反思性研究过少，维护性研究过多；小人物的日常生活研究过少，宏观性社会研究过多；底层视角研究过少，官方视角研究过多；使得社会学面临着一种被其他学科"淹没"和自身"学术品质"下降的危险。刘敏先生主张社会学应与社会现实紧密结合，大力培育其"独立取向"与社会批判精神，同时加强底层研究，从日常生活中捕捉个体命运与社会制度变迁之间的微妙关联，从而真正实现社会学的学科理念。

刘敏先生将这种社会学的学术关怀贯穿于研究的始终，在三十余年的学术生涯中，先生既从风险社会角度探讨过社会问题研究的理论维度，又关注过毒品问题、甘肃省小城镇发展战略、甘肃省人才建设工作等传统社会问题，更是深入研究过网络成瘾、企业社会责任等相当"新潮"的问题，他的学术关怀始终与时代的脉搏紧紧联系在一起。

2005 年，刘敏先生敏锐注意到伴随互联网的出现和普及，网络成瘾问题已成为一个潜在的重要社会问题，对网络成瘾的名称、类型、特征、危害、成因、诊断和对策专门撰文进行全面系统的梳理。提出网络成瘾研究的重点应放在两个方面，一是研制具有较高信度和效度的诊断工具，二是探讨可行性较强、有效性较高的防治措施。今日反观，2005 年中国网民 1 亿左右、网络成瘾问题主要存在于青少年群体，2020 年中国网民已近 10 亿、网络成瘾蔓延到各年龄段的"低头族"，先生社会学家的敏感洞察力和对社会问题预判的前瞻性让人钦佩不已。

早在 20 世纪，初现端倪的毒品问题引起刘敏先生的高度关注，通过系统的数据分析、千人普查、深入甘肃省监狱戒毒所的百人专访，一副副令人心寒的惨境引起刘敏先生的深切思考，毒品严重摧残着社会个体和群体的身体健康，对家庭构成严重威胁，还严重破坏生产、生活和工作的正常秩序，败坏社会风气，以极大的反社会性威胁着社会秩序和社会安全。从历史来看，甚至威胁着中华民族的生存和发展。做为国内最早系统研究毒品问题的社会学家,刘敏先生1992年出版的《日趋严重的毒品问题》一书受到著名社会学家雷洁琼先生的高度认可, 她亲自听取刘敏先生毒品问题的研究汇报,并题写了"发动全民禁毒,提高民族素质"的题词。

民生安全呼唤企业履行社会责任,刘敏先生不但深入实地调查社会责任承担情况,而且从学理层面分析企业社会责任的思想传承和理论建构。基于对企业获取社会责任的渠道和企业履行社会责任的调查,提出加强企业社会责任思想的宣传和普及,不仅要提高企业的社会责任意识和履行社会责任的自觉性,还要加强政府对企业履行社会责任的管理以及民众和社会对企业履行社会责任的监督,特别是引导企业主动融入到甘肃扶贫工作中。这些洞见在十年前完全称得上是学术新潮,在今天仍然有着重要的实践价值和政策启示。刘敏先生还创造性地把发端于西方的企业社会责任理念,与我国儒学文化思想渊源相结合,提出认真挖掘我国传统思想中的"仁义观""德化观""慈善观""惠民观"等思想资源,在现代化和全球化实践中推陈出新,建构中国特色的企业社会责任与企业公民思想实践体系。

三、陇上社会学家刘敏

刘敏先生在分析中国社会学的学术品格时指出,儒家"经世致用"思想的滋养与近代中国社会的苦难历程,使得中国的社会学理论自诞生之日起便具有了一种贴近底层生活的责任意识。这也是几乎与共和国同龄的先生自己的学术之路的思想表述。在跨越两个世纪的时间里,他的人生经历和学术生活始终体现着社会学家的良知。

我们可以看到刘敏先生在专业社会学、政策社会学、批判社会学和公共社会学四个领域同步行进的轨迹,刘敏先生既在学术思想上开创出新的领域,成为全国引领西部社会学研究的著名学者,又积极参与甘肃社会经济发展的社会政策研究与资政工作，为甘肃的发展贡献了不可或缺的力量。

如果说学术研究是知识分子的本职，那么凭借以学术为天下之公器的精神来投身社会学教育事业，可以说是刘敏先生的另一大贡献。1998年，刘敏先生受西北师范大学邀请，作为学术带头人同西北师范大学政法学院合作，申报获准了西部地区第一个社会学硕士点（1999年正式招生），全身心地投入到社会学人才的培养和教育事业当中。先生当时已经是国内知名社会学家，但执教于大学培养社会学人才，先生却将自己的姿态降到最低，甚至把自己当小学生一样学习教育教学方法，以先生一贯认真的精神来教书育人。从西北师范大学走出去的众多社会学研究生一定有深刻的印象，那就是先生拿着厚厚的手写讲稿，中间夹杂着最新的文献、资料、数据报告。

先生不仅仅教授社会学之术，新入校研究生的开学第一讲，先生每每以王国维先生的治学三境界开场，讲授先生自己总结，在西北社会学人中脍炙人口的"三自三多三高"学习法。"三自"即"自知、自立、自强"，刘敏先生在教育中常常和后学分享自己的学术之路，社会学家认识别人容易，但认识自己特别是正确认识自己很难，生活中我们或许可以战胜许多外在的困难，但往往很难战胜自己。古今中外许多功亏一篑者大多是因为无法认识自己或战胜自己的缘故。自知仅仅是手段、是途径，自立、自强才是目的，而且自强要强知（增强知识）、强智（增强智力）、强力（增强体力，要健康）。"三多"即"多读书、多思考、多写作"，如果说前两者在教学工作中并不稀奇的话，多写作真正打开了社会学初入门者的障碍，刘敏先生鼓励大胆地将每一个观察和想法都记录下来。甘肃许多社会学青年学者都珍藏着刘敏先生修改过的手稿，文章上面总是留着先生俊秀有力、密密麻麻的修改意见，先生提的修改意见在文字表述和学术规范上严谨规范，但在学术观点上却从来不以专家自居,而是充满鼓励和讨论的角度,激发出更深更新的思考。刘敏先生对慕名而来求助指导国家社科基金项目的单位和青年学者更是青睐有加,以广阔的胸怀和悉心的指导,大力扶持省内高校和青年学人成长。据不完全统计,他从 20 世纪 90 年代开始至今,在省内 10 多所高校和宁夏、陕西、浙江、安徽、广东等省区作国家社科基金项目申报辅导报告 30 多场次。经他指导、推荐、参与评审和争取的国家社科基金项目不计其数。社会学家郑杭生先生曾在多个场合赞扬,甘肃社会学成为全国瞩目的西北军团,刘敏先生在背后几十年如一日扶持和指导青年人才居功至伟。

大学之道在大师,更在明德。刘敏先生在教学中特别重视学生高尚的品德、高昂的学习精神和高远的学术境界即"三高"的培养。谆谆教导青年人要做好学问,先学好做人,人要正直、正派、正义,并且要准备吃苦、准备克服困难。20 年间,西北师范大学共毕业社会学硕士研究生 201 位,考取博士研究生 61 位,晋升教授副教授近 70 人,还有一批在政府从事专业相关的领导干部。以此为开端,甘肃培养社会学人才的步伐不断加快,规模日益壮大,成为西部地区社会学发展最为强劲的省份。到目前为止,甘肃省共有社会学教育机构 10 个,社会学博士点方向 1 个,硕士点 3 个,本科专业 3 个,社会工作专业硕士点 4 个,本科专业 7 个。从事社会学教学和相关领域研究的教授研究员 30 多人,副教授 40 多人,在校博士、硕士研究生 500 多人,本科生超过千人。

刘敏先生的社会学研究教育之路,既是一代社会学家思想的轨迹与刻写,也是展现以社会责任和关怀下一代学人的生动记录。先生曾经的感悟自己在人生和事业中坚持"谋事不谋人、包容不排斥、记情不记仇、知足不苛求",可以说是文以载道,是他奉献给学术界中的另外一份珍贵的礼物。

　　众多受惠于刘敏先生教育的后学在大江南北学术会议相会回望陇原时,都会情不自禁吟咏起"众里寻他千百度,蓦然回首,那人却在灯火阑珊处",那是青年学人对社会学之路上成长的欣喜,更是对师恩的感念感恩! 此时此刻,那人就是——我们敬爱的刘敏老师!

焦若水

一、农村社会学研究

甘肃省农村社会问题与社会发展调查报告

十一届三中全会以来,历时八年的改革,使甘肃农村在经济、文化、社会等方面发生了巨大变化。与此同时也出现了一些新的矛盾和社会问题。为了准确的掌握和解决农村改革中出现的各种新的社会问题,推动农村改革向纵深发展,我们甘肃省社会科学院社会学、法学研究所于 1986 年进行了甘肃省农村社会问题调查。

这次调查是运用社会学的抽样问卷技术、采取点面结合的方法进行的。共涉足全省 21 个县(市)的 48 个乡、127 个行政村的 1500 户农民家庭,收回问卷 1238 份。其中:定西县、武威市两个点 967 户,面上各县 271 户。在问卷调查的同时,对各调查区域的一般情况和主要问题还进行了普遍调查和个案调查。

这项以农民家庭为对象、以农村社会问题为主要内容的大型社会学调查,在甘肃还是第一次,引起了有关部门和社会的关注。其内容主要有:1. 农村生产与消费问题;2. 农村人口素质问题;3. 农村家庭、婚姻问题;4. 农民生活方式问题;5. 农民思想观念问题;6. 农村老年问题;7. 农村教育与智力开发问题;8. 农村卫生保健与计划生育问题;9. 农村小城镇建设与城乡关系问题;10. 农村法制教育与综合治理问题等十个部分、一百多个项目。

通过调查,基本掌握了十一届三中全会以来我省农村政治、经济、文化的变化情况,弄清了农村各种社会问题的现状及发展趋势,现将主要情况报告如下:

一、改革和变新是当今农村社会的主旋律

农村改革已历时八年,现在,我们应该怎样看待这场改革取得的成绩和前进道路上的困难?怎样巩固改革成果并将改革引向深入?调查结果表明:

(一)改革大大提高了农民的物质生活水平

农村经济体制改革的主体是农民,农民状况的变化是评价改革得失的主要变量。据调查,1985 年,甘肃农民人均纯收入在 250 元左右,同统计部门公布数接近。如果把承包前后一年的月均收入进行比较,我们就会发现,承包前,全省农民月均收入大都在 30 元以下,共1045 户,占调查农户的 84.4%,承包后减为 511 户,占 41.3%,比承包前减少 43.1%。相反,现在农民的月均收入大多数已超过 30 元,共697 户,占调查农户的 56.3%,比承包前增加 41.1%,这大幅度的"一增一减"说明,改革发展了经济,增加了收入,给农民带来了极大的实惠。

在具体的生活消费方面,我们以 12 项指标作了承包前后的对比调查,有 92.5% 和 87.6% 的农户回答"食"和"穿"增加最多,分别居第一、二位。1985 年,农民人均年消费除蔬菜外,均比 1984 年有较大增长。其中,粮增 14 斤,油增 1.8 斤,肉增 3.3 斤,糖增 1.23 斤,烟增 6合,酒增 1.4 斤。家庭主要耐用消费品除收音机外,也大有增长。其中,自行车户均 1.07 辆,比 1984 年增加近一倍,录音机增加七倍,电视机 181 台,占调查农户的 14.6%,也增加七倍。同时,照相机(5 部)、电风扇(5 台)、洗衣机(21 台)、电冰箱(2 部)等,这些现代化消费品亦开始步入甘肃农民家庭。

(二)农村产业结构和生产方式正在发生重大变化

由于商品经济的发展,甘肃农村正在从单一农业经济向农工商

综合型产业结构过渡。这种过渡虽步履维艰,但却令人振奋。在调查
农户中,13.5%的农户已由农业转向工业、商业和其他服务业,10.6%
的劳动力脱离土地,转向以工商为主的其它生产领域。一个多产业、
多样化的农村经济新格局已露雏形。而且值得重视的是农民的生产
方式和经营方式的联营趋势不断增强,有 26%的专业户由过去的自
营转向联营、转包或投资。可见,目前甘肃农民在商品生产发展中已
经获得了两个方面的积极性:一是独立从事家庭经营、个体经营的积
极性;二是联合起来,共同发展的积极性。应当说,这两种经营方式和
两个方面的积极性都是适应甘肃生产力发展水平的。但需要注意的
是,今后在保护和支持家庭经营和个体经营的同时,一定要重视和支
持农民联合经营和共同发展的积极性;同时,联合经营必须坚持自愿
互利,顺应生产发展的需要,不要人为强行拼凑。

(三)农民的生活方式正在发生变化

生活方式是人们享用物质生活资料和精神产品的活动方式,它
是在一定历史条件下形成的人类生存活动的总体结构,是生产方式
与消费方式的统一。历经八年的农村改革,不仅改变农民的生产方式
和经营方式,而且也改变着农民的生活方式,这一点不论在抽样调查
还是涉足所见都得到了证实。

在"对一些现代生活方式的看法"的问卷中,我们使用六个指标
进行了测量。结果表明,20.5%的农户认为"应该提倡",18.6%的农户
认为"有可取之处",15.7%农户认为"是社会发展的必然结果"。也就
是说,有 54.8%的人对现代生活方式持肯定或基本肯定态度,持"不
应追求,也不反对"中间态度的占 33.7%,持"应该抵制"反对态度的
只占 11.6%。

在衣着方面,过去那种"一年一身衣,从春穿到冬"和自制中式夏
装的状况极为罕见。特别是姑娘、年轻妇女的穿着打扮与城市日趋接

近、西装、烫发、高跟鞋、化妆品逐渐被女青年所接受。在武威长期形成的妇女出门、上地普遍包头巾的习惯，基本被纱巾所代替。在饮食方面，虽然农村比城市水平要低得多，但杂粮比重大大减少，大多数农民家庭在主食数量有了保障的情况下，副食品种类和数量逐渐增加，有的家庭已经食用罐头、鱼类、豆制品等。过去那种"天天杂粮饭，年节再改善"的状况大为改变。目前虽然还谈不上"吃饭讲营养"，但已开始向多样化转变。在住房方面，这几年农民新盖的住房，大都是下砖上瓦玻璃窗，并用涂料、顶棚、水涮石装饰。在城郊和条件较好的地方，也有个别农户和专业户修建楼房。凡新建房的农户，都基本抛弃了传统的"四合院"形式，标准也比过去大大提高。

在生活习惯方面，甘肃农民也有较大的改变。如对"日常生活中的消遣"的调查表明，承包前甘肃农民的闲暇时间很少，"没有娱乐活动"的占 36.5%，以"聊天"为主要消遣的占第一位。承包后无娱乐活动的减少 11%，以看电视电影和读书看报为主要业余消遣的占前三位，共 604 户，占调查农户的 48.8%，表示愿意旅游和休假的占 60.8%。在业余爱好中，学习农业技术的占 35.7%，居第一位。可见，甘肃农民的生活方式明显地向城市化和现代化发展。

(四)农民的各种观念正在发生变化

首先是在新的生产环境和社会环境中，农民对中华民族的传统观念正在进行新的选择和扬弃。在"对传统观念看法"的调查中，赞成"勤俭持家"者占 78.5%，赞成"和气生财"者占 61.8%，分别居第一、二位。说明甘肃农民继承了荟萃中华民族美德的勤劳、善良、热爱生活等优良传统，并在商品经济的新条件下丰富和发展着这些观念的内涵。同时，通过对"现代观念看法"的调查也可以看出，赞成"直来直去，互相信任"者占 65%。在人生观方面，赞成"互相帮助，共同致富"的占 69.5%，赞成"创造财富，为国为民"的占 51.8%，均分别居第一、二位。这也说明农民在改革中逐渐获取和创造了自身价值,并日益把个人的发展和利益,同国家、人民的发展融为一体,使传统的自私观念不断更新,人生观得以深化。

其次是消费观念普遍增强,随着改革开放和商品经济的发展,甘肃农民消费观念也在发生变化。如在吃饭上开始要求"讲营养"的占19.7%,在穿着打扮上要求"不能太古板"、"要有特点"、"使人漂亮"和"不要受限制"的占31.6%;在家庭耐用品方面,电视机数量成倍增长,覆盖率由1984年的2%发展到14.6%;在住房方面,调查农户1986年准备盖新房1185间、20740平方米,户均0.96间、16.75平方米,都反映出农民消费观念的现代化趋势。

第三是家庭、婚姻、生育观念。在家庭观念方面,目前全省农民家庭规模以4~6人的两代家庭居首位,占56%;7~9人的家庭居次,占28.7%;1~3人的小家庭只占11%。在对家庭结构的选择上,以"兄弟分开"和"无已婚子女"家庭为主,"有老人"家庭居三。在居住方式上以"自立门户"为主,占51.5%;以"父母同住"为次,占25.7%;以"几代同堂"为三,占17.9%。从以上不同角度可以窥见一个共同点,就是农民的家庭观念已明显地趋向两代人构成的核心家庭,传统的大家庭观念大大削弱。

在婚姻问题上,农村青年的择偶标准已冲破了地域观念,并由过去的注重经济转向注重相貌(一位)、健康(二位)和思想(三位)。农民对彩礼持取消态度的占41.6%,持肯定和基本肯定态度的占28%,持中间态度的占25.7%,足以说明婚姻观念的巨大变化。在生育问题上,多子多福的观念受到强大冲击,选择"一男一女"者占60.8%,居18个调查指标的首位。

(五)农村的人际关系正在发生变化

在改革过程中,农村在社会主义商品生产与交换过程中,正在发

生、发展和建立起新型的人与人、人与社会的关系。这种关系主要表现在家庭关系、邻里关系、社会关系等方面。

在家庭核心成员中，夫妻间的关系较以前大有改善,92.7%的家庭认为"非常和睦"(49.1%)和"比较和睦"(52.6%),"小吵小闹"、"大吵大闹"和"貌合神离"的只占4.7%。夫妻间对待对方错误的处理方式也有较大改变。"讲道理"的占58.1%,"动手"的只占4.9%。这说明改革使妇女的经济地位、家庭地位提高,受歧视现象减少,增加了家庭的和睦。

农村的邻里关系一直被认为是多事和复杂的，但现在却出现了可喜的变化。在我们的调查中,回答"都很好"(42.6%)和"多数好"(37.3%)的共占79.9%,关系"一般"的占18.3%,不好的仅有1.8%。

农村既是一个个小的社区，又是一个大的社会,除了家庭关系、邻里关系外，还有社区内、社区间更大范围的社会关系。在这方面随着商品生产规模的扩大，人们的交往也日益扩大，人与社会的关系更直接、更密切了,持这种观点的农户占63.1%,认为"没有什么变化"的占15.2%,认为"疏远了"的占15.5%。

大量事实说明，改革已成为全省农村社会的主旋律,它的理论、政策不仅已被广大农民所承认、所接受,而且掌握和运用这个武器,进行着新的探索,推动和发展着改革的进程。通过八年的改革,现在的农村已不是昔日封闭单一的"粮食加工场",而成为向现代化方向发展的充满生机的大社会。现在的农民在很大程度上也不再是过去意义上的集合概念,而正在被造就成新的社会化的经济社会群体。

二、改革的强化与旧生产方式和社会意识的反冲，构成了当前农村社会发展的主要问题

如上所述，以改革为主调的甘肃农村社会正呈现出稳定协调的

发展态势,不论改革的政策,还是人们的承受能力,经济社会条件都在不断强化,这无疑是农村发展的主流。然而,从我们微观调查的事实窥视宏观的整个农村社会,便可发现甘肃农村改革是在极其薄弱的基础和重重困难中前进的。目前,作为国民经济基础产业的农业,自身还相当脆弱,远未走上稳定发展的阶段,尚处在由自给自足经济向商品经济的过渡时期。同这个过渡时期相适应,人们的伦理观念、价值标准、生活方式和社会心理等也正在强烈冲突中缓慢的实现新旧交替。正是由于这个特点,决定了农村社会发展中改革不断强化和多种社会问题纷呈的局面。

(一)生产方式问题

社会物质资料的生产方式是人们为了维持生存所必须的生活资料的活动方式。它是人类社会赖以存在的基础,既决定着一个社会的面貌,又是一切社会发展和变革的决定性力量。但目前甘肃的这个"决定性力量"仍很落后、很脆弱,从而制约着改革的进程。比如作为生产力首要要素的人,文化素质很低,文盲率偏高。在调查户主中,文盲 732 人占 64.6%,而文盲的 94.8%都从事农业;在调查农户中共有劳力 3415 个,其中文盲 1324 人,占总劳力的 38.7%,如果加上半文盲人数,文盲率高达 68.1%;再从调查家庭的主要劳力夫妻来看,文盲率达 48.4%;如加上半文盲人数,文盲率达 73.2%。不可否认,近几年来随着商品生产的发展,农民的求知欲望大大增强。但它尚未从总体上改变农民的文化素质结构,有些地方还出现了文盲增多的状况。如实行生产责任制以来有 20.8%的农户有中途退学的学生。这个比例大大超乎人们的预料,无疑是一个极其严重的问题。

劳动工具是生产力的又一主要要素,也是影响生产方式的主要因素。通过调查,甘肃农村仍以传统的人力、畜力为主要生产手段,占调查农户的 95.6%,拥有机引犁耙、播种机和收割机的只有 56 户,占

4.4%;运输工具以胶轮车、架子车为主,共 524 户,占 42.3%。拥有汽车的农户占 1.1%,各种拖拉机农户占 4.4%,也就是说全省尚有一半以上的农民还未摆脱肩扛手提的落后运输方式。试想,如果不改变这样的生产方式,商品生产的后劲从何而来呢?

(二)观念冲突问题

在改革潮流中,农民的某些思想观念正在变新,这一点是不容置疑的。然而,长期形成的小农心理和陈腐观念仍很顽强,也是不可忽视的。比如:在生产观念上,认为还要"更上一层楼"的占 29.7%,22.3% 的农户认为"保持现状就行",持保守态度;其余 48% 的农户均持犹豫和观望态度。可见,甘肃大多数农民小富即安、温饱即满的观念相当严重,缺乏持续发展商品生产的思想准备和动力。

同保守的生产观念相适应,在消费观念上的滞后性也是显而易见的。数年来的连续丰收使农民的收入普遍提高,但有 56.4% 和 49.5% 的农户还满足于"穿什么都一样"和"填饱肚子就行"的传统消费观念。生产决定消费是铁的规律,这一点农民有切身体会,但对于与生产水平相适应的同步消费会刺激生产,农民却不甚了了。正是在这个意义上说,消费观念的滞后性和生产观念的保守性是互为因果的。

与此相反,在正常生活消费观念滞后的情况下,却出现非正常生活消费的超前性。如,每年户均用于婚丧事的支出费用 50 元以上的占 40.6%,其中百元以上的占 18.8%。结婚时"大操大办"的占 71.2%。而更为严重的是这种现象正在互相攀比中节节拔高,形成一股排场化的奢靡之风,成为严重的社会公害。一些刚刚解决温饱的农民,为了"关系"和"体面",不惜自己忍贫受穷,也被挟裹解囊,债台高筑。同时,这些旧观念和排场风,又常常成为夫妻反目、婆媳吵架、家庭不和以及自杀、凶杀、早婚、换婚、拐卖妇女等纠纷和案件的导火索。而为了筹集高昂的结婚费用，进行偷盗诈骗，走上犯罪道路者也不乏其人。

另外，还有相当一些农民还没有摆脱传统落后观念的束缚，甚至处处以古为训，不敢越雷池一步，在新旧观念的冲突和商品生产的激烈竞争中，显得极端无力。如，赞成"在家千日好，出门处处难"封闭观念的占 51.6%，这些人视商为奸，安贫乐道。赞成"人生如梦，转眼百年"的占 46.7%，这些人庸碌无为，不思进取。赞成"少管闲事，自扫门前雪"的占 42.9%，这些人生产上不一定落后于他人，但保守自私。

这些落后观念尽管不是当今农民思想的主流，只是一种暂时的冲突现象，但它对深化改革和持续发展商品生产的危害是不可低估的。可以预料，今后的改革如果不伴随观念突破，将是很难想象的。

（三）封建残余的回归问题

在这次调查结果中，出现一种令人深思的现象，即农民的富裕程度提高，现代意识增长，而传统的封建意识却又呈现部分的回归和复生。如在"一个人活在世上主要为了什么"的调查中，竟有49%的人赞成"千里做官，为了吃穿"，"人为财死，鸟为食亡"和"传宗接代，荣华富贵"等封建落后的人生哲学，几乎与赞成"创造财富，为国为民"的持平。更为尖锐的是在另一组四个指标的测量中，赞成"一生为了自己"的占 9.2%，赞成"先人后己，大公无私"的占 8.4%，前者竟然超过了后者。如果从农民家庭的日常生活来看，封建残余的回归也是异常惊人的。有 47.8%的农户在生病遇灾和红白喜事中常用"烧香、拜佛、念经"等封建迷信礼仪形式，也基本与采用"现代礼仪"、"相信科学"的情况持平。

再从我们普遍调查来看，封建残余的回归远不限于农民的日常生活，而在经济、政治、文化各个生活领域都有强烈反应。有不少农户把能否生儿育女、能否发财致富、能否风调雨顺，甚至子女能否考上大学、政策能否稳定都寄望于神灵保佑,为达目的不惜跋山涉水,求签卜卦,或献匾赠款,修庙塑像。广大农民对这些沉重的封建迷信枷锁叫苦不迭,革除陈规陋习,倡导新的社会风尚,刻不容缓。

（四）社会保障问题

农村是80%以上的人口生息的地方,社会保障是必不可少的。但在过去,农村基层并没有建立起一套完整可行的社会保障制度,目前这方面的问题日趋尖锐。

首先是自农村合作医疗解体以来,农民普遍就医困难,慢性病、职业病增多,身体素质下降。在我们调查的1238名对象中,患各种疾病的324人,占26.2%。其中患气管炎、关节炎等常见病的260人,占患病总数的80.2%,而这些病基本上都得不到有效及时的医治,逐渐消耗着这些主要劳力的体质,影响着农民家庭生产,这也是部分农民难以脱贫和返回贫困的重要原因之一。

其次,在调查对象中有多病和残疾人106人,占调查总数的8.6%。这些人除无必要的就医条件外,又无可靠的救济和帮残措拖,造成这些农户及其个人的生活失调和家庭困难。

第三,农村人口老龄化亦趋严重,50岁以上的占20.20%。其中60岁以上的占调查对象的6.4%。但农民的养老问题尚未引起社会的重视,社会保障的作用甚微,以至被农民所遗忘。在我们对"你老年时的打算"的调查中,90.9%的人回答"和儿子一起过",准备靠"政府救济"和"进养老院"的只占1.5%,想"单独生活"的占3.7%,靠女儿扶养的占3.9%。可见,社会保障在农民眼中真是举足轻轻!

农村老年的社会保障与计划生育政策的实行往往是成正比关系的。社会保障愈差,多子多福、重男轻女的思想愈难克服,计划生育政策也愈难推行。如调查农户在选择生育、子女性别及数量的的意向上,选择纯女性的(包括一女、二女、三女、四女)仅占0.7%,而选择纯男性的占 5.2%，有男有女的 87%。以上 1.5∶90.9 和 0.7∶92.2 两组数据的强烈对比，向我们展现了农村老年问题的严重性和社会保障的迫切性。尤其令人忧虑的是尽管人们把养老希望更多地寄托于子女身上，而事实上子女自身的扶老观念却日益淡漠，如家庭规模上核心家庭的增多、婚后居住形式上另立门户的增多都说明这一点。这个既普遍存在又不断尖锐的矛盾，更提醒我们要特别注意农村社会福利、救灾救济、养老助残、扶贫抚恤等工作，尽快健全和完善农村社会保障，促进农村社会的健康发展。

（五）社会控制问题

在农村这个大社会里，要使人们维持有秩序的生活和正常的经济活动，就必须用各种社会规范来约束人们的行为，并对离轨行为采取限制措施，实行社会控制。但从调查中看到，目前由于基层行政组织和群体力量的削弱，离轨行为和社会冲突有增多趋势及潜在因素。有 31.4% 的农户认为权比法大，有 36.7% 的人从来不学习任何法律，有 6.7% 的人结婚不知道登记或不登记，有 22.8% 的人由父母包办成婚，有 20% 的人在 14 岁以下订婚，如此等等都为家庭冲突、社会冲突埋下了诱发因素，如不加强社会控制，势将导致违法等离轨行为。

而事实上这些离轨行为已在与日俱增。在我们调查农户中，近年来共发生各种纠纷 659 起，占 53.2%。在经济活动中，农户之间相互往来又无任何合同的占 55%，由此造成的纠纷 278 起，占各类纠纷总数的 42.2%；家庭纠纷 88 起，占 13.4%；邻里纠纷 204 起，占 31%；其它纠纷 89 起，占 13.4%。另据调查，近几年来农村的犯罪比城市逐年上升，在 1984 年至 1985 年省法院受理的杀人案件中，农民犯罪率上升了 11.7%。全省婚姻家庭纠纷引起的杀人案占 35.3%，居第一位，一半以上发生在农村；奸情杀人案和民事纠纷引起的杀人案，分别居第二、三位，绝大多数也在农村。

另从武威市的调查也可以看出,农村犯罪以盗窃、抢劫、强奸、伤害、流氓罪居多。1984年,该市发生盗窃犯罪77起,占犯罪总数的24%,暴力犯罪中抢劫、强奸和伤害共73起,占22%。1985年经过"严打"犯罪明显下降,但犯罪中盗窃、抢劫、伤害、流氓罪仍然居多。这足以说明,农村的社会控制问题日益尖锐,任其发展下去必将给农村社会的发展和安定造成严重影响,同时也不利于为改革深化创造良好的社会环境和政治环境。

三、坚持"四同步",促进农村经济、社会、文化的协调发展

在人类社会发展的进程中,决定农村发展的从来不只是一个单纯的经济行为,也不是一个单纯的农业问题。在如今不断现代化、社会化的条件下,农村发展已在更深更广的领域里同社会、文化发展、同城市和工业的发展紧密地联系在一起,从而形成一个庞大复杂又相互制约的社会系统工程。因此,今后在农村建设的发展战略、指导思想和具体方法上,必须克服传统的战略观、纯经济观和重个体轻群体等片面观点,在农村发展中坚持四项基本原则,社会主义物质文明与社会主义精神文明建设同步。在社会主义精神文明建设中城市与农村同步,在农村改革中"治穷"与"治愚"同步,在具体指导上普遍农户与专业户同步。这就是我们调查研究的基本结论和主要对策建议。

(一)农村社会主义物质文明与精神文明建设同步问题

物质文明与精神文明具有十分密切的关系。在它们的发展过程中,总是互为条件、相辅相成、互相促进,马克思曾说过,在改造世界的生产活动中,生产者也改变着,练出新的品质,通过生产而发展和改造着自身,造成新的力量和新的观念,造成新的交往方式,新的需要和新的语言。由此可见,任何社会变革,社会制度的进步,最终都将表现为物质文明和精神文明的同步发展。目前,甘肃农村还处于初级

发展的阶段,物质文明还不发达,但不能以此为理由而放松社会主义精神文明建设,而必须使两种文明建设相互促进,同步发展。只有这样,才能不断扩大精神文明建设的基础——物质文明建设,又能用精神文明建设的成果去推动物质文明建设,保证它的正确发展方向,有效地解决农村中大量的社会问题,促进农村社会的健康发展。从调查中我们也清楚的看到, 虽然不能把一切社会问题简单地归结为精神文明建设的不力, 但这些问题与两种文明建设的不同步显然有着联系。因此,物质文明与精神文明建设的同步问题,是农村发展的一个战略方针问题。是否坚持这样的方针,将关系到农村改革的深化和成败。

(二)在社会主义精神文明建设中城市与乡村的同步问题

过去数十年来,由于"十年内乱"的破坏,使城市形成了大量的社会问题和公害,我们集中力量抓城市的精神文明建设是完全正确的。但与此同时,却在指导思想上出现了重城轻乡的偏向,加之农村基层体制的改变,造成了农村精神文明建设涣散无力的状况。同时,随着改革开放,城市的一些资产阶级腐朽思想倾向和生活倾向,越来越强烈地影响到农村, 农村的封建残余也向城市渗透, 形成城乡相互影响,相互渗透,城市问题向农村转移,农村问题日趋突出的态势。面对这种情况,我们必须转变指导思想,把城乡精神文明建设同等看待,同步发展,并在力量部署和具体措施上两者并重,使城乡精神文明建设相互促进,相得益彰。

(三)在农村改革中"治穷"与"治愚"同步问题

贫穷和愚昧就象一对孪生兄弟,总是形影不离地联系在一起,对此在调查中我们有深刻的感触。比如把普通农户与专业户比较就可以看出:一是专业户不仅收入高于普通农户,而且文化程度也大大高于普通农户。小学文化程度比普通农户高 23.8%,初中高 12%,高中程度的高 19.3%；二是专业户的现代观念特别是商品生产观念和开拓进取观念比普通农户强；三是封建落后观念比普通农户弱。这说明经济上的贫穷同文化上的落后是紧密相关，互为因果的。显而易见，要从根本上解决贫穷，改变农民的经济地位，不能仅就商品生产抓商品生产，而要把两者统一起来，并要下更大的气力，不断增加文化和科学技术的投入，提高农民的文化素质，使商品生产同先进的文化知识和科学技术有机地结合在一起，同步发展，共结硕果。

（四）专业户与普通农户同步发展问题

农村改革以来，各级组织贯彻党的让一部分人先富起来的政策，大力支持专业户的发展，这无疑是对的。但调查结果表明，甘肃的专业户（包括半工半农户）只占调查农户的 12.1%，为数甚少。同时，经过数年的发展，专业户已在生产、观念等方面大大优于普通农户，具有持续发展的一定的思想基础和经济基础，只要在各方面予以重视和帮助，他们将在农村发展中继续起表率和示范作用。但普通农户则不同，他们不仅数量多，左右着全省农村发展的形势，而且相当一部分农户在初步解决温饱之后，盲目乐观不求进取，缺乏继续发展的动力和准备。还有一些比较困难的农户，既在思想观念上包袱累累，又缺少再发展的经济条件。因此，今后相当长时期内，农村发展的着眼点要更多地集中在对普通农户的思想教育和经济扶助上，大力宣传一个区域内大多数农户共同富裕的经验，引导专业户和普通农户相互支持，同步发展，共同走向富裕之路。

上述"四个同步"，主要是就农村发展的总体布局和指导方针而言的。但就目前来看，最紧迫的是如何把社会主义精神文明建设具体化的问题。为此，我们建议在全省农村广泛进行"四个教育"。

（1）广泛进行更新观念的教育。观念更新在一切社会变革中具有先导作用。调查表明，目前阻碍农村改革和商品经济发展的主要问题已经不是政策问题,而是观念问题。这个问题不仅群众有,干部也有,而且表现在各个领域和各个方面,所以显得特别突出和尖锐。再加之有些地方忽视精神文明建设,思想政治工作薄弱,又大大加重了问题的严重性。因此,要在农村广泛进行适应社会主义现代化建设的现代观念的宣传和教育,帮助农民突破封闭保守、安贫乐均、不求进取、故土难离以及封建主义的处世哲学和伦理观念,树立商品生产观念、竞争观念、求知求富观念和现代的生活观念,以此带动农村改革的发展。

(2)广泛进行家庭教育。家庭是社会的细胞,除了负有生产职能、生活职能外,还负有对家庭成员的教育职能。而这种职能随着农村改革日益显得更为重要,乃至不能不把它作为精神文明建设的重要内容来对待。重视家庭教育在我国具有悠久的传统,素有"家训"、"家教"、"家诫"、"家范"之说,而在今天,家庭教育对个人成长、社会发展,甚至对农民的生产、生活都具有特殊的作用。同时,家庭教育同其它教育相比,又具有广泛的群众性、天然的早期性、巨大的感染性和连续性,从而显得更为重要。然而,在这个问题上,长期以来我们只重视生育、抚养而忽视教育,特别是忽视"终身家庭教育",致使不少农民家庭缺乏生产的竞争力和参予社会的能力,甚至成为社会腐败细胞的温床。

(3)广泛进行现代文化和科学知识的教育。目前甘肃农村的特点是,商品经济开始有了一定的发展,但生产方式落后,在整个经济活动中尚未占据主导地位;在农民中间新旧观念正在冲突中交替,但封建主义同其它不适应商品经济的思想影响、舆论力量、道德因素还依旧存在。这些消极因素的最终解决和战胜愚昧,只能靠生产力的发展和普及教育、传播科学文化知识。根据全省实际,应把农村的文化和科学知识教育列为重要大事来抓,建立"扫盲——普及初等教育——

大力进行专业技术教育"的三级梯形结构,经过努力,逐步做到主要劳力脱盲,适龄儿童无盲,全体农民都掌握一定的科学知识,不断提高农民的文化素质和技术素质。

（4）广泛进行法制教育。在本报告中,我们从社会控制的角度曾提出农村的法制问题,但这只是问题的一方面,要真正实现农村社会安定,更重要的在于教育。从调查实际看,由于农村文化落后,基础设施不足,向公民普及法律常识的教育远远落后于城市。因而直至现在,相当一部分农民没学过任何法律,就连最普通的兵役法、刑事法和治安条例90%以上的人都没学过,所以农村各种违法犯罪上升、各种纠纷增多就势在难免了。鉴于此,今后要把法制教育作为精神文明的大事来抓,要像农村整党那样,一个村一个村的宣传落实;力争按中央规定,在五年内实现向农民普及法律常识的目标,使广大农民知法守法,养成依法办事的习惯,学会用法律手段参与经济、参与国家生活、社会生活,保障农村改革的顺利进行。

另外,在调查分析的基础上,我们对农村发展趋势进行了预测。结果表明,在较长时期内,将有以下四种矛盾对全省农村形成重大影响:

（1）自然生态的恶性循环与农业生产的矛盾。马克思指出:人类的生产活动是由两个侧面交互构成的,"一边是人及其劳动,另一边是自然及其物质"（《资本论》第一卷,第209页）这充分说明了物质生产和自然界的内在联系。实际上物质生产本身归根到底就是人类通过劳动同自然界进行物质转换。尤其是农业生产与自然环境、自然资源的关系极为密切,自然条件和资源状况、生物与环境之间物质、能量转换过程,对农业生产起着决定性的影响。长期以来,全省的农业生产一直是在一个恶性循环的自然生态系统中进行的,再加上过去在农业生产的指导思想上只强调向荒山要粮,忽视了自然生态的培植与保护,使农业资源濒临枯竭。1983 年以来,强调种树种草,提出了"三年停止破坏"的奋斗目标,现在虽然有所好转,但生态系统恶性循环的状况难以在短期内得到根本转变,因此,扭转靠天吃饭的被动局面仍然是摆在全省农民面前的严重问题,也是长期任务。

（2）传统的生产方式与发展商品经济的矛盾。历史和现实的经验告诉我们,只有在商品经济充分发展的基础上才能建设社会主义,从某种意义上讲,发展商品生产是农民由穷变富的必由之路。发展农村商品经济,从根本上说,就是提高劳动生产率,逐步从自给、半自给的经济状态中解放出来。这必然要求一种新的生产方式、劳动生活方式与之相适应。目前,全省农村的状况是:劳动对象仍然主要是土地;劳动手段主要是人力、畜力加铁木农具;家庭这一古老的组织仍然在农村劳动组织中占统治地位;对于劳动成果,农民群众还习惯地重视其使用价值,缺乏交换价值观念;取得劳动产品的途径主要是人和自然的物质交换;缺乏人与人之间的社会交往;劳动产品主要用于家庭生计,商品率很低。一句话,劳动者远远没有从自然经济状态中解放出来, 传统的生产方式、劳动生活方式还在继续排斥着商品经济的发展。这是影响全省经济、社会裹足不前的严重问题。

（3）日益增长的需求与物质资料增长缓慢的矛盾。目前,许多不发达地区农民的生活消费还是低水平, 如果说在三中全会以来的过去几年里,人们都刚从贫困状态下过来,对于承包以后所带来的物质生活水平的初步提高感到满足的话,那么,随着商品经济的发展,发达地区农民生活日新月异的变化,一些地区将率先进入"小康"社会等情况,特别是城市生活方式的逐步现代化,无疑会刺激不发达地区农民的消费愿望。他们对现有的生活水平会越来越感到不满足,特别是青年一代要求改变消费水平的心理会更加强烈。然而,由于劳动生产率难以提高,农民收入增加缓慢,社会需求受到压抑,劳动积极性也会受到影响。这也是值得我们重视的一个问题。

（4）人口问题上家庭眼前利益与社会长远利益的矛盾。一般来说，与手工劳动相适应的是多育，与现代化生产相适应的是少育。就全省农村来看，尽管政府推行计划生育，但在手工劳动基础上长期形成的多育惯性，还将延续一个相当长的时期，农民普遍的生育观念仍然是早生多生，重男轻女。所谓"贫困出人口"这一不近情理的事实还继续存在。农民群众最看重直接的、眼下的利益，多子多劳、多劳能富在他们看来仍然是顺理成章的事。落后的生育观念和行为反过来又影响着社会整体的长远发展，这一问题也还远没有得到根本缓解。

这些问题和矛盾在全国许多地方都程度不同地存在着，但在甘肃农村显得更为突出。从战略角度来看，现在到本世纪末，这些矛盾将制约着全省农村社会经济发展的速度，我们必须予以高度重视。

这次调查积累了大量丰富的资料，发现了许多倾向性问题和具体问题，不可能在此一一赘述。我们准备以《农村社会问题与社会发展》文集形式，把全部调查成果和对策建议公开出版，以供有关部门参考，恳请省委在资金和出版等方面给予支持。

（原载于《农村社会问题与社会发展》，甘肃人民出版社 1988 年版）

小农观念的调查与思考

　　1985 年是我国农村实行第二步改革并卓有成效的一年。今后农村经济改革和发展的趋势如何？有什么新的矛盾和问题？怎样才能推动农村商品经济持续稳定协调地向前发展？这是当前众所关注的问题。

　　最近，我们在甘肃省定西县进行了"农村社会问题调查"。从大量的社会现象中发现，农村普遍建立的联产承包制，是以家庭经营为基础、以合作经营和家庭经营相结合的双层经营结构。这种结构为农村商品经济发展提供了基本条件，已使许多地方从自给性、封闭性的经济转向商品经济。然而，商品经济的持续发展，除了必要的外部经济条件，如市场条件、市场机制外，还需要良好的思想条件，如观念更新等。在这一点上，可以毫不夸张地说，不少地方特别是比较贫穷落后的地方，商品经济的持续发展正在受到小农观念的束缚。对此，值得引起我们的重视和思考。

一、正确估量小农观念的存在和影响

　　小农观念是在自然经济或小商品经济基础上产生的。在我们这样一个经历了几千年封建社会的国家里，小农观念的存在并不是奇怪的事情。然而，在今天我们发展商品生产，进行现代化建设的变革中，对小农观念进行正确的估量和理论上的分析并在实践上认真改造，却是至关重要的。

那么,目前农村小农观念究竟有哪些表现,程度如何,有什么影响呢? 从对定西县 18 个乡 56 个村的 100 户农民的抽样问卷调查来看,主要是:

(一)目光短浅,满足现状

近几年来,定西县实行了农村家庭联产承包责任制,由于有中央和省里的大力支持,加之风调雨顺,农业生产连续三年丰收。1985年,全县人均产粮达到 750 斤,人均纯收入 246 元,90%的农户粮食够吃并有富余,基本解决了温饱问题。在这种情况下,有不少农民不是更上一层楼,追求新的生产目标,而是满足于现有的低生产水平和低消费水平。据对 100 户的调查:在回答"你对现在的家庭生产和生活水平有以下哪种感受时",答"和从前一样,没有什么大的变化"的 8 人(8%),这大概是极少数的困难户、贫困户;答"还要锦上添花,追求更高的标准"的占 40%;答"今非昔比非常满意"和"能保持现在这个水平就行"的占 52%,这就是说,这 100 户中占一半以上的农民,已满足于目前的生产水平,缺乏继续发展商品生产的动力和思想准备。并且发现,越是落后的地区,人均纯收入比较低的户,越容易满足现状,而收入高的户却要求更高的标准。如葛家岔乡青明村一户农民人均纯收入 25 元,答"非常满意",康乐村的一户农民人均纯收入只有 14 元,就满足于"保持现在这个水平"。还有人均纯收入 7 元的也是如此。相反,鹿坪村一户专业户人均纯收入 250 元,还有存款,却感到不满足,答"还要锦上添花,追求更高的标准"。在回答"你对穿着打扮和吃的方面同意哪种观点"的问题中,答"不必追求时髦,穿什么都一样"的占 81%,答"填饱肚子就行"的占 71%。这种现象说明对贫困落后地区的农民在初步温饱之后所产生的安贫乐道,不求进取,满足于"窑里有水,锅下有柴,仓里有粮"的观念是不可轻视的。反之,持续发展商品生产就将缺乏动力和进取精神。

（二）闭关自守，轻工抑商

自然经济或自给自足经济的基本特点是，生产目的不是为了交换，而是为了直接满足本经济单位或生产者个人的需要。与此相适应，在人们的思想观念上必然是重生产，轻交换，重农业，轻工商业。这种观念的思想原因是长期基于农业自然经济的封建社会造成的。西汉士大夫贾谊在上书文帝的《论积贮疏》中就说过："今背本而趋末食者甚众，是天下之大残也。"就是说现在背弃农业（本），而从事工商业，使流动和白吃饭的人口增多，这是对国家的最大摧残。这种观念在定西这些落后地区至今仍甚为严重。通常我们听到"做买卖下贱"、"发不义之财"的说法，不少人还以"饿死不出门"为荣。这次问卷调查中在回答"据说以下的提法，是一些传统观念，对此你有何意见"时，答"在家千日好，出门处处难"的占70%。可见，一些农民"贫家难舍，故土难离"，"七十二行，庄稼为王"的观念是何等严重！

（三）因循守旧，轻视科学文化知识

在小农经济条件下，由于生产力水平低下，社会分工简单，生产规模狭小，各经济单位又彼此处于分散、孤立的状态，因此，不需要多么先进的科学技术和文化知识，就可以维持简单的生产。而且这种粗笨的生产方法和操作技术又世袭相传，逐渐形成了因循守旧，墨守陈规，轻视科学、文化知识的小农观念。

在"你认为实行生产责任制后孩子有没有必要学习文化科学知识"的问题中，回答"有必要"和"很必要"的占48%，回答"无必要"的占52%。在"你认为农村高、初中毕业生在生产经营过程中能不能发挥作用"的问题中，回答"能发挥作用"的占47%，回答"不能"和"作用不大"的占53%。这种情况说明，目前定西农村中有一半的家庭，还没有把科学文化知识和发展生产联系起来，没有认识到科学文化知识对发展生产的作用，不仅自己轻视科学文化知识，而且把这种愚昧落后的观念传给了下一代，更谈不上学习和运用新的科学文化知识促进商品生产。

与这些情况相联系，我们就很容易解释在农村教育中出现的这样一个新的问题：为什么实行生产责任制后，适龄儿童上学的积极性减弱？在"你家在实行生产责任制后有没有中途停学的学生，原因是什么"的问题中，回答"有停学学生"的占31%。这个比例应当说是相当高的，其原因虽然大部分回答是"生活困难"或"缺乏劳力"，但同上面的情况联系起来分析，就可以看出，实质性的原因还是轻视科学文化知识，认为读书对务农无用、生产无用的思想在作怪。

（四）狭隘自私的宗法观念

在小农经济的条件下，劳动力与劳动对象是僵死地结合在一起的。农民与土地终生不分离，世世代代不分离，这是小农经济的基石。因此，宗法观念，裙带关系就等成为小农经济的必然同生体。

在对一些传统观念的问答中，答赞成"人生如梦，转眼百年"的占82%，答赞成"少管闲事，自扫门前雪"的占71%。

在"你认为一个人活在世上主要为了什么"的回答中，答"千里做官，为了吃穿"的占13%，赞成"人为财死，鸟为食亡"的占3%，赞成"传宗接代，荣华富贵"的占41%。这三种类似情况合起来共57人（57%），而以传宗接代为甚，足以说明宗法观念的严重性。赞成"创造财富，为国为民"的占43%。

在"你认为社会主义条件下，应该建立怎样的人与人、人与社会的关系"的问答中，答赞成"一切为了自己"的占21%，"以我为主，公私兼顾"的占14%，"先人后己，大公无私"的占5%，赞成"互相帮助，共同致富"的占60%。

从以上回答中，我们既能看到农民思想上积极的方面，如赞成为国为民的占43%，赞成互相帮助的占60%，同时也毫无保留地暴露了小农观念在农民思想、道德上的深刻烙印。

除了以上四种小农观念的表现外。在这次调查中我们还发现。在定西农村，封建的菩萨观念、伦理观念、迷信等交织在一起，形成一股相当顽固的思想倾向。

如，在"你家在逢年过节，生病遇灾和办红白喜事时经常采用哪种礼仪形式"的问答中，答"烧香、拜佛、念经"的占 37%；答迷信和现代化礼仪"兼而有之"的占 41%，两项占 78%，而答采用"现代礼仪"和"相信科学"的只有 22%。

在"你对结婚仪式中的一些旧风俗习惯（迷信）怎样看"的问答中，答"这是风俗习惯，谈不上是迷信"的占 79%；答"无所谓"的占 21%，也就是说 100%的人对这种封建迷信和旧风俗习惯持肯定态度。

在"你对陪嫁与要彩礼的制度是何态度"的问答中，认为"天经地义"的占 36%，"有利有弊"的占 12%，认为"为小农家庭奠定基础"的占 9%，"无所谓"的占 21%，也就是说肯定、基本肯定和不反对的占 78%，而答"应该取消"的只有 22%。

上述调查表明，在我省农村特别是贫穷落后的地区，小农观念的存在是一个不容否认的事实，而且在个别地方表现相当突出，已成为持续发展商品生产的严重阻力。因此我们有理由说，现在能否加快商品生产的步伐，根本的已不是政策问题，而是观念更新问题。第二步改革的成效将在很大程度上取决于对小农观念的突破，对此，我们应该有一个清醒的认识和基本的估计，认真加以解决。同时，这种现象向我们提出了一个值得反思的问题：为什么过去长期批判的小农观念至今仍然存在，且在个别地方有增无减？这是因为，过去我们虽然提出批判小农观念的任务，但由于指导思想上不承认商品经济的存在，又把小农观念的劣根都归罪于农民个人，加之方法上简单粗暴和

"极左"路线的影响,所谓的批判只不过是上批下,批农民,而不是农民自己从生产需要出发进行自我批判,因此就不可能正确地克服它。只有现在在实事求是的思想路线下,特别是确立了商品经济在社会主义中的地位之后,我们才有可能从大生产、大经济的高度,认清小农观念的真正本质和危害,从而逐步克服小农观念。这也告诉我们,破除小农观念,首要的问题是要有一个正确的指导思想和科学的方法,过去那种脱离实际的思想和方法是无济于事的。另外,我们说小农观念表现严重,但并不等于小农观念充斥一切。而事实也并非如此。目前农村中小农观念和商品生产观念正处在激烈的冲突、较量和互换过程之中。在总的方面,小农观念不断缩小,商品生产观念逐渐扩大,并将取而代之。如调查中有 40% 的人并不满足于低水平的温饱,希望向生产的深度进军。这应该说是一个可喜的变化。即使是在回答对现在的生产、生活非常满意,保持现在水平就行的 52% 的人群也要做具体分析。有些人满意的不只是目前生产和生活水平,还包含对三中全会以来党的政策的赞扬和肯定,因此不全是固步自封的消极观念。只要在政策上继续保持稳定,这些人是会很快投入到新的商品生产中去的。从这个意义上说,正确的政策和正确政策的连续性是克服小农观念的重要因素。

二、"治穷"必须"治愚"

贫穷和愚昧就像一对孪生兄弟,总是形影不离地联系在一起,在定西县的调查中我们非常明显地感觉到了这一点。首先,可以肯定,定西县的农村商品生产已经有了相当可观的发展,但现在还处于起步或低层次阶段,其规模和速度还不能算很大很快。在这种特定的环境里,带头者和开拓者大都是当地有较高文化水平和素质的人,如葛家岔乡是定西县比较贫穷的一个纯山区乡,1985 年劳务输出 600

人，其中80%是高初中毕业生。这些人虽然只从事临时性的粗重劳动,但他们有胆量,不恋故土,成为穷乡僻壤与外界联系、传播经济社会信息的主要媒介,其致富的积极性和求知探索的渴望与土生土长、缺乏文化知识的农民迥然不同。

又如,我们在500份问卷中发现90%以上的各类专业户不仅户主文化水平高, 而且整个家庭的文化素质也高于其他普通农户。同时,在对待封建迷信和其它落后的传统观念的态度上,文化高的和文化低的、有文化和无文化的也大不相同。凡具有较高文化水平的人和农户,大都外向性强,不甘落后,善于捕捉经济信息,开辟生产门路,成为当地发展商品生产中异军突起的能人层。由此可见,农村生产力的发展,劳动生产率的提高,农民经济地位的改变,不能就商品生产抓商品生产,还要抓科学文化的普及和发展,使新一代农民不仅在商品经济的环境里成长,而且要掌握较多的科学文化知识,同新的科学技术结合在一起。

另外,"穷"和"愚"的本身互为因果关系,在目前商品生产初步发展的条件下,治"愚"又具有决定性作用。这是因为科学文化直接影响着人们的价值观念, 改变着人和社会的需要结构。这种新的经营观念、劳动价值观念和生活观念,显然是对小农观念的强大冲击力,毫无疑问也是持续发展商品生产的强大动力。

三、告别"小农",奔向"小康"

社会发展的实践告诉我们,人类社会的经济活动总是由小生产、小经济向大生产、大经济不断发展的, 这是一个不可逆转的必然趋势。因此,小农观念的存在和最终破除同样是不可避免的,只不过是一个由量变到质变的长期过程, 而这个过程又总是同发展商品生产和科学技术的投入相联系。从定西县的调查中可以看出, 目前,除

10%的困难户外,约有 60~70%的农民在解决温饱之后正在观望。他们在心理上一方面对过去的艰辛困苦"余悸"尚存,对现在低水平的温饱倍加珍惜和满足,缺乏进一步发展商品生产的迫切感和冲动。一方面又受约 20%左右富裕户的感染,憋着一把劲。显而易见,只有不停顿地发展商品生产,并逐渐用科学文化知识武装农民,才能使广大农民最终冲出小农经济的汪洋大海,到达现代化大生产的彼岸,进入"小康"的崭新前景。

应当指出的是,发展商品生产不只是一种经济进步,它同时会带来意识形态的巨大进步。

首先,商品生产的发展使一部分农民开始摆脱几千年来自然经济特有的土地对农业生产者的束缚,不仅成了有自己经济的相对独立的生产者和经营者,而且可以离土离乡,务工经商,到处创业,充分发挥多种才能。在这种环境里,"农民"将不再是原来意义上的集合概念,他们被分化成新的经济社会人群,他们会以特殊的方式同社会经济中某种产业联结在一起,以新的生产方式和生活方式自立于社会,其个性和人格大大提高了。

其次,自然经济是封闭性的,自给自足的小农生产方式不是使经营者相互交换,而是使他们相互隔离。商品生产的本质则是开放性的,越是开放,越是与外界发生纵横交往,交换价值才越能得以发展。同时,越是开放,生产者和经营者的视野就愈加广阔,思想就愈加解放,那种目光短浅,自我封闭,不求进取的小农观念也就愈少。

还有,商品生产由于受价值规律的作用,使生产者和经营者总是处在不断竞争、不断发展的过程中。社会主义条件下的竞争,既是同生产目的相适应的,又是对社会、对人民高度负责的,不仅可以推动生产力发展,而且通过竞争,使广大农民不得不抛弃因循守旧,墨守陈规,自我禁闭,安贫乐道的小农观念。

最后,不论是小生产还是商品生产,都是以生产为中心,生产多少才能消费多少,生产决定消费是铁的规律,这是经济活动的"决定论"。只不过在小生产的情况下,它的消费特征是最单调、最被动的平均主义,而商品生产条件下的消费则是大规模的社会化。这种社会化的消费,既大大改变着人们的生活方式,也改变着人们的生活观念和消费观念。那种"穿什么都一样"、"填饱肚子就行"、"平均主义"、"听天由命"的生活观念,将会在社会化的消费观念冲击下,逐渐消失。

（原载于《社会学研究》1987 年第 1 期）

中国西北黄土高原山村社会结构调整与社会发展

在我国走向现代化的漫长过程中，关注社会结构调整和社会发展问题是社会学的学术灵魂。不可讳言,在中国 13 亿多人口,9 亿在农村的基本国情下,农业、农村和农民的发展问题始终是关系改革开放和现代化建设全局的重大问题，因而也是社会学赖以拓展理论空间、发展自我的当代"第一社会问题"。本文以黄土高原山区农村为研究对象,采用社区研究法、个案调查法和田野作业等方法,对山村社会结构调整进行了较深入的研究,提出了山村社会发展的"二元动力聚合转换理论"和高原生态结构调整的"分级治理,多点释能"对策。

一、问题的提出

改革开放以来,我国的现代化总体上是以"递次推进"的态势前行的。也就是说,东部和沿海地区以经济转轨、社会转型为特征的现代化过程,要早于和快于中部地区,而中部地区又早于和快于西部地区,尤其是西北地区。到目前为止,可以说东南沿海地区以乡村工业化、人口城镇化为标志的社会转型已成定势,中部多数地区正在向转型"临界点"逼近,而西部特别是西北地区农村社会转型临界点还不明晰,社会结构调整速度慢,现代化程度低,已成为制约全国现代化进程所有问题中的"重中之重"。

同时,与此相伴而生的东西差距愈来愈尖锐地摆在我们面前。据国家统计数据表明,1994 年在全国经济总量中,东、西部所占的比重分别是 58% 和 14%,较之 80 年代初有明显拉大的趋势。1980 年至 1995 年,东部地区工业生产年增长速度为 30%~40%,西部地区为 8%~15%,其中西北地区则为 8%~12%;工业化是现代化的重要标志,西北地区 1990 年一、二、三产业比重与全国平均水平相比,分别相差 2.08、-3.46 和 1.38 个百分点,1996 年扩大到 4.37、-8.80 和 4.43 个百分点。1990 年至 1996 年间,西北地区第二产业比重与全国平均水平的相对差距扩大了 5.34 个百分点,尚处在工业化的初级阶段;在对外开放方面,1994 年全国进出口贸易额为 2367 亿美元,占国民生产总值的 46%,其中东部外贸进出口总值为 1931.5 亿美元,约占全国的 81.6%,西部仅有 77.6 亿美元,约占全国的 3.3%。在 1984 年至 1994 年间,全国共利用外资 745.76 亿美元,其中东部地区 660 亿美元,占 88.5%,西部地区 29.53 亿美元,仅占 4.0%。不仅外资流入规模小,国内投资也严重不足,西北五省"八五"期间的投资总和仅为广东省的 44%。1990 年西北地区投资总额占全国的 6.55%,1996 年却下降到 4.74%。农业方面的差距更为明显,以生产能力指数为例,东部省区为 3~10,西部四川最高为 5.97。陕西次之,为 2.41。其余各省均在 2 以下。最低的青海为 0.31。乡镇企业是农村现代化的主要推动力量,1994 年全国乡镇企业收入超亿元的有 1795 家,其中东部地区占总数的 83%,中部占 12%,西部仅占 5%。1995 年东、西部地区农村人均乡镇企业出口产品生产值之比为 33∶1。东部出口产品交货值在 100 万元以上的企业 3.48 万个,占全国的 89%,而中、西部仅占 9% 和 2%。东西部差距的拉大和日益明确化,虽然是现代化过程中难以避免的现象,但它使西北地区的"三农"问题更加突出,成为诸多问题中的"难中之难"。

我国是一个多山国家,而西北山区和丘陵荒漠区占国土面积的

2/3 以上。特别在黄土高原这片曾孕育过中华民族文明的土地上，近千年来由于人类无休止地索取和掠夺，已使昔日塬平地广、林草茂密的千里沃野，沦为千沟万壑、地瘠民贫、山穷水尽和灾害频繁的地方。资料表明，其年侵蚀高达 3720 吨/平方公里，为长江的 14 倍，密西西比河的 38 倍，尼罗河的 49 倍。对于生存条件和生态环境如此恶劣的黄土高原地区，现代化究竟意味着什么？进一步讲，如果没有像黄土高原这样的山区农村的现代化，中国又如何实现现代化呢？因此可以说，研究和探索黄土高原山区的社会结构调整以及经济、社会、人口、资源、环境、生态的发展和治理途径，使该区域尽快融入现代化进程之中，不仅对西北地区而且对全国现代化建设而言，都是诸多问题中必须审慎面对的"急中之急"。

也正是基于上述认识和目的，我同我们社会学研究所的同仁，从 1986 年开始，把研究触角伸向农村社会学这个广阔的领域，在相继研究了甘肃农村社会问题与社会发展、西北民族地区社会稳定与社会发展、不发达地区农村社会发展等中观发展与现代化问题之后，又于 1995 年将中观层的社会发展研究转向微观层的社区发展研究。将研究足迹迈向被现代化冷落的"角落"——黄土高原山区农村。

二、框架与概念

（一）研究框架

按照社会学一般的理解，"社区发展"应属"社会工作"范畴，其内涵侧重于指用以促进社区内各方面发展的工作方法。但本研究所指的社区发展不仅包含其一般的含义，更主要的是从社会结构变迁、社会发展的角度来理解其内涵的，即将社区发展界定为黄土高原山区农村具体社区中的社会发展。

同任何事物的发展一样，社会发展总是在一定力量的作用下实现的。有关社会发展(包括社区社会发展)动力研究的文献普遍强调的动力要素包括:(1)科学、技术、文化、知识、规范等;(2)社会主体——人及自然要素;(3)经济结构调整及其发展;(4)社会组织、权威、权力结构调整等。同时,社会学理论特别强调社会发展的"内源性"特质。认为社会发展本质上在于社会或社区的内源性发展。即由社区内部产生的、源于自我本体的内力所推动的发展。社区社会发展虽然外部力量的推动不可缺少但归根结底是根植于社区内部的、整体的和内生的结构变迁过程。社区社会发展的主体是人,作为其整体结构的内在动力,主要来自社区成员的合作态度和积极参与,这种自觉自愿参与的广度和深度决定着社区社会发展的规模和程度。

在西北黄土高原山区,生产经营体制的变革在山村社区内部产生了很大的内在生长力;但这种动力仍然囿于传统农业的圈子,依然停留在种田的积极性之上,尚未像东部发达地区农村那样,向社会和市场全面转化和深层次推进,尚未形成源自社区内部的社区成员广泛参与的向市场经济和现代化迈进的强大结构性动力及其群体行为。到目前为止,农村社会发展主要是一种政府发展战略的机械延伸,主要是县、乡政府从外部强力推动的结果,来自社区内部的、自我本体发展的动力不足。因而,山村社区社会发展有待于从外部政府行为向社区行为转化,把发展动力从外源推力向内源动力转换。我们认为,发展动力的来源和转换可分三个阶段,即:外源动力输入阶段,内外源动力聚合阶段、内源动力扩张阶段。同时,与这三个阶段共生的有三种发展状态,即外源动力嵌入型发展、内外源动力聚合型发展和内源动力扩张型发展。由此,本研究提出的理论假设是:(1)西北黄土高原山村社会发展的动力来源符合上述三个过程,动力要素存在调整及转换的合理性和必然性。(2)西北黄土高原山村发展滞后于东部地区农村的要害,在于动力来源较多的停留于外部输入阶段,或处于向内外源动力聚合阶段的过渡过程。所以,加快黄土高原山村社会发展,缩小东西差距,关键在于促成发展动力来源向"内源动力扩张型"的转换。(3)由于黄土高原生态环境的特殊性,使人的生产与再生产、物质生产与再生产、环境生产与再生产等"三种生产"紧密交织在一起,由此又使社会发展与生态协调不可分割的联为一个共生体,任何发展都必须与生态再造相伴而行。如果黄土高原地区整体的社会发展和现代化进程,离开了生态环境的治理、改良和再造终将是一纸空谈而已。

(二)相关概念工具

社会发展、社区发展、社区社会发展和社会发展动力是本研究的主要概念工具。

关于社会发展,国内外社会学流派和著述曾有过各种各样的解释,但透过众说纷纭的不同定义,就会发现社会发展是指以"社会"为主体的发展。从形态上看它是指社会整体的经济、政治、文化等方面的演化和进步;从内涵上看,它是其内在基本结构以及诸具体环境的不断趋向"合理性"的变化;从本质上看,由于社会的主体是具体的历史的人,因此,社会发展又是人类及其生存方式不断完善的过程。正因为如此,我们可将社会发展的内容概括为两个方面:一是社会本体包括社会制度(体制)、社会结构、社会关系和社会机制等。二是社会主体,即作为人的社会个体、社会群体。由此引申下去,社会发展便可以界定为社会本体的变革、进步,以及社会主体的解放、需要满足和各种能力提高的动态变化过程。

社区发展概念是 20 世纪 50 年代由联合国经济理事会在其通过的 390D 号决议案中提出来的。此后,又于 1952 年专门成立了"社区组织与社区发展小组",1954 年改为社会局社会发展组,具体负责推动全球特别是落后地区的社区发展运动, 到目前为止已有一百多个国家在执行全国性的社区发展计划，社区发展已作为社会发展的具体目标和方式，越来越受到世界的认同。联合国为社区发展所作的解释是："社区发展是一种过程，通过这个过程，社区居民共同努力并与政府权威人士合作，以促进社区的经济、社会和文化的发展，并进一步协调和整合各社区，使它们为全国的繁荣和进步作出积极的贡献。"由此可见，社区发展的实质就是加强社区同外部动力要素的联系，动员社区成员广泛参与社区生活。主要依靠社区内部的力量促进经济、社会结构调整满足社区居民的多重需要，实现人与生态环境的和谐相处。

社区社会发展是本研究使用的一个特殊概念。自50年代联合国提出用建立社区福利中心的社区发展方法来推动整体经济和社会发展的设想后，社会发展观发生了重大变化，出现了一般的社会发展同社区社会发展渐趋合流之势。不仅一般的社会发展的必要性日益为人们所认同，而且社区社会发展作为一般社会发展的具体目标和方式，亦越来越受到重视。从社区这一基础出发，依托和着眼于社区的社会结构调整来谋求整体的或宏观的社会发展，将社区社会发展置于社会发展理应包容的目标之中，这便构成了社区社会发展的基本含义。

提出和使用这一概念，旨在强调和重视将一般社会发展的目标具体化到各个社区自身，并通过社区自己的发展来实现社会的总体发展目标。同时，强调社会发展与具体社区的发展相协调是对以往"无社区发展的社会发展"、"牺牲社区利益的社会发展"等社会发展观的批判。也是在理论上确认不同社区在社会发展上的特殊性和复杂性，并根据各种不同的"区情"，在战略、规划和措施手段上区别对待，促进社区持续的和富有成效的发展。

社会发展动力包括社区社会发展动力，是本项研究的主要对象。

西北黄土高原的山区农村,既是一个区域社会,又是相对独立存在的山村社区。它的发展不是单元的和孤立的,不仅受外源动力的推动,而且主要靠自身聚发的内源动力的作用,因而,其发展动力将由两种系统动力要素构成。一是外源动力,主要包括组织要素(县、乡、省乃至中央的各级党、政、经组织)、制度要素(包括体制和微观的具体管理制度)、政策要素、法律要素、市场要素;二是内源动力,主要包括社会成员或社区居民、社区文化(包括科学技术、教育、道德规范等)、社区组织和生态、环境、资源等自然要素。

三、研究方法和操作技术

在某种程度上,研究方法的正确选择,决定着研究过程的合理性和研究成果的科学性。在本项目研究中,我们采用的方法主要有:

一是按照调查对象接触的方式分,有间接调查和直接调查两类方法。在间接调查中,主要针对所研究的地域对象分布广、疆域大的特点,对陇中、陇东、宁南、陕北四大黄土高原地区农村经济发展和社会变迁的历史及现状,进行了"文献法"、"座谈法"和"统计法"调查,以此获得四大黄土高原以政府公布的法定数据、材料为基础的系统资料,为本研究提供认识和分析的广阔背景和参照坐标。

在直接调查中采用了社区研究法和个案调查法。概括地说,社区研究法是一种综合性调查研究方法,是用来研究社区主体与特定生活环境、社会条件之间相互关系的方法。在该研究中,我们以四大高原为基础,以具体的山村社区为重点,将社区视为一个相对独立的社会系统,从全体成员之间的关系及该社区与外界的联系中,综合考察社会资源、环境、条件,社区社会生活过程,社区结构及其功能,社区主体及其需要,社区各种社会系统的变化与发展趋势,社区物质文化与价值观念、行为规范体系以及发展中的种种社会问题。为此,将上述问题分解成不同类型的多变量量化的指标，用问卷形式对陇中黄土高原沟壑区的小西岔村进行了整体问卷入户调查。除调查期间的外出户、无能力回答户（残疾、高龄老人户）和拒答户外，调查户数占全村总户数的92%。

在对全村进行整体调查的过程中，还运用个案调查法和访谈法对该村新中国成立以来的历任支书、老者（大家族最长者）、三年困难时期的"下放户"、最高和最低收入户、蘑菇养殖户以及唯一的乡村工业共56户进行了调查。在个案调查和访谈中，笔者又运用参与法和观察法深入被调查对象的生活环境，充分利用与被调查对象本乡、本土的"权力资源"，在庭院、炕头、田间、埂旁，随时与调查对象交朋友、拉亲戚，建立相互信任的人际关系，以实现良好的社会交际活动，保证第一手资料获取的全面性和准确性。

二是采用社会学和人类学相结合的方法。我国著名社会学家费孝通教授在1990年给北大校领导的信中曾提出："从我几年来亲自实践的经验看，把社会学和人类学结合起来，以社区为对象、用实地调查研究方法，对学科建设和培养年轻一代扎实的学风很有必要。"[1]笔者在十多年研究农村社会发展问题中也体会到，人类学的方法论所强调的参与、本土性知识、文化超越与反思，如果同社会学的问卷、数据等方法结合运用，既可突破原有人类学在研究领域、研究对象方面的局限，又使社会学对人类社会复杂的社会、文化现象的理解得以超越单纯的调查、统计数据、文献等而达到跨文化理解的深度。为此，笔者在本项目研究的三年中，运用"田野作业"法，每年深入到小西岔村一至两次，住土房，睡土炕，吃"百家饭"，除参与当地农民的日常生活外，还参与组织和实施了该村新中国成立以来最大的"修坝"和"筑路"两项工程，调解了两户兄弟、婆媳冲突，协调解决了前任和现任村干部之间的矛盾。通过参与亲自感受山区农民生活的艰辛，了解社区发展的障碍,体察社会变迁和运行的逻辑,从中提炼出具有本土性、人民性的理论。

四、个案概况

相对于西北黄土高原山区农村这个总体而言,本项目研究的"个案"主要是位于陇中黄土高原定西县的小西岔村。

小西岔村位于定西县南部黄土高原沟壑浅山区,是一个三面环山,形似马蹄状的村落,总面积约 13 平方公里。1996 年有居民 134户、1077 人。地势自西南向东北倾斜,海拔约 1860 米。境内梁峁起伏,沟壑纵横,年降水量一般在 400~450 毫米,蒸发量年平均为 1520毫米。全村共有土地面积 9308 亩,其中耕地面积 4884 亩,人均 4.53亩。就其人口规模、自然环境和发展状况来看,在西北黄土高原山区属中等村,具有广泛的代表性。其主要特征是:

(一)社区变迁与黄土高原生态演化的"同步性"特征

史前时期的陇中是以少数民族为主的多民族畜牧区,当时地阔草肥,人畜稀少,自然生态系统处于相对稳定的状态。历史时期陇中逐渐有了农垦业,西汉时期农垦业达到相当规模,天然乔木林基本被砍伐一空。北宋以来,人口猛增,促使了由畜牧业向农垦业的全面转变。自明、五代十国到清同治年间,陇中黄土高原的荒山草坡被辟为农田,形成万山皆种、草木稀疏的境况。小西岔村在明朝前期仍为一未被开垦的处女地。据当地祖传,当时两山青翠,山前平地辽阔,间有一步宽小溪,两边茅草可没人,常有候鸟栖息群聚。后来,随着人口的不断增多,垦殖规模的日益扩大,引发了旷日持久的水土流失,使昔日草木繁茂、生态系统相对平衡的山间"宝地",成为如今沟壑密度3~4 公里/平方公里、年平均每亩水土流失 3.76 吨的荒漠山村。

(二)经济发展的"生存型"特征

历史上该村一直属农业经济,没有任何手工业和工业。因受自然环境的影响,粮食产量低而不稳,1949—1982年的34年中亩产在5公斤以下的有20年,最高年份为1976年,92.5公斤。在1983—1996年的14年中,除个别大灾之年外都超过50公斤。1996年亩产达到137公斤。即便如此,温饱问题的压力并没有彻底消除。所以,该村的产业结构的基本形态仍然是古老而单一的超稳定"生存型"产业结构。即为温饱而生产,生产是为了温饱。1996年,该村农业总产值占社会总产值的81.86%,第二产业占9.39%,第三产业占8.75%。在农业内部仍然是"三为主":三大产业以农业为主,农业以种植业为主,种植业以粮食为主。生产方式以自给自足的简单再生产为主,生产手段以"二牛(驴)抬杠"为主。其他非农产业虽有发展,但不成气候,还不足以促成经济结构的转型。

(三)社会发展的"自然进化式"特征

改革开放以来,我国农村社会发展及其转型整体上呈加速趋势。但黄土高原山区农村则与此不同,其发展速度缓慢,水平低下,转型临界点不明晰。就小西岔村来说,到1996年年底,其职业结构为:从事一产的劳力占总劳力的77.17%,二产劳力占13.02%,三产劳力占9.81%;居民收入结构为:农业收入占总收入的65.18%,林业收入占0.12%,牧业收入占2.42%,二产收入占20.26%,三产收入占12.12%;消费结构为:食品支出占生活消费支出的54.53%,衣着支出占6.75%,住房支出占8.41%,医疗支出占8.13%,教育支出占4.62%,其他支出占15.9%。多少年来,该村从未制定过一部完整的发展规划,不论是历届村级组织还是社区成员,都对发展目标和前景不甚了了,不知道小西岔村应该发展成什么样,能够发展成什么样,时常处于一种群体无意识的自然进化式状态。即使有发展大多也是区外组织和力量直接推动的结果,社区居民的主动精神和参与度都很低。

五、探索与讨论

面对西北黄土高原山区社会结构调整和农村发展缓慢的社会事实,我们的研究将不得不从探索其滞缓原因入手。从发展观这一根本性理论问题来看,在改革开放以来,这些地区很大程度上沿袭了"传统发展观",即片面地、单纯地把经济量的增长作为山村社会发展的主要目标,而忽视了经济结构调整的增质式发展。在经济发展与社会进步的关系上,只关注经济发展而忽视经济与社会的协调发展。在社会发展上,只关注宏观性的社会发展而忽视微观性的社区社会结构调整。在微观性的社区社会发展上,又过多地依赖区外动力推动式发展,而忽视依靠区内本体力量的自我发展,尤其是经济、社会、生态、环境和资源的结构性调整和可持续发展。

有鉴于此,本项目的研究将从构建新的适合西北黄土高原山村社会结构调整及社会发展的理论和对策上探讨以下两个问题:

(一)西北黄土高原山村社会发展的"二源动力聚合转换理论"

党的十一届三中全会以来,率先在农村兴起的生产经营体制变革,有力地推动了农村经济、社会、文化等各个领域的结构调整。就全国来讲,农村社会发展的过程、层面、规模和形态,可概括为三种类型:一是区外动力嵌入型发展。即发展动力源于社区外部,社区内部的动力要素处于被动状态。这种发展的领域是局部的,发展过程是间断的,发展成果是有限的。二是内外源动力聚合型发展。即发展过程由外源动力输入而起,但主要动力源于社区内部,表现为外、内源动力的有序聚合。三是内源动力扩张型发展。即在内外源动力聚合发展的基础上,社区内部的动力要素不断强化和扩张,日益成为农村社区发展的主体性力量,这时外源动力输入减缓,社区发展主要表现为高度组织化的群体自主行为。这种发展涉及经济和社会结构的各个领域,发展状态是持续的,发展成果是全面的。因而,西北黄土高原山村社会发展亟待从外部政府行为向社区自主行为转换,把发展动力从外源推力向内外源合力、内在生长力转换。此即是提出和构建二源动力聚合转换理论的实践基础。

从一般意义上讲,任何社区社会发展的主体性力量源于其内部,外源动力要通过内源动力而发挥作用。但在偏僻落后的高原山区,排斥外源动力输入的发展是根本不可能的,唯一有效的途径是促使外内源动力的聚合和转换。这种聚合转换过程如下:

第一为外源动力要素输入阶段。即区外组织(政府)通过行政手段,向社区推行宏观性的社会政策、发展战略及其计划,以及输入必要的资金等。动力来源于政府的明政,表现为单一的区外组织行为。

第二为外、内源动力要素聚合阶段。即外源动力要素输入后,以社区组织为载体,与社区居民、家庭的需要相结合,形成社区发展的"二源合力",表现为社区自组织行为。

第三为内源动力扩张阶段。即在"二源合力"的基础上,动员社区成员广泛参与社区规划、社区决策和社区发展,使内源动力不断发展、扩张,外源动力要素输入相对减弱,区外组织的功能由"输入"转向"服务",社区发展主要表现为组织化了的社区群体自主行为。据我们在陕北、宁南、陇东、陇中四大黄土高原山区和定西县小西岔村的调查,这一理论基本符合山村社会发展的实践,动力来源贴近上述三个过程,并存在聚合和转换的必然性。目前高原山村社会发展普遍处于第一阶段向第二阶段的过渡过程,只有加快动力要素向第三阶段的转换,促使内源动力生长和扩张,才能加速山区农村社会的全面发展。

(二)黄土高原生态再造的"分级治理、多点释能"对策

考察西北黄土高原发展滞后的原因,其中最主要的就是经济、社

会、人口、资源和生态环境的恶性循环所致,而人的不断增长的需要与脆弱的生态环境之间的矛盾是这一循环链中最薄弱的环节。要实现该地区社会的可持续发展,必须从强化这一环节入手。为此,我们根据江泽民总书记"再造一个环境优美的大西北"的指示,提出了西北黄土高原生态再造的"分级治理、多点释能"对策。

这一对策的要点是:将黄土高原划分为整体级、区域级和单元级,在这三级分别采取不同的措施。即整体转型、区域减压、单元增力。

整体转型:是指作为以农业为主的黄土高原,要把生态再造与农业发展有机结合起来,使农业这个基础逐渐由传统农业转向生态农业和持续农业。从世界农业的发展来看,由原始农业到传统农业、再到现代农业,是农业发展的普遍趋势。但现代农业在以其高度的功能为人类提供丰足多样的食物需要的同时,几乎不可避免的都面临生态环境基础的破坏。因而,在现代农业理论和模式中,生态农业和持续农业都以协调人与自然、发展与环境为基本目标而独树一帜,同时也为西北黄土高原的农业转型指明了方向。

根据西奥多·W·舒尔茨的理论,我们将黄土高原地区的农业转型划分为三个阶段,即生存农业阶段、混合农业阶段和持续农业阶段。持续农业是一种新的发展观,从理论和模式上改变了传统的单程式增长型经济发展理论,改变了传统的资源观念、效益观念,把生态环境优化和质量改善作为经济、社会发展的一个新的力量源泉,代表着所有农业普遍的基本走向。80年代以来,西北地区曾小范围试验和推广的生态农业,实质是持续农业的具体模式,为黄土高原地区整体转向持续农业创造了经验区域减压:是指在人口密度较高、生态环境恶劣的山区,通过控制人口数量、劳务输出、开发型移民等措施,进行人口布局的区域性调整,减轻一定区域的人口对资源、环境和生态的压力。

1982 年以来,在西北地区的"三西建设"中国家和地方政府投入巨资,实施移民百万计划,截至 1996 年已超过 60 万人。此次移民认真总结了新中国成立以来移民工作的经验教训,坚持自愿原则,扶贫和开发有机结合,自力更生与扶持政策并举,精心组织,多种方式安置,使移民工作始终健康有序地进行。基本实现了成熟一批迁移一批,落户一批巩固一批,扎根一批脱贫一批的目标,取得了显著的经济效益、社会效益和生态效益。如甘肃靖远县若笠乡双合村,移民前人均耕地 6.95 亩,移民后增加到 12.4 亩,粮、经、林、草的种植比例由移民前的 77∶14∶6∶3 调为 59∶16∶14∶11、使生态环境逐步由掠夺型转向保护型。

单元增力:是指以组成黄土高原的无数个小流域为治理单元,进行各种措施多管齐下的综合治理,将以往的低能单元建成经济功能单元,将侵蚀单元变为生态功能单元,使弱质单元成为社会功能单元。

以小流域为单元的综合治理,是西北广大干部群众进行国土整治的伟大创造。它巧妙地将系统论、协同学、流域经济学和耗散结构理论运用到再造生态环境的实践,创造出了以定西县为代表的"系统协同型"、以庄浪县为代表的"梯田主导型"和以延安地区为代表的"生态恢复型"等模式,为黄土高原的生态再造提供了广阔前景。只要像他们一样,坚持不懈地、一个单元一个单元地长期治理,总有一天,由单元到整体,由小流域到大流域、再到整个黄土高原,都会重披绿色盛装,实现社会的文明进步和全面发展将不再是梦想。

参考文献:

[1]潘乃谷,马戎:《社区研究与社会发展》,天津人民出版社 1996 年版.

(原载于《中国经济改革与社会结构调整》,社会科学文献出版社 2000 年版)

我国农业现代化"短板"之辩

在社会系统理论视野下,所谓现代化不仅是一个由不同部分、不同要素构成的社会系统,而且实现现代化的过程也就是社会系统转型的过程,农业现代化自然是这个过程中的重要组成部分。不过,农业现代化的制约因素更多、过程更复杂,它因此容易成为现代化建设的突出"短板"[1]。故此,探寻中国农业现代化这块"短板"究竟"短"在何处,因何而"短",何能"补短"等问题,借以减缓和消解"短板"之痛之难,意义重大。

一、农业现代化及其演进

农业现代化是世界性农业发展的基本趋势和方向,主要指由传统农业向现代农业发展和转变的过程,实质上是农村社会的现代化。这个过程在不同国家、不同地区、不同时期是不一样的。

（一）农业现代化的由来和内涵

迄今为止,世界农业已大体经历了三个发展阶段:以人力、简单木石工具为标志的原始农业阶段;以人力、畜力和铁制农具为标志的传统农业阶段;以农业机械化为标志的现代农业初级阶段。从这个意义上说,农业现代化除了包含着传统农业向现代农业发展和转型的过程外,还是一个现代农业由初级或低级阶段向高级阶段发展和转型的过程。

农业现代化的内涵是十分丰富和广泛的,可从三个层次去把握和解读:在宏观层次上,它不仅包括农业生产主体人的现代化、生产技术的现代化、生产组织的现代化,同时也包括资源配置方式的改善,包括和扩大再生产客观要求相适应的引导制度的设计和安排,还包括农业结构的现代化,如农业投入结构、经营组织结构、生产结构、区域结构和农产品流通结构等;在中观层次上,主要是用现代工业装备农业、用现代科学技术改造农业、用现代管理方法管理农业、用现代服务体系服务农业、用现代科学文化知识培育和提高农民素质;在微观层次上,主要表现在农业运行体制、生产经营体制、区域发展模式、开发资源技术路线、农业政策的法律保护等方面,不断建构和完善一系列具有现代理念、现代知识、现代方式方法的体制、机制和支持政策体系,以保证农业现代化过程的规范性和可持续性。

2007 年,《中共中央国务院关于积极发展现代农业扎实推进社会主义新农村建设的若干意见》中明确提出,要用现代物质条件装备农业,用现代科学技术改造农业,用现代产业体系提升农业,用现代经营形式推进农业,用现代发展理念引领农业,用新型农民的培养发展农业。提高农业水利化、机械化和信息化水平,提高土地产出率、资源利用率和农业劳动生产率,提高农业素质、效益和竞争力。这是到目前为止,对中国特色农业现代化内涵的最好概括。

(二)农业现代化的发展和演进

由原始农业、传统农业,到以现代农业为标志的农业现代化,是一个艰难而又漫长的发展过程。上世纪 20 年代,蓬勃发展的美国工业革命和技术革命广泛波及到农业生产领域,极大地推动了农业生产的现代转型,其典型案例首推杂交玉米的培育成功。1949 年,美国实现了农业机械化,随之引发了世界性的农业现代化浪潮。法国在第二次世界大战以前,就在农业领域广泛采用了畜力牵引机械。早在 1929 年,全国各种畜力、牵引机具的保有量分别为:割草机 138.8 万台,播种机32万台,施肥机11.9万台,装用铁轮的拖拉机2.6万台,在当时的欧洲名列前茅。后来由于世界资本主义经济危机和"二战"的影响,农业机械化发展陷于停顿。到1970年,前后经历了约15年时间,法国终于实现了农业机械化。随之,荷兰、丹麦等一些欧洲国家也在20世纪60年代后期相继实现了农业机械化。

在农业机械化全面发展的同时,农业化学化也在欧洲得到了快速发展。到上世纪40年代,法国每亩耕地使用化肥5公斤,60年代达到10公斤,80年代达到20公斤。在欧洲,荷兰每亩耕地使用化肥量最高,达到104公斤,仅次于新西兰,居世界第二位[2](P204)。

农业机械化和化学化,引发了农业生产力的深刻革命,使延续了几千年的原始农业、传统农业逐渐被现代化农业所取代。在欧共体内部,1962年制定了第一个"农业一体化计划",随后,法国推行了"农业合作制"的现代化模式,荷兰推行了"外向型高产值农业"模式,德国推行了"绿色革命"农业模式。在发达国家纷纷实现农业现代化的同时,发展中国家也结合自己的国情,不断探讨和走出了具有本国特色的农业现代化道路。

(三)农业现代化的基本要素和主要指标

农业现代化是国家整体现代化的重要组成部分,也是整体现代化系统的一个分支系统,这个分支系统又是由不同要素构成的。要在漫长的农业现代化发展中,驾驭它的发展过程,把握它的运行规律,干预它的偏误失序,必须建立完整的指标和评价体系。

最早关于农业现代化的评价指标体系要追溯到上世纪60年代的现代化指标体系。在现代化指标体系的"箱根模型"、"列维模型"、"现代人模型"、"布莱克模型"[3](P60)以及世界银行、联合国开发计划署的多种发展指标中都有不同程度的体现。在我国,最早的农业现代化指标体系及其评价是由国家统计局科学研究所在2003年承担完成的。该研究创造性地提出了以农业生产手段、农业劳动力、农业产出能力、农业生产条件为基本要素的农业现代化定义,设计提出了由三级系统组成的农业现代化评价指标体系。一级系统包括农业生产手段、农业劳动力、农业生产条件和农业产出能力,合称农业现代化指数。二级系统包括 16 项指标。三级系统包括 22 项指标[4]。2010年以来,农业现代化指标体系研究成果日益增多,辛岭、蒋和平研究提出了包括四类、12 项指标的农业现代化评价指标体系[5]。谭爱花等研究提出了由 3 个一级指标、8 个二级指标和 30 个三级指标构成的农业现代化评价指标体系[6]。国家统计局农村司在 2012 年的研究中提出了包括 6 类 18 项指标的农业现代化评价指标体系,等等。这些指标体系的共同特点是充分关注了农民素质、资源、生态环境、社会和可持续发展等方面的内容,更具有客观性和科学性。

二、我国农业现代化"短"在何处

"短板"一词,源于管理学中的木桶理论,由美国管理学家劳伦斯·彼得提出,原意是一个木桶能装多少水,取决于最短的那块板子。如果换一个视角,用社会系统理论去解释,一个木桶能装多少水,首先取决于木桶这个整体,即所有板子长则装的水就多,反之则少。其次才取决于整体中最短的那块板子。正如帕森斯在他的社会系统运行理论中强调的那样,社会是由各个不同要素组成的,具有整体性和系统性,并认为整个系统的各要素以确定的方式联结在一起,如果社会的某一部分发生变化,那么也会对社会的其它部分产生连锁后果[6](P142)。沃尔特·巴克莱在他的社会系统理论中提出了机械论、有机论和适应性等 3 种社会系统模型,特别强调信息、关系和过程,强调以自调节、自导向、自组织为特征的正、负反馈过程。巴纳德的社会系统理论学派主要关注组织的作用,认为在管理和发展过程中组织是一个协作系统,要促进整体的发展,协作系统必须具备协作意愿要素、共同目标要素和信息联结要素。

按照社会系统理论,我国社会主义现代化的四个方面是相互联系、相互促进的一个整体,也就是一个由四块板子构成的完整的"木桶"。在这个整体中,农业、工业的现代化,为科学技术和国防的发展提供雄厚的物质基础,而经济的发展又需要强大的国防力量来保卫。科学技术又是实现农业、工业和国防现代化的关键。显而易见,只有将四个方面紧密结合起来,协调一致,同步发展,才能加快社会主义现代化的整体发展,任何一方面或一要素的滞后或短缺都会给整体造成影响。同时,在发展过程中应探索建立符合国情的协作系统、正负反馈机制和现代化模式。

农业现代化之所以成为"短板",除了上述我国现代化整体发展程度不高,也就是受所有木板的长度不够长的制约外,主要是农业现代化基本要素自身长少短多。据《中国现代化报告》(2012)披露的数据:1980 年中国综合农业现代化指数为 29%,1990 年为 33%,2000年为 31%,2005 年为 34%,2008 年为 38%[8](P177)。如果按 2000 年到 2008 年年平均增长 1 个百分点计算,则到 2015 年可达到 45%。这也就是说,我国距农业现代化还有一大半路程要走。

(一)"手短":农业生产工具和技术落后

一定的工具和相应的技术是农业生产、加工、存储、运输、销售的基本手段,它像一个人的手一样不可或缺。众所周知,从传统农业转向现代农业一般要经历三个阶段,即生存农业阶段、混合农业阶段和市场农业阶段。我国在改革开放以来,虽然农业发生了翻天覆地的变化,但到目前为止,农业三个阶段的特征并存,而且有相当一部分地区还处在生存农业阶段。一些地方尤其是大部分高原地区、山区和丘陵、沙漠地区的农村,农民仍利用简单甚至简陋的生产工具,只从事一两种农业生产,生产的目的是为了维持自身的生存,生产的产出量和劳动生产率低下,土地和劳动是主要的生产要素投入,资本投入极少。即使已被实践反复证明了的良种、农药、化肥、地膜等有效适用技术,也因受人的文化素质、知识水平以及产品质量、价格或供给不足等综合因素的影响,其应用规模、程度和效益非常有限。生态环境的严酷,技术及其应用上的局限,加上农业的生物特性,使农民对自然环境的变化基本上无能为力,对生产中的不确定因素、自然灾害及其他风险难以应对。在这种条件下,农民要么无能力要么不愿冒风险采用先进技术和改变生产结构,只能以维持生存的最大需求为生产目的,从而在一定程度上仍然延续着传统的生产方式和生产技术,承袭着自给自足的传统农业模式。

根据国家统计局《中国农业现代化进程研究与实证分析》研究报告提供的信息,在本世纪初的 2001 年,中国农业现代化实现程度为 31.7%,目标值尚未完成 1/3。在农业生产手段方面,指数为 20.36%,刚完成了 1/5 的路程。在 6 个分项指数的测算中,农业科技化水平为 5.41%,电气化水平为 6.99%,信息化水平为 20.66%,机械化、水利化和良种化水平分别为 30.29%、42.57% 和 37.98%,其实现程度均未过半[9]。

(二)"腿短":农业生产条件差和生产能力不足

农业生产条件和产出能力是农业现代化的基础,也是农业发展的"劲腿"。我国 2/3 的耕地在山区和半山区,高山、沟壑和梁峁切割造成了地理封闭、交通不变和国土整治困难,水利、电信建设投资高,增大了农业生产运营成本和对外交流交往的难度,也减弱了技术要素输入、生产要素流动的速度和规模。市场对产业的媒介拉动功能受阻,使改变农业生产基本条件和提高农业产出能力的努力受到很大限制。

生产要素的自由流动、农业劳动力向城市和非农产业的流动以及城市市场对农业生产要素的拉动，是农业发展及其现代化的又一条"劲腿"。但由于特定的自然环境、地理屏障封闭和一些制度缺陷，农业劳动力流动仍呈现出分散性、不稳定性和低文化技术的特点，这不仅给城市化带来许多亟待解决的问题，而且给农村建设和农业发展造成新的困难。尤其是农业发展所高度依赖的市场环境，在国家宏观市场经济大背景和其他因素的制约下，仍然呈现出狭小地域性、零碎性和应时性特征。在这种发育极其缓慢、功能弱小不全的市场环境下，不仅农业发展所付出的"市场成本"极其昂贵，而且也影响着农村社会的信息沟通、文化传播、公共服务等方面的发育和成长。再加之农民的组织化程度太低，大多数农民仍然以个体身份和角色面对瞬息万变的市场，博弈、应变和自救能力不强，常常成为市场竞争的弱势群体而受到伤害。据国家统计局的资料，本世纪初的 2001 年，农业生产条件指数为 52.83%，距目标值刚刚过半。从构成农业生产条件的 4 个二级指数来看，市场环境指数实现程度刚超过 50%，农作物生长环境指数在 50% 以下。农业产出能力很弱，离目标值还有 4/5 的路程要走。从构成农业产出能力的 4 个指标看，农业劳动生产率的实现程度不足 1/3，劳均农业产出能力和农业供养能力的实现程度均不足 1/5。据《中国现代化报告 2012》，2008 年的劳动生产率，法国和日本是中国的 100 倍，美国和加拿大是中国的 90 倍，德国、英国、澳大利亚和意大利是中国的 50 多倍。

(三)"身短"：农业资源匮乏和人的素质低下

资源是农业发展的耕植之基，也是农业现代化的"强身"之本。从整体上讲，中国农业现代化之短首先短在资源禀赋和存量上。前面说过，农业现代化是国家现代化整体系统的分支系统，它由农村农民、农业资源、农业条件、农业技术、农业环境等要素构成。我国土地资源短缺,人多地少矛盾突出,人均耕地面积只有世界平均水平的1/3,对农业现代化形成刚性约束。20年前的1996年,我国耕地总面积为1.30亿公顷,10年后的2006年降为1.22亿公顷。在之后至今的10年中,虽然由于有序推进国土整治和复垦开发补充,耕地不断减少的势头得到一些遏制,但我国人口在不断增长,尤其农村人口相对增长更快,因而人均耕地面积逐年减少的状况越来越严重,对农业现代化整体系统的影响也越来越明显。同时,我们还应看到,由于长期采取了一味追求高产目标的农业技术路线,农业资源处于粗放型、浅表型、失度型开发状态和超负荷状态,由此造成的农业资源和生态环境危机,消减和延缓着农业现代化的速度和效益。

作为农村社会主体农民的受教育程度、科学技术水平等人文素质,也像农业资源一样对农业现代化形成硬约束。据《中国农村统计年鉴》的统计,2012年,我国农民平均受教育年限只有7年多,大专以上文化程度只占2.93%,高中和中专文化程度占了12.63%,初中文化程度占53.03%,小学文化程度占26.07%,文盲半文盲占5.30%[10](P29)。美国在上世纪70年代,高中文化程度的农民超过了1/3,大学文化程度的达到5.3%。由于我国农民整体素质大大低于已经实现农业现代化的国家,因此农业现代化在整体上"身子短"、"个子小"就成为很自然的事了。上述"三短"可能还不足以全面解读农业现代化"短板"之短,但这些绝对足以让中国农业现代化裹足不前了。

三、我国农业现代化"短板"之因

在社会系统理论的视野下,按照"短板"说的逻辑,我国的四个现代化应该是一个完整的"桶"。既然是一个完整的桶,为什么工业、科技和国防现代化三块板是长的,而农业现代化这块板却是短的呢?究竟是什么原因使农业现代化这块板被造短了呢?

(一)思想"断路"

我国是一个拥有几千年悠久历史和灿烂文化的文明古国，但由于长期的封建社会传统，100多年的半殖民地屈辱，使得自近代以来我国屡屡失去融入世界现代化大潮的机缘。新中国建立以后，第一次在近代中国历史上国家实现了高度的政治统一和社会稳定，将中国的现代化进程从资本主义模式转向社会主义模式。在1954年9月第一届全国人民代表大会第一次全体会议上，毛泽东明确提出，要在几个五年计划内把中国"建设成为一个工业化的具有高度文化程度的伟大国家"。1958年，党的第八次全国代表大会第二次全体会议提出，要"为尽快地把我国建设成为一个具有现代工业、现代农业、现代科学文化的伟大社会主义强国而奋斗"。然而，这一阶段对社会主义现代化模式的探索，由于多种因素的影响，曾几次被严重扭曲甚至被迫中断。1978年改革开放开始之后，我国在吸取以往经验教训的基础上，确定以实现工业、农业、科技和国防四个现代化为目标，开始了中国特色社会主义现代化的进程和探索。

现在，改革开放已经快40年了，工业、科技和国防的现代化达到了比较高的水平，在一些领域甚至走在了世界的前列。在这种情势下，当我们直面农业现代化"短板"问题时，不得不首先还要从思想根源上说起。实事求是地说，执政党和政府对"三农"问题是高度重视的，从农村率先实行改革，在改革开放初期连续5年、本世纪连续13年制定下发关于"三农"发展的中央一号文件，到强调"三农""重中之重"的地位都证明了这一点。既然如此，思想问题究竟出在哪了呢？笔者认为依然出在一个老生常谈的问题，即对基本国情的真认识和真坚持问题。

我们说"三农"重要，农业现代化不可或缺，但究竟有多重要，并不是所有人都知之或知之甚深的。中华民族从哪里来、到哪里去，都与"三农"紧密相关。沿着历史发展的轨迹探寻,就不难发现,在中华民族形成和发展的数千年中,它的根深深地扎在农村、农民和农业这个丰厚的土壤之中。中华民族的所有物质文明和精神文明,其发源地和创造者都离不开"三农"这个"根"。历史的转变,社会的变迁,文明的演变,其原始动力皆源于"三农"。几千年来,农村的兴衰,农业的扬抑,农民的诉求,作为中国社会最深厚最巨大的力量,从根本上左右着社会发展的进程和趋势。虽然,现在我们已完成了工业化城市化的初中期阶段,但农民在人口构成中的主体地位基本没有改变,农业作为国民经济基础的地位没有改变,农村作为中国社会变迁、发展和稳定的决定性问题的性质没有改变。

因此,直至今天,无论是面对改革开放大计,还是设计未来蓝图,仍必须把"三农"问题作为立国、治国、兴国的牵动全局的战略性问题来对待。但在现实生活中,"三农"这个"根"的理念、"重中之重"的思想并没有完全形成,更没有深植于社会大众心底和渗透到决策者所有决策行为之中。在实际工作中,多数情况下都是重工轻农、重城轻乡思想占据主导地位,尤其在重大工程项目建设、基础设施建设和公共产品供给上,"三农"问题常处于思想不畅和"断路"状态,谈无言、尚空谈已司空见惯。国家的"重中之重"战略,经常被习惯性地演绎或走样为"时轻时重"、"不轻不重"、"有轻有重"、"只轻不重"的玩术,从而招致了工农差距、城乡差距和贫困差距不断拉大的后果。

(二)目标错位

农业现代化作为四个现代化的重要组成部分,应该具有确定的目标,农业现代化也是农村社会发展的基本目标和方向。但在改革以来的很长一段时期内,我们在宏观战略上用解决"三农"问题替代建设农业现代化。在具体工作中,又把现代农业等同于农业现代化,用发展现代农业替代实现农业现代化。我们不能说解决三农问题和发展现代农业有什么不对，但用它们替代农业现代化这个基本目标肯定是有问题的。

这是因为，三农问题是相对具体的、具有时间特征的发展问题，它既是农业现代化的一部分，又可能与农业现代化的整体系统相区别。而现代农业与农业现代化本来就不是同一个概念，现代农业是相对于原始农业、传统农业而言的，在同农业现代化相联系的时候表达的是一个时空概念。尽管一些人对现代农业进行了不同视角和各自学科的诠释，对其内涵和外延作了相当宽泛的推导和拓展，但还是不能忽略它们之间的区别，这两者之间最根本的区别是追求的发展目标不同。不论从哪个角度讲，现代农业追求的目标比较单一，主要是经济目标；农业现代化则完全不同，它追求的目标是一个综合目标和系统目标，而这个目标不是主观的，是其基本要素的客观反映，主要表现为农村主体、农业经济、农村社会、农村环境等的现代化。

(三)路径依赖

现代化是一种世界性潮流，也是人类社会发展的普遍趋势，它作为一种文化发明具有一定的社会、文化和路径向度。到目前为止，人类文明已出现了三大基本载体，即农业文明、工业文明和城市文明；与此相关，有三种形态的现代化，即自发的、早发的现代化，外发的、后发的现代化和多民族国家的现代化。中国的农业现代化，必须在厘清三大文明之间和三种现代化之间关系的基础上选择适合中国国情的路径。

人类最早发育起来的农业文明，是人类文明的母体文明。与工业文明、城市文明相比，农业文明提供了人类社会最主要的生存资料和生存方式，是人类赖以生存的基本文明，是其他一切文明的基础。中国现代化是世界现代化的一部分，它必然要遵循现代化的一般规律。作为一个具有几千年农业文明历史的农业大国，它又必须以自己的农业文明为基础来实现农业现代化。世界上最早实现农业现代化的美国，就是以农业现代化为基础，然后实现以工业化、城市化为标志的现代化的。但我们恰恰忽视了自己的农业文明这个"根"，选择了一条"刘易斯外延式扩张"的道路，"把工业、城市做起来，然后反哺农业的路子"，其弊端已很明显。中国"农业必须同时走舒尔茨内涵改造的路子，像工业文明、城市文明一样，把诸多现代元素注入农业，培育农村内生性的物质基础，增强造血功能，让农民农村农业同时现代化起来，农业这条短腿才能加长，农业文明才能与工业文明、城市文明同时发展、同步发展、同样发展。"[11]

同时，中国现代化又是在特定地域、特定民族和特定文化背景下进行的，除了具有世界现代化的共性外，肯定还具有中国特有的"个性"。我们说的三种现代化，"第一种是自发的、早发的现代化，例如西欧社会。第二种是外发的、后发的现代化，例如东亚诸国。"[12](P41)中国是一个具有悠久农业文明历史的多民族国家，属于第三种现代化即多民族国家的现代化。第三种现代化虽然也是输入的外发的，但与前两种现代化相比，它是相对于主体民族而言的多民族的现代化。不论从比较现代化的视角看，还是从各国现代化的历程和选择模式来对照，在现代化过程中的"文化转向"和"另一类现代性"都是一种世界性的普遍现象，它表明现代化没有超越特定社会传统的先验模式，亦没有既定移植或照抄照搬的现代化模式[13](P115)。在近40年的改革开放进程中，我们虽然在不断探索"中国特色"，但在农业现代化的路径选择上，却一直摇来摆去。尤其在农业生产方式、农业经营模式、环境治理模式等方面，自觉不自觉地偏离了国情和客观实际。

（四）过程迟缓

国内有的学者根据农业发展阶段的相关理论，把农业现代化的实现过程分为准备、起步、初期、中期和基本实现等五个阶段。如果从改革开放算起,我国的农业现代化至少应该进入初期阶段。正如前面所述,本世纪初,中国农业现代化的实现程度仅为31.37%,才走完了不足1/3的路程。在这一发展过程中,最明显的特点是,我国农业现代化的进程同其他三个现代化相比,起步迟,不持续。

1. 起步迟

经过对改革开放近40年来中共中央颁发关于"三农"的18个"一号文件"(其中1982—1986年5个,2004—2017年14个),以及期间国家从"八五"到"十二五"的国民经济和社会发展计划、党的代表大会报告等文献的查阅考证,发现从1978年改革开放开始到1986年,国家主要关注的是农村农业改革。中央连续下发了五个"一号文件",从理论和实践上推行家庭联产承包责任制,加快粮食生产,全力解决生存需要和温饱问题。之后从1987年到1996年的10年中,主要关注的是全面发展农村经济。一直到国家的国民经济和社会发展"九五"计划和2010年远景目标纲要中,才首次提出要在2010年使"农业现代化登上一个新的台阶"。2000年,又在"十五"计划中提出,"要把产业化经营作为推进农业现代化的重要途径"。重大转折发生于2008年,这一年,中共中央做出了关于推进农村改革发展若干重大问题的决定,明确提出"推进中国特色农业现代化"。上述可见,农业现代化之所以成为我国现代化建设的短板,与它的起点低、起时迟是紧密相关的。

2. 不持续

我国作为发展中国家,农业现代化一直是在克服重重困难中艰难爬行的。但从上述国家层面的文献中清楚地看到,在上世纪80年代上半期,中央虽然连续下发了5个一号文件,但并没有明确涉及过农业现代化问题。后来到90年代中期,虽然提出了有关农业现代化的问题,但只是在作为一种发展手段、发展途径的意义上提出的。从文献行文的格式和内容上看,几乎淹没在冗长的文字堆中难得发现,甚至在二、三级标题中都难得一见。更值得回味的是,从1980年到2000年,综合农业现代化指数从29%上升到31%,20年仅上升了两个百分点。尤其令人费解的是,从1990年到2000年的10年里,农业现代化指数不升反降,由33%下降到31%。只是从2008年之后,农业现代化终于进入了中国发展的快车道,在国家顶层设计、决策体系和大众媒体中获得了话语权。农业现代化这一提法从"迷失-隐现-彰显"的变化历程清楚地表明,我国农业现代化的发展过程是充满坎坷的,是在不断实践和探索中寻求和实现突破的。

四、我国农业现代化何以补短

农业现代化作为国家整体现代化的一个领域或一个部分,它的或长或短无疑主要是决策层面、实行层面和管理层面的问题。但农业现代化同其他三个现代化完全不一样,它是利用生物的生命活动进行生产的,不但非常依赖生态环境的支撑,而且是在人的参与和干预下进行的。因此,解决农业现代化过程中的"补短"问题,要在遵从农业的生命逻辑的基础上,运用社会系统理论的视角进行多角度、多层面的思考。

(一)厘清思路

借用民间的一句话,没有思路就没有出路。补农业现代化之短,闭塞言路、墨守成规肯定是不行的。目前,尽管国家已相继提出了一系列新的主张和措施,学界也在主动研究和发声,但还有一些问题仍需进一步探讨和厘清。

一是关于"补板"还是"换板"或"补短"还是"加长"的问题

长期盛行的木桶理论作为一种比喻是形象的、有说服力的,但它明显的缺陷给"补短"说带来了逻辑混乱和现实困境。因为,木板由于它的生物性特征,一般是不能补的。即使现代高端技术的粘合剂,也难补其短,补了也会再次"断裂"。同样,在我国现代化进程的实践中,农业现代化这块"板"也不只是短在"量"上,应该说更多地短在"质"和"能"上。那么,即使在量上把它补长了,它的质量和功能又如何补呢?特别是按照我们现在对农业现代化所作的定义,其内涵主要是传统农业向现代农业的转变过程,也就是说农业现代化就是农业本体的现代化。但从本质上讲,"农业现代化,农业是本体,农民是主体,农村是载体。现代农业只要求实现本体的现代化,这是不完整的现代化。主体和载体如果不能实现现代化,本体农业就无法实现现代化。只追求单一的经济目标,不追求五位一体(作者注:即用现代工业装备农业、用现代科学技术改造农业、用现代管理方法管理农业、用现代服务体系服务农业、用现代科学文化知识提高农民素质)的综合目标,就不是农业现代化。因此,必须重构农业现代化体系,重启农业现代化议程"[10](P86),从数量和质量、结构和功能等方面做长做强农业现代化这块短板。

二是"新四化"和"老四化"的关系问题

所谓"新四化"即工业化、城镇化、信息化和农业现代化。2008年,在中央关于推进农村改革发展若干重大问题的决定中,提出"中国特色工业化、城镇化、农业现代化加快推进",当时被称作为"新三化"。2010年,在温家宝总理关于制定国民经济和社会发展第十二个五年规划建议的说明中,重申了要在"工业化、城镇化深入发展中,同步推进农业农村现代化",首次在农业现代化的范畴中提出了农村现代化的问题。2012年,在党的十八次代表大会上,在"前三化"的基础上又加上了信息化,并提出要实现"工业化、信息化、城镇化同农业现代化同步发展"。

"新四化"同"老四化"相比,它们显然存在着承前启后的关系。首先,它们之间相互关联,互不排斥,前者只不过是后者的延伸和发展。其次,前者在不排斥"老四化"的基础上,增加了信息化和城镇化的内容,进一步扩展了中国现代化建设的领域和内涵。最后,"新四化"实质上是在中国特色社会主义现代化建设不断取得新成就、出现新变化的新形势下,党和政府适时对国家现代化方略的新调整,为今后我国农业现代化建设校正了思路和方位。

三是现代化的普遍规律和农业现代化的特殊规律问题

二战后特别是从 20 世纪 50 年代开始,由于新的科技进步引领的世界性新工业革命浪潮,带来了生产力的飞跃性发展,极大地加速了西方资本主义世界现代化的进程。正是在这样的历史背景之下,西方新一代的经济学家(罗斯特、弗兰克、库兹涅茨等)、社会学家(帕森斯、列维、穆尔等)、政治学家(亨廷顿、伊斯顿、阿尔蒙德等)、社会心理学家(英克尔斯等)分别从不同角度对现代化问题进行了广泛的研究,对现代化的一般规律进行了深入探讨。他们总体认为:(1)现代化的基础是经济现代化,其中工业化和城市化是经济现代化的主要内容,实现经济稳定持续增长是实现现代化的关键;(2)在社会领域,现代化是传统农业社会向现代工业社会的转变过程,现代社会是社会结构的分层化与整合化、社会功能的专门化和多样化、社会阶层的流动化和平权化、社会运行机制的市场化和法制化、社会生活的世俗化、政府治理的契约化;(3)在政治上,现代化最显著的特征是国家政治制度的现代化,主张政治民主化、自由化、分权化和秩序化,强调政府权威的理性化和政府行为的法制化;(4)现代化的主体是人的现代化,人是实现传统社会向现代社会转变的根本保证,强调人的现代化素质的培育和提高;(5)现代化是从各种社会内部文化传统基础上形成的,因此现代化的发展模式是多样性的。

农业现代化是一个国家整体现代化的组成部分,自然要遵循现代化的普遍规律。但它作为整体系统的分支系统,又由不同的要素而构成,因此具有其特殊性:(1)土地是农业的基本生产资料,土地的固定性和有限性,决定了农业生产的地域性和艰难性;(2)农业劳动要随生物不同生长阶段循序渐进,因而具有较长的周期性和季节性;(3)农业产品既是人类必须的生活资料,又是生物体自身再生产的生产资料,具有生产资料和消费资料的双重性;(4)农业生产过程既受生物体繁殖周期的限制,又受自然环境变化的影响,具有多变性和灾损性。这些特殊性表明,农业生产过程比其他物质生产受资源、环境、生态、技术和工具的影响更直接更广泛。因此,同其他要素的现代化相比,农业现代化更是一个动态的演进过程,也是一个长期的发展过程,在这一过程中,思路问题将伴随其始终。

(二)建构制度

补农业现代化之短,除了需要厘清思路之外最主要的就是制度保障问题。目前,有以下几类制度仍需反思和重构。

一是建构保障农业现代化农民国民待遇的制度。在我国,所有公民都享有广泛的民主、自由权利,这是不争的事实。但是,由于长期的城乡二元经济和二元体制的刚性制约,尤其是至今依然存在的城乡分割的户籍制度,将中华人民共和国公民人为地分割为城市人和农村人、城镇非农业户口和农业人口。在待遇方面选择性地照顾和保护城市人,歧视和排斥农村人。长期以来,这一制度就像一条无法逾越的鸿沟横亘在农民的心里。而且,在现实生活中不断制造出各种社会性的不公和偏见,日益强化着国民待遇事实上不平等的隐忧。在这一制度实行了 60 多年之后,在它所谓的必要性已发挥到淋漓尽致的今天,很有必要深刻反思和废止不合时宜的户籍制度。彻底由过去把农村与城市、农业与工业、农民与城镇居民相分割的政策、战略和治理模式,转向三者结合为一体的社会可持续发展模式,把农村社会现代化融入国家整体现代化过程之中，从制度的顶层设计和实施上破除二元结构、二元经济和二元体制，加速乡村城镇化、工业化进程，使农业现代化获取持续发展的活力和动力。

二是建构保障城乡基本公共服务均等化的制度。过去在城乡分割基础上形成的城乡差别，最主要的表现是基本公共服务的不均等，实质是不同所有制的分割。"城市土地国有，农村土地集体所有；城市居民大都是国有企业职工，农民是集体的甚至是个体的。由此产生的鸿沟是，国家对城市可以直接投入，而不能对农村直接投入；城市可以统筹医疗，但农村只能合作医疗；城市可以建立政府介入的社会保障账户，而农村还没有。"[14]中国现代化发展到今天，无论是城市还是农村都已经是多种所有制并存，政府也不只是国有制经济的代表，而是全民的代表。因此，城乡基本公共服务的均等化不要再受所有制的限制，要按照城乡基本公共服务均等化的要求，统筹设计和改革城乡公共服务制度，加快推动城镇公共服务向农村延伸，并尽快在教育、医疗、就业、社会保障和社会服务等领域建立起制度性保障，促进城乡一体化发展，加快农业现代化发展的步伐。

三是建构保障山区农村发展和实现现代化的制度。我国农村和耕地的三分之二在山区，农业人口的多数也居住在山区，没有山区农村的发展和农业现代化，也就没有全国的农业现代化。众所周知，山区和川区相比，除了地形地貌不同外，在资源、环境、发展条件等各个方面都有显著的差别，甚至一些因素对经济发展和居民生活发挥着决定性影响。但一直到现在，虽然倡导实事求是，因地制宜，却从来都没有过全国山区农村发展的战略和长远规划。在过去的所有"三农"建设和发展中，很少对川区、山区和山区中的半山区、浅山区和深山区进行有区别的分类指导。因而，在改革开放以来三十多年的农村建设和发展中，各种政策要素、市场要素、物质投入要素所汇聚的"油水",大多数通过正式制度和"非正式制度"的安排流入到城市郊区、川区和少数浅山区。时至今日,大多数山区尤其是深远山区农村距离农业现代化更为遥不可及。严峻的事实表明,不论是补农业现代化之短,还是加农业现代化之长,再不能忽视山区农村的基础性地位和关键性作用了。要像制定国家国民经济和社会发展五年计划那样,尽快制定我国山区农村发展和农业现代化的第一个五年发展计划,对山区发展目标、开发方向、治理模式、经营重点、投入规模和居民去留做出规划和制度安排,以促进全国农业现代化的整体发展和进步。

(三)模式转变

建立什么样的经营体系、经营模式,一直是我国农业现代化建设中争论不休的一个问题。目前,我国户均经营土地只有 7 亩多,在世界上属于超小规模。随着经济全球化和农业国际化条件的变化,小规模经营越来越显示出它的局限性,农业要实现现代化,必须突破小规模的经营模式,走出符合中国国情的农业现代化道路。

从已经实现农业现代化的国家来看,不论美国、西欧还是日本,都走出了各自国家不同的道路,有人把它称之为世界农业现代化的"三条道路"。世界农业现代化的第一条道路,是以美国、加拿大等新型大陆国家为代表的,国土面积广,人多地少,采用的是大型农场的"大国大农"经营模式;世界农业现代化的第二条道路,是以日本、韩国为代表的,国土面积狭小,人均农业资源稀少,采用的是小规模的"小国小农"经营模式;世界农业现代化的第三条道路,是以法国、德国等西欧国家为代表的,采用的是经济高效化、产业特色化和农户企业化的"适中发展"的经营模式。同时还认为,中国人口多,土地少,应该采用适度规模的"大国小农"经营模式,这将是世界农业现代化的第四条道路[15]。

适度规模经营的"度"是多少、由谁去把握、怎样把握才算"适",

是转变经营模式的关键。一要把经营模式的选择权还给农业现代化的主体——农民,让农民"唱主角",依靠农民自己去把握经营规模的"度"。是出租、是入股、是合作还是转包,由农民自己决定。二要坚持和完善农村基本经营制度,坚持农民家庭经营主体地位,引导土地经营权规范有序流转,提高农民的组织化程度,逐渐让农民以群体形象和强者身份参与市场竞争。三要发挥农业适度规模经营的引领作用,支持新型农业经营主体和新型农业服务主体成为农业现代化建设的骨干力量。四要采取多种方式发展农业适度规模经营,可以通过土地股份合作和联合或土地托管等方式,扩大生产经营面积;也可以通过龙头企业与农民或合作社签订协议,按照标准和要求进行生产,扩大规模效益;还可以通过发展农机大户、农机合作社、流通合作社等以及其他形式的农业社会化服务,来扩大区域性的规模经营效应。

(四)凝聚合力

农业现代化从本质上讲,其实是农村社会的现代化,而农村社会是一个由多种要素及其相互关系组成的网络系统。这个系统之所以发展或发展快慢,完全取决产生于系统内部的内源动力、来自于系统外部的外源动力和内外源动力凝聚而成的合力。一般情况下,由内外源动力凝聚形成的合力越强,农村社会系统发展得就越快也越好。

反观我国农业现代化成为"短板"的事实,就不难发现,首先,从农村社会发展的内源动力来看,由改革开放初期生产经营体制变革而产生的发展动力,并没有延续到农村社会发展的各个领域,向社会和市场全面转化和深层次推进,一直未形成来自社区内部的社区居民广泛参与的向市场经济和现代化推进的强大内源动力及社区行为。至今,农村社会发展和农业现代化依然是一种政府发展战略的机械延伸,说白了主要是县、乡政府从外部强力推进的发展,来自社会内部的、自我发展的动力严重不足。其次,从农村社会发展的外源动力来看,不论从国家的各类涉农法律的力量、农村以外的各种组织的力量、中央和各级政府政策的力量还是城市和市场的力量,都是比较强势和系统的。从理论上讲,农村社会发展的动力系统及其过程应该是内源动力和外源动力一致作用的结果,其作用方向在本质上是相同的;就内源动力和外源动力的关系而言,既相互推动,又相互制约,而且外源动力主要通过内源动力发挥作用。然而,现在农村社会面临的现实是,一方面弱小的、分散的、缺乏自组织的内源动力,使农村社会长期处于运动式、间歇式和滞缓式发展状态。另一方面,相对比较强势的外源动力,无法与弱势的农村内源动力实现有效对接,更不能及时转换为社会发展的合力。因此,要补农业现代化之"短",很重要的一条就是要促成农村两种发展动力的聚合和转换,形成强大的发展合力。

就目前而言,在农村要以社区为单位,以健全和完善社区组织为重点,充分动员社区居民广泛参与,把国家的政策支持和各种物质输入,同农村发展实际和居民需要结合起来,促使社区内部发展动力的生长和扩展,把农村发展和农业现代化变为组织化了的社区居民群体行为。同时,要顺势而为,借"加快补齐农业农村短板成为全党共识,为开创'三农'工作新局面汇聚强大推动力;新型城镇化加快推进,为以工促农、以城带乡带来持续牵引力;城乡居民消费结构加快升级,为拓展农村农业发展空间增添巨大带动力;新一轮科技革命和产业变革正在孕育兴起,为农业转型升级注入强劲驱动力;农村各项改革全面展开,为农村农业现代化提供不歇源动力"[16]的大势,把社会各领域、各层次和各形态的力量聚合起来,为农村社会发展和农业现代化提供源源不竭的动力。

参考文献:

[1]李克强.以改革创新为动力,加快推进农业现代化[J].新华文摘.2015,(9).

［2］刘敏.山村社会［M］.兰州:甘肃人民出版社,2000.

［3］黎昕.社会发展综合评价指标体系研究［M］.厦门:鹭江出版社,2013.

［4］关键.我国农业离现代化还有较长路程［N］.中国社会科学院院报,2004–01–13(2).

［5］辛岭,蒋和平.我国农业现代化发展水平评价指标体系的建构和测算［J］.农业现代化研究,2010,(11).

［6］谭爱华等.我国农业现代化评价指标体系设计［J］.干旱区资源与环境,2011,(10).

［7］［澳］马尔科姆·沃特斯.现代社会学理论［M］.杨善华译.北京:华夏出版社,2000.

［8］何传启.中国现代化报告2012——农业现代化研究［M］.北京:北京大学出版社,2012.

［9］刘晓越.中国离农业现代化有多远［N］.中国信息报,2004–03–03.

［10］中国农村统计年鉴［R］.北京:中国统计出版社,2014.

［11］刘奇.中国农业现代化的十大困境［J］.中国发展观察,2015,(1).

［12］高丙中.现代化与民族生活方式的变迁［M］.天津:天津人民出版社,1997.

［13］杨文炯.传统与现代性的殊相［M］.北京:民族出版社,2002.

［14］顾益康.中国特色农业现代化的科学内涵、目标模式与支撑体系［J］.中共浙江省委党校学报,2012,(6).

［15］洪银兴.以"三农"现代化补"四化"同步的短板［J］.经济学动态,2015,(2).

［16］中共中央国务院关于落实发展新理念加快农业现代化实现全面小康目标的若干意见［Z］.

（原载于《西北师范大学学报》2017年第3期）

二、民族社会学研究

论民族社会学

社会学是现代社会科学中从某种特有的角度，或侧重对作为社会主体的人，或侧重对人和社会的关系等进行综合性的研究，因而具有自己独特研究对象和方法的学科。社会学自产生至今，从西方到东方乃至世界各国，已经过了一个半世纪的演进和变化，不仅在现代科学知识体系中占据独特的地位，而且在全球范围内发展成为一门独立学科，具有独立知识结构的社会科学，民族社会学就是"社会学大家族"中的一支正在崛起的"新军"。

一、民族社会学的学科性质及研究对象

我们说民族社会学是社会学众多分支学科中的一支"新军"，并非指它的历史，而主要是就其在我国的发展现状和研究水平而言的，其中包括对这门学科的学科定位、研究对象和理论框架的学科界定等基本问题。

（一）什么是民族社会学

什么是民族社会学，这一直是它的创始人以及后辈社会学家力图明确回答的问题。但由于各国的国情不同，个人的学科背景和视角不同，回答也各不相同。在我国，不仅不同历史时期的社会学家各持己见，即使同一时期不同的社会学家也众说纷纭，甚至同一个社会学家在不同时期也观点各异，有的还同时持有多种观点。这样，民族社会学从传入我国到现在的发展过程中就出现了为数颇多的定义。归

纳起来大致有如下三类：

第一类是见之于个人论文和著述的界定。据考证，早在 20 世纪 40 年代，吴文藻教授主编的社会学丛刊就曾指出："民族社会学"是"除普通社会学外"的"特殊社会学"。这是我国首次提出"民族社会学"的名称。

（1）在我国对民族社会学的学科性质、研究对象和任务最早进行系统阐述的当属社会学老前辈孙本文教授。他在 20 世纪 50 年代曾撰文指出："民族社会学是文化社会学的一个支系。文化社会学是研究人类社会中文化的一般状况而民族社会学研究一种特殊的民俗和文化。在研究的方法方面和普通社会学没有什么差别，只是研究对象有所不同"。[1]

（2）80 年代初，随着中国社会学的恢复和重建，关于民族社会学的讨论也随之而起。1981 年 12 月，著名社会学家费孝通教授在中央民院民族研究所座谈会上指出："我这两年在搞社会学，其实可以说是搞汉族地区的社会调查。民族学在中国主要搞少数民族地区的社会调查，所以，在中国，社会学和民族学从学术分科上说可以合二为一的。因此我们也不妨称少数民族地区的社会调查研究作民族社会学。"[2]此后，涉足民族社会学研究的学者日益增多，对"什么是民族社会学"的观点呈现出百花齐放的状况。

（3）李绍明 1982 年撰文认为，"民族社会学，它既是民族学的一个分支，也是社会学的一个分支；既是民族学的一部分，又是社会学的一部分。因而，它是这两门学科之间的中间学科或边缘学科"。"简

---

①孙本文：《帝国主义时代资产阶级社会学的思想内容及其对旧中国的影响》，《新建设》1956 年第 11 期。

②费孝通：《民族社会学调查的尝试》，《中央民族学院学报》1982 年第 2 期。

而言之,社会在各民族中所表现出的共性与个性,一般与特殊,就成为民族社会学研究的对象。换言之,民族社会学的任务是研究各民族的社会形态及其发展变革中所出现的问题。"①

(4)唐奇甜1982年撰文认为:民族社会学"是一门综合性的学科","是以民族社会结构和民族社会组织作为自己研究课题的中心,对各个民族的各种社会现象和社会问题进行探索"。"可以这样说,凡属民族社会的各种问题,都在民族社会学的研究之列。"②

(5)罗东山1987年撰文认为:"民族社会学既是民族学的一个分支,又是社会学的一个分支;既是民族学的一部分,又是社会学的一部分。它是在两门学科的交叉点上形成的一门新兴的边缘学科。它的研究对象是各民族在一定的社会形态中特别是当社会发展变革时期所出现的各种社会问题。"③

(6)翁其银1987年撰文认为:"民族社会学,综合运用民族学的观点和方法,研究现代民族的社会现象和社会过程及其规律,是一门涉及广泛领域的边缘学科,既属于民族学的一部分,又属于社会学的一部分。"④

进入90年代,对这一问题的探讨视角有所变化,深度有所增强,领域进一步拓宽。

(7)郑凡1991年撰文提出了民族社会学的"逻辑起点"问题。认

---

①李绍明:《论我国的民族社会学研究》,《云南社会科学》1982年第4期.

②唐奇甜:《对民族社学的一些想法》,《中南民族学院学报》1982年第4期。

③罗东山:《民族社会学的研究方法与课题》《中南民族学院学报》1987年第4期。

④翁其银:《科学社会学、民族社会学、青年社会学、农村社会学介绍》《重庆社会科学》1987年第5、6期。

为"民族社会学发端于民族学"。"民族概念的现代含义是当代民族社会学的逻辑起点。"并从现代民族—国家及其各类相关关系的角度提出诸多概念:现代民族的前现代形态及其嬗变;现代民族—国家多元层序社会结构中的传统民族因素;现代民族—国家与其次级民族成分;现代民族—国家与跨境而居的传统民族;现代民族—国家与移民群体:个体两极民族身份的首属、次属转换。①

(8)郑晓云 1991 年在《民族社会学的理论架构与课题》一文中,提出了在定义民族社会学这门学科时,"最重要的是找到这门学科研究的现实支点"问题。认为"研究与民族文化相关联的社会发展变革及社会问题就是民族社会学的现实支点。这门学科之所以产生,就源于现代社会发展问题的现实需要"。②

(9)王官生 1991 年提出了"具有中国特色的民族社会学概念。认为"从宏观上、总体上、综合上分析民族问题,从中国的实际出发来研究中国的民族问题,就叫做具有中国特色的民族社会学"。它不同于"一般的民族社会学","研究对象在不同时期不同阶段也可有不同的主要内容。"③

(10)蔡家麟 1991 年撰文认为,"民族社会学作为人类学的一门分支学科,似乎更趋向社会人类学,它的近亲学科是民族学和社会学"。"主要研究当代民族社会集团的社会行为和社会结构与社会制度,以及它们表现在文化上的基本规律。研究对象是"民族的传统社

---

①郑凡,郑晓云:《论当代民族社会学的逻辑起点》《民族社会学研究》(1),云南民族出版社 1991 年版,第 17 页。

②同上书,第 25 页。

③王官生:《具有中国特色的民族社会学及其研究对象、方法和任务》,《民族社会学研究》,1991 年第 2 期。

会和现实社会"。①

（11）张文山1990年也提出了"建立中国民族社会学"的问题。认为"中国民族社会学是一门揭示中国社会发展过程中的多元民族结构和特点，研究中国社会过程及其规律。各民族与中国社会发展的关系，即各民族对中国社会发展的影响与中国社会对各民族发展的影响，以及中国社会与各民族社会如何协调发展的应用性学科"。②

（12）蛮夫1991年撰文认为："民族社会学和社会学一样，以特定的民族社区内的全部社会现象和全部社会问题以及它的一般和个别的活动为研究客体""特点在于专门对民族社会，通过调查进行比较研究个性与共性、纵向与横向、微观与宏观、局部与整体、传统与现代、历史与现实的比较。"③

（13）进入90年代中期以来，对这一问题的研究出现了新的观点和成果，由以散见于各种刊物的论文为主到新的"概论"性著作相继问世。而且在一些观点上的趋同性明显增加。马戎在1995年7月4日北京大学社会学人类学研究所主办的"第一届社会—文化人类学高级研讨班"发表了"民族关系的社会学"的演讲。他以在美国布朗大学社会学系读博士学位和在内蒙古赤峰地区进行人口迁移研究的实践为依据，借鉴国内外民族社会学的理论，提出"就'民族社会学'这门课程而言，其实把它称作'民族关系的社会学研究'更为合适"。

①蔡家麒：《试论民族社会学的研究范畴（提要）》，《民族社会学研究》1991年第2期。

②张文山：《关于建立中国民族社会学理论构架的设想》，《内蒙古社会科学》（经济社会版）1990年第3期。

③蛮夫：《民族社会学的研究对象和研究方法》《民族社会学研究》1991年第2期。

并认为民族社会学与相邻学科相比，在研究对象与方法上有十个特点：1. 强调现实而非历史；2. 强调民族集团之间的关系，而不是各个民族集团自身；3. 注意结合个人与集团两个层次；4. 比较注重各种因素的综合研究；5. 在尽可能综合和忠实地描述的基础上，力图解释种种关系的形成和发展；6. 注意吸收、借鉴现代社会科学的研究方法与手段；7. 注重实证研究；8. 结合政策研究；9. 结合区域研究；10. 关注一国在其现代化过程中，民族关系的发展趋势。①

（14）对马戎先生的主张，郑凡、刘薇林、向跃平 1997 年在他们的合著的《传统民族与现代民族国家——民族社会学论纲》中提出了不同的观点。认为"强调把民族社会学的近义名称看做民族问题的社会学"。因为"在当代条件下把握民族特征，就要同时顾及民族群体与国家社会间的关系以及民族群体相互之间的关系，民族群体的个体成员与其他社会群体的关系……研究这些关系所涉及的社会、文化问题就能理所当然地吸收来自社会学的分析范畴，诸如角色、互动、社会组织与非正式群体、社会冲突、社会整合、国民意识等等"。②

（15）与上述观点不同，贾春增、蔡清生在《民族社会学概论》一书中提出了"综合"论的观点。认为"民族社会学是在历史唯物主义和马克思主义理论的指导下，运用民族学的理论知识和社会学的一般方法，对我国少数民族和民族地区的社会结构和社会变迁、民族文化和民族关系，特别是民族地区当前社会经济和社会问题进行综合和比较研究的一门学科"。③

----

① 马戎：《民族关系的社会学研究》，《社会文化人类学讲演集》，天津人民出版社 1996 年版。

② 郑凡等：《传统民族与现代民族国家——民族社会学论纲》云南大学出版社 1997 年版。

③ 贾春增等：《民族社会学概论》，中央民族大学出版社 1996 年版。

第二类是在 20 世纪 80 年代以来,与我国民族社会学研究同步,有相当一部分"词典"类的工具书,以及专业性研究会也对"什么是民族社会学"的问题进行了涉猎和探讨。

(1)1984 年,李剑华等主编的《简明社会学词典》认为:"民族社会学是文化社会学的一个分支,研究某一民族的民俗文化,为文化社会学提供研究材料。它研究原始部落、近代国家移民社群、社会阶层及其他民族结合。例如,专门研究爱斯基摩的民族和文化的,就是爱斯基摩民族社会学;研究凉山彝族民俗和文化的,就是凉山彝族民族社会学等。"①

(2)1987 年,金哲等主编的《世界新学科总览》认为:"民族社会学是本世纪二三十年代以后在民族学和社会学相互结合的基础上,逐步形成和发展起来的一门新兴边缘学科。""以现代民族的社会现象和社会过程为主要研究对象。它肩负着双重使命:一是要研究各个社会集团在文化、生活、语言等方面的民族特点,以及形成这些特点的社会条件;二是要研究不同的民族所发生的社会过程的特点。"②

(3)1988 年,在由著名社会学家王康主编的《社会学词典》中首次提出:"民族社会学是社会学的分支学科。它从民族学或人类学的角度研究各种民族的社会结构、社会关系和社会生活。它又是一门边缘学科,它将民族学研究同社会学研究结合起来,从民族学的角度对各民族的社会问题进行研究,从而形成一门既有别于民族学,又不同于一般社会学的独立学科。"③

①李剑华等:《简明社会学辞典》,甘肃人民出版社 1984 年版。
②金哲:《世界新学科总览》,重庆出版社 1987 年版。
③王康:《社会学词典》,山东人民出版社 1988 年版。

（4）1989 年，曲钦岳主编的《当代百科知识大词典》认为：民族社会学是民族学和社会学的交叉学科，主要研究民族的社会结构和关系……主要研究领域包括：观察民族的社会现象，确定民族的社会概念，探讨民族的社会本质。"①

（5）1991 年，我国第一部大型综合性百科全书出版，其中，《社会学》卷对民族社会学的定义是："以民族的特殊社会文化为基础，研究不同民族社会形态结构、功能及其发展趋势的学科。"②此著由著名社会学家雷洁琼任编委会主任，集国内社会学界 300 多名专家学者的智慧而成，应该说是具有权威性的。

（6）1995 年 7 月，中国社会学学会民族社会学研究会在北京成立，该会《章程》第二条指出："民族社会学是现代社会学的一个分支，是介于社会学与民族学之间的边缘交叉学科。民族社会学主要采用现代社会学科学的研究方法，对多民族国家和地区的社会问题以及民族地区的现代化等问题进行研究。"③

第三类是来自境外和国外的著作。

（1）在台湾出版的《云五社会科学大词典》中，芮逸夫认为："民族社会学是指参考原始社会及民俗社会所作之社会关系的研究。"另一位学者吴主惠则认为："民族社会学是以社会学为基础来研究民族本质的学科。"还说它"是关系民族的社会科学"。它的内容包括：观察民族的社会现象；规定民族的社会概念探讨民族的本质。④

---

①曲钦岳：《当代百科知识大辞典》，南京大学出版社 1989 年版。

②《中国大百科全书：社会学》，中国大百科全书出版社 1991 年版。

③《中国社会学民族社会学研究会章程》，《民族社会学研究通讯》1995 年第 10 期。

④《云五社会科学大词典（第 10 册）》，人类学：民族社会学条目，台湾商务印书 1975 年版。

（2）苏联学者曾在 20 世纪 60 年代前后对民族社会学作过卓有成效的研究。他们认为："60 年代在社会学和民族学结合的基础上产生了民族社会学。"这一新学科"是从民族学的角度研究社会问题，从社会学的角度研究民族问题"。它具有双重任务"其一，研究各社会集团在文化、生活、语言、民族意识和民族关系等方面的民族特点，以及形成这些特点的社会条件；其二，揭示社会发展过程中的民族多样性，并掌握这一特点，像苏联这样一个国家，不能不考虑各民族的特点。"[①]

将上述众多的定义综合、梳理和归纳，可概括为三大分属类型：第一类侧重以民族社会整体为研究对象，称之为"多元综合论"。同社会学的研究对象一样，这类观点的经典代表是孔德、斯宾塞、迪尔凯姆等人。其中孔德、斯宾塞在研究社会整体时，强调的是一般社会现象，而迪尔凯姆则强调特殊的社会现象，即"社会事实"。在民族社会学中也类似于此。第二类侧重以作为民族社会主体的人及其社会行为与由此造成的社会互动、社会结构、社会关系和社会制度等，可称之为"多元论"。第三种类型侧重于民族社会的某个单一的方面，可称之为"单元论"，包括"社会问题论"、"社会关系说"、"社会调查说"、"民俗文化说"等。

如何看待上述关于民族社会学研究对象的种种不同观点，我们认为：一是由于研究者的学科背景和学术阅历不同而形成各自不同的学术观点；二是与研究者对民族社会的观察角度不同有关；三是这是民族社会学在学科发展中由不成熟走向成熟的必然现象。正如马戎先生指出的那样："各学科在其发展的历史过程中，在研究领域、研

[①]［俄］HOB.阿鲁丘尼杨等：《苏联民族社会学研究》，金火根译《民族译丛》1981 年第 6 期。

究对象、研究方法等方面逐渐形成了各自的理论传统和研究风格。但是随着社会和科学的进一步发展，人们发现世界上各类事物之间存在着密切的联系，互相构成一个系统或网络，既不可能人为地对客观事物划分出各个学科的研究范围，也不可能限定某一种研究方法为一个学科所垄断。"所以，在我国民族社会学发展的历史过程中，这种百花齐放，众说纷纭的现象既是不可避免的，也是一件好事，它能促进学科的繁荣和发展。同时也表明，民族社会学研究对象是每一位研究者必须面对的基本问题。对此，我们所持的观点可概括为："两位一体论。""两位"一是指民族社会本体，包括社会制度社会组织、社会结构、社会关系和社会机制等；二是指民族社会主体，即作为人的社会个体、社会群体。由此延伸下去，民族社会学的研究对象就可概括为，研究民族社会本体的变迁、进步以及民族社会主体的需要满足和全面发展，其宗旨是实现民族社会"一体"的全面发展和现代化。

(二)民族社会学的学科属性及理论框架

1. 学科属性

为了保证资料引证的完整性，在上述"什么是民族社会学"的讨论中，我们一并引用了各位学者和著述中关于民族社会学学科属性的论述。

综合上述观点，对民族社会学学科属性共有五种不同的看法：一是从属于社会学；二是从属于民族学；三是既是社会学的一部分，又是民族学的一部分；四是既不属于社会学，也不属于民族学，而是属于人类学或社会人类学；五是属于社会学分支学科中的文化社会学。

具体而言，大多数学者认为，民族社会学是一门年轻的和正在形成的学科。虽然，从学科的外文及中文名称民族社会学在国际范围的发展史来看，它在历史上曾依附于民族学、人类学，但自它以一门独立的学科出现以后，便以社会学为基础，并成为社会学的一个分支学科。问题是由于这门学科的不成熟,尤其是概念用语及学科规范的分歧,使之在国际范围内缺乏广泛交流,迄今为止没有获得一致的认可。

有的学者认为,民族社会学是从民族学的角度研究社会问题,从社会学的角度研究民族问题。但一些学者却认为,这种说法受苏联 HO.B.阿鲁丘尼扬等著的《民族社会学》的影响,给人以权益之计和"拼盘"之感。有的表示赞同 1995 年《中国社会学民族社会学研究会章程》对民族社会学学科属性的界定,即民族社会学是现代社会学的一个分支,是介于社会学与民族学之间的交叉学科。对此,有的学者虽然同意"是介于社会学与民族学之间的交叉学科"的说法,却对学科从属提出截然不同的观点。认为"民族社会学,就一般而言,可以看做是民族学和社会学相结合的产物,是介于二者之间的一门交叉学科,但就其学科的基本属性来讲,它是广义民族学的组成部分,也和民族语言学、民族人口学、民族地理学等学科一样,是民族学中一系列特殊的'综合性'边缘学科之一"。[①]对于民族社会学的这种"综合性"特点,虽然大家从不同角度进行了阐述,但基本倾向于从民族社会学兼有多种学科的特点、涉及领域广泛来看待其综合性。也就是说,它不同于民族经济学、民族政治学、民族语言学等单学科性的民族学科,而是广泛地涉及表现在民族社会学各个领域、各个方面、各个层次上的社会变迁和社会过程,以及与社会生活各个领域等方面以不同方式发生的互动和联系。

我们赞同"民族社会学是现代社会学的一个分支"的观点。认为民族社会学作为一门相对独立的学科,虽然不可避免地要吸收、借鉴民族学、人类学及其他相关学科的资料、知识、理论和方法,但它毕竟

①贾春增等:《民族社会学概论》,中央民族大学出版社 1996 年版。

以社会学的理论和方法体系为基本的知识基础。也就是说,民族社会学必须以规范化的社会学的学术视角、学术定位、学科理论以及概念、语言和方法,研究民族社会自身及其作为民族社会主体的人。只有这样,才能在学科属性和研究对象上确定民族社会学与其他学科的临界点和边界,保持学科发展的个性和相对独立性。

2. 理论框架

民族社会学的理论框架主要指它在社会学总体理论框架中的理论体系。该学科产生以来尚未形成独立的、统一的理论框架。19世纪摩尔根等人的进化论,20世纪初德国和奥地利的文化圈派理论、英国传播学派的理论和英国历史学派的理论,20世纪30—60年代的结构功能主义理论和心理分析学派、民族心理学派、多线进化论等学派的理论中,都有关于民族社会学方面的理论论述可供我们借鉴。从目前国内学者的研究成果分析,大致有三种理论框架构建。

第一种是"动静二分式"框架。以民族社会主体的社会行为为基本出发点和主线,构建了较合逻辑的民族社会学理论体系。其中,静态方面的研究包括:(1)构成社会行为的要素:地理要素,生理要素,心理要素,文化要素;(2)社会行为的起源与结果:交往与互动,文化与组合,竞争与合作,适应与同化,冲突与融合;(3)社会行为的组织问题:行为规范、民俗、规则、组织;社会解组;(4)社会行为控制问题;内在控制,外在控制。动态方面主要研究社会行为的变迁问题:自然进化式变迁,常态式变迁,非常态变迁,变迁障碍,社会进步、发展及现代化。

第二种是"揉合式"框架。即将民族社会学史上形成的内容加以民族学、社会学理论的归纳,将它们合在一起构建的理论框架。例如,有的学者将民族社会学理论分为:研究对象和任务;研究方法;中华民族的形成与区域分布;民族问题与民族政策;民族传统文化与价值观;我国少数民族的心理特征:民族地区人口素质与基础教育;民族地区的社会结构与社会变迁;改革开放与我国民族地区社会发展:我国民族地区社会主义现代化进程,共 10 个方面。

第三种是"切块式"框架。有的学者以民族关系为中心概念,把民族社会学理论分为社会学理论和民族关系论, 前者研究民族社会学是什么,包括民族社会学的学科性质意义以及研究对象,方法论的特点;后者研究民族关系的构成,特点变量和社会目标。有的学者以社会问题为中心概念,提出民族社会学的解释框架及三项基本假设:层次论假设,用以确定现代社会的国家民族、民族成分以及亚民族群体等层次;阶段论假设,参照社会学的理论传统,大跨度地区分前现代社会和现代社会以及对应民族社会学研究的传统民族和现代民族过程;维度论假设,强调普通社会学结构模式没有完整地反映民族文化问题,例如一定社区内各民族人口的社会流动指标,体现出社会分层与民族关系的交叉。[1]

在民族社会学的理论框架问题上,我们主张构建"动静二分式"的框架。主要内容包括:研究对象和方法,多元一体格局和各民族的区位分布,民族社会结构,民族文化和社会心理,民族意识、民族认同和民族社会化,民族交往和民族关系,民族社会流动与社会分层,民族问题与民族政策,民族社会控制、社会工作和社会保障,民族社会问题,民族社会变迁和稳定,民族社会发展和社会现代化。

(三)民族社会学的学术原则和基本任务

1. 学术原则

民族社会学既是一门正在兴起的具有特定研究对象、方法和特

---

[1]郑凡等:《传统民族与现代民族国家——民族社会学论纲》、云南大学出版社 1997 年版。

点的独立学科,又是一门具有很强的针对性和理论性、实践性并重的学科。因此,它的学术原则是:

(1)导向性原则。就是以马克思主义为指导,坚持辩证唯物主义和历史唯物主义的世界观和方法论,实事求是,一切从民族社会的实际出发。坚持在社会主义初级阶段的基本路线和马克思主义民族观,为民族团结、平等和共同富裕服务,为民族地区的改革和开放、开发和稳定发展与现代化服务。

(2)整体性原则。整体性原则作为民族社会学的学术原则,强调在研究民族社会及其人类行为或一种社会现象时,必须将它置于一个更宏观的社会整体之中进行社会系统分析,探讨与之相关的因素和变量。只有这样,才能对研究对象做出全面深刻的、科学准确的剖析。在以往社会学的社会系统分析理论中,结构功能主义模式与传统功能主义模式有着渊源上的承启关系, 也遗传上传统功能主义的静态保守、因果关系模糊等缺陷。因而,在民族社会学研究的现代社会系统分析和模式构建中,有必要从马克思创立的"动态的"、"历史的"和"因果分析相结合的"社会系统理论中去寻找新的模式构建原则及方法,以实现与古典社会学理论中系统分析的有效组合和优势互补。

(3)实践性原则。严格来讲,我国民族社会学研究从一开始就具有浓郁的本土特色和实践性特点。无论新中国成立前后老一辈社会学家的民族社会调查, 还是社会学恢复和重建以来的民族社会学研究,都立足于中国国情,理论联系实际。重视从民族社会的实践中概括提炼出能够指导实践的理论,而不沉溺于脱离实践的纯理论思辨。对国外民族社会学的成果,注重介绍、吸收,择其可鉴者所用,而不盲目照搬其概念和术语。而对我国 50 多个少数民族各自不同的特殊性和多样性、区域性和差异性,将要求今后的民族社会学研究,更要结合各民族地区现代化建设的实际和需要,在吸收、运用西方民族社会学理论和方法的基础上,培育出本土化的中国民族社会学学派,建构有中国特色的民族社会学学科体系。

(4)规范性原则:学科建设规范化是民族社会学存在和发展的基础。同社会学、民族学相比,以往民族社会学在学科建设上的非规范化倾向比较严重。但近些年来,在北京大学社会学人类学研究所(系)马戎教授,中央民族大学贾春增教授,云南大学郑凡教授等,以及中国社会学会民族社会学研究会、湖南省民族社会学研究会、云南社会学会和西北民族学院的共同努力下,出版了数部国内外民族社会学专著,开设了民族社会学专业,办起了《民族社会学研究通讯》(北大)和《民族社会学研究》(云南)等刊物,开办了 8 次包括民族社会学在内的社会学人类学高级研讨班,使民族社会学的学科建设不断走向规范化。今后,民族社会学研究要坚持在提高学术质量的前提下,特别关注学术意识和学科规范问题,在选题、调研和著述中,要遵从和运用社会学的学术定位、学科视角和概念、语言工具。具体调查过程要始终坚持选点、抽样、调查、汇总和分析的规范性和准确性,力戒在收集资料手段和程序上的主观性和随意性。

2. 民族社会学的基本任务

就是在坚持上述原则的条件下,通过富有成效的调查研究和融学术性、战略性、政策性为一体的研究成果,一是要为少数民族地区的改革、稳定、发展和现代化建设服务;二是为民族社会学自身的学科建设和学科发展,以及建构有中国特色的民族社会学理论和方法体系服务。

它的研究领域、内容和选题,可依据各自不同的涉足对象和目的,归纳为多个层次。

第一是宏观层次的研究。包括两个层面:一是民族社会学基础理论研究,应侧重于民族社会学学科体系研究。继续翻译、推介一定数量的国外民族社会学论著,把国外研究成果的精华"引进来",扩大它的知识来源领域。在吸收、消化的基础上,根据中国历史、民族社会和现代化建设的实际,建设具有中国特色的民族社会学框架、概念和方法体系。正如马戎先生所说:"在中国建设民族社会学,它的知识来源应当包括三个方面:(1)欧美民族关系的社会学研究的理论与方法;(2)苏联、东欧和中国等在马克思主义这一意识形态影响下研究和处理民族问题的理论和方法,以及民族关系的演变;(3)中国儒家和历代历朝的民族观及其处理民族关系的具体办法。"目前。我们对这"三个知识来源"的研究都重视不足,应引起学界的广泛关注,尽快扭转我国民族社会学知识来源面窄和量少的状况。二是关于民族社会整体形态、系统结构、运行机制、变迁障碍、现代化过程,以及民族社会成员的多层次需要、需要满足形式、途径,人的个性发展、自我实现等全面发展问题的研究。

第二是中观层次研究。即事关我国少数民族地区稳定、发展和国家安全、共同富裕的重大理论和战略问题研究。包括:(1)民族地区社会现代化研究。主要涉及民族地区现代化的含义和内容。现代化与民族文化、现代化与民族生活方式、现代化与民族交往心理等层面。应特别关注民族地区现代化过程的独特性,对其社会发展的途径,具体方式进行研究和总结。(2)民族关系研究。在这方面,费孝通教授集多年研究实践,概括了独具创见的"中华民族多元一体格局"理论,值得我们进一步研究和宣传。同时,要从不同角度、不同层面,对传统的民族关系在冲突中融合的历史进程,现代化过程对民族关系的性质、主流、动力、巩固和发展社会主义民族关系的影响因素,发展民族关系与建立市场经济体制的内在联系,调适民族关系的途径和主要原则等进行深入探讨。目前,要特别关注民族关系的发展目标,制约因素,民族集团的结构性差异,民族关系的演变与国际关系的联系及其对国家安全的影响等问题的研究。(3)民族地区发展与稳定研究。我国民族地区一方面由于经济欠发达迫切需要加速改革和经济发展,另一方面由于民族宗教问题的敏感性和复杂性,又必须高度重视社会稳定和安定团结,因而正确处理发展与稳定的关系,探寻两者最佳的结合点就成为民族社会学"中层研究"的一个常时性领域。

第三是微观层次的研究。主要包括专题性、局地性和政策性、对策性研究。如马戎先生提出的民族关系研究的6个专题:(1)语言使用。(2)人口迁移。(3)居住格局。(4)族际通婚。(5)民族意识。(6)影响民族关系的因素分析。还有边区开发中的两个理论问题:(1)"核心地区"与"边远地区"在现代化进程中的关系问题。(2)"少数民族地区"的发展与"少数民族"发展之间的关系问题。

另外,在近期还应该加强应用性、对策性的课题研究。如:(1)少数民族地区反贫困与"返贫困"研究。(2)跨境民族在社会经济发展与对外交流等方面的特点研究。

二、民族社会学的渊源及其发展

(一)民族社会学的渊源及演变

作为社会学一个分支的民族社会学研究,其历史源头可以追溯到19世纪英国E.B.泰勒和美国L.H.摩尔根等人类学家的著作。

英国学者泰勒是文化人类学的创始人。他在1871年发表的《原始文化》一书中,不仅研究了人类早期文明,而且研究了它与现代文明的关系。他认为,人类的文化史是自然史的一部分,深信人类的组织越来越理性化。泰勒的观点更多地带有单线进化论的倾向,认为各民族文化的多样性是他们处在同一发展道路不同阶段的表现。他还把民族志资料用于宗教史的研究,提出万物有灵论。他的这些思想激发了后来的人类学和社会学家对上述问题的深入探讨。

作为进化学派人类学的主要代表人物，摩尔根从青年时代就开始研究印第安人社会。1843 年创立了研究印第安人的"大易洛魁学会"，致力于教育和帮助印第安人。1847 年他被塞内卡族的易洛魁人收为养子，以族内人的身份深入了解印第安人的社会结构、组织制度和生活习俗，写出了大量人种志的专题学术著作。后来，在《古代社会》(1877)一书中，他对人类婚姻制度自群婚至一夫一妻制作出了单线进化论的推断，提出并阐述了人类社会从蒙昧时代经过野蛮时代至文明时代的发展过程，发展了关于人类文明起源和进化的理论，受到了马克思主义经典作家的高度评价。恩格斯在《家庭、私有制和国家的起源》一书中，引用了《古代社会》一书中关于古代人类婚姻家庭方面的资料，并赞誉他"在原始历史的研究方面开辟了一个新时代"。摩尔根之所以作出划时代的贡献，最根本的原因是他运用民族学和社会学相结合的学术视角，并从社会关系及其结构入手，研究和分析研究对象。因而可以认为，摩尔根等的著述，是早期民族社会学的著作，它从实践上奠定了民族社会学的基石。

1880 年，在摩尔根《古代社会》发表三年后，法国人类学家 C.勒图尔诺的《民族志社会学》一书公开出版。该著借助民族学的材料研究社会的变迁与发展，他所称的"民族志社会学"可看做是民族社会学的发端。

后来，德国民族学家、社会学家 W.E.米尔曼在《人类学史》中亦使用"民族志社会学"的概念，意在借民族志的实际材料对民族学和社会学作理论的探讨，主要是指 1860—1900 年这一时期有关民族的社会进化和文化进化研究。他同勒图尔诺一道关于民族志社会学的研究，为后来民族社会学概念的确定和这门学科的建设与发展起到了首创作用。

那么，"民族社学"这一学术概念究竟是何人何时首先提出和使用的呢？对此，社会学特别是民族社会学的论著持有两种看法：一是认为"民族志社会学"就是民族社会学；二是认为民族社会学概念是由芬兰的韦斯特马克学派最先提出来的。据《中国大百科全书》（社会学）介绍，19 世纪末，德国、北欧国家和美国就使用民族社会学的名称，特别是荷兰的韦斯特马克学派，多用民族社会学研究原始社会和民间社会，以 E.A.韦斯特马克为代表的学派，在当时的荷兰和欧洲有较大的影响。韦斯特马克（1862—1939）一生著述颇丰，是荷兰著名的哲学家、人类学家和社会学家，其主要代表作有：《人类婚姻史》（1891）、《道德观念的起源和发展》（2 卷，1906—1908）、《人类婚姻简史》（1926）、《伦理学相对论》（1932）、《早期信仰及其社会影响》（1933）、《西方文明未来的婚姻》（1936）、《基督教与道德》（1939）等。韦斯特马克认为，社会学的目的是解释社会现象，发现他们的原因，揭示他们是怎样、为什么产生的。他又是"社会制度的自然史"研究的开创者之一，并在早期婚姻制度史研究中独树一帜。他反对摩尔根关于人类最早的社会单位是"群"和原始人最初处在杂婚、群婚状态的观点，认为最早的婚姻家庭方式是自然选择的结果。在道德问题上，韦斯特马克认为没有绝对的标准，并引用大量材料论证多民族、多地区道德伦理上的差别。

另外，值得一提的是，在金哲等主编的《世界新学科总览》（1987年重庆出版社）一书对"民族社会学"的介绍中，非常肯定地提出："民族社会学的创始人当推德国民族学家图恩瓦尔德，其代表作有五卷本的《民族社会学基础中的人类社会》。"并认为"民族社会学是本世纪（20 世纪）二三十年代以后在民族学和社会学相互结合的基础上，逐步形成和发展起来的一门新兴边缘学科"。这是迄今为止与民族社会学界唯一观点相左的著述，其权威程度尚无从查考。

一般认为，20 世纪以来，民族学、社会学和社会人类学得到较快的发展。这些学科的理论和方法互相渗透、交叉,逐渐形成了民族社会学这门学科。20世纪60年代初,苏联开始了民族社会学的研究,主要探讨大民族与小民族在社会结构、文化形态、生活方式上的变化与特征,探讨民族关系以及两种语言的推广使用。因而,苏联学者认为,民族社会学就是从民族学的角度研究社会问题,从社会学的角度研究民族问题。美国等西方国家也非常重视这方面的研究,但翻译和交流甚少,我们了解不够。

(二)民族社会学在中国的传播与发展

1. 新中国成立前的民族社会学研究

中国民族社会学研究早在20世纪30年代就已开始。在此之前,先是在1903年,由林纾、魏易合译出版的《民种学》将民族学开始介绍到我国。但由于当时的社会条件,此书没有引起国人重视,直到1926年,蔡元培的《说民族学》一文问世,民族学一词才在我国逐渐确定下来。

几乎与此同时,从1902年章太炎翻译日本学者岸本能武太的《社会学》一书在国内出版,以及次年严复翻译英国学者斯宾塞的《社会学研究》(即《群学肄言》)一书的出版,把社会学也介绍到了我国。此外,吴建常、马君武也在1903年分别出版了F.H.吉丁斯的《社会学提纲》和斯宾塞的《社会学引论》中译本。这些既标志着中国民族学、社会学的发端,也为后来民族社会学的研究与发展奠定了基础。

还应提到的是,20世纪20年代,英国人马林诺夫斯基(1884—1942)和布朗(1881—1955)在民族学研究中,建立了与社会关系密切的功能学派,亦即"功能学派人类学"。功能学派认为,构成文化的一切因素是相互联系、相互影响的,因而主张文化是社会诸因素保持均衡的主要因素。同时还认为,应该把文化的功能与满足人的营养、生殖等功能联系起来研究。也就是说,功能学是提倡把文化与人类的物质资料生产和人类自身生产联系起来进行综合研究的,因而,被认为功能学人类学提倡的就是民族社会学的研究,它与中国民族社会学研究有着密切的联系。

到了 30 年代初期,一方面由于国内学者的努力,如蔡元培先生于 1930 年在"社会学与民族学"的演讲中明确提出:"社会学与民族学是有密切关系的两门学科,这两门学科在其发展的过程中不少方面是相互联系的"。①他的这一观点成为当时民族社会学研究的直接推动力量。在他 1928—1940 年任中央研究院院长期间,在该院社会科学研究所设置了民族学组,自兼主任,并派出许多专业工作者,分赴瑶、苗、彝、黎等少数民族地区,进行社会调查,形成了一批民族社会学研究的前期成果。

另一方面,此时由于功能学派已传入我国,加之 1935 年年底作为其代表人物之一的布朗教授来华讲学,使该学派的理论和方法很快融入我国民族社会学的调查研究之中。1935 年,费孝通和他的新婚夫人王同惠女士同赴广西象县瑶乡进行社会调查。费孝通主要测量瑶族居民的体质,王同惠主要进行社会调查。后因王同惠不幸去世,费孝通将王同惠遗留下的调查资料,整理写成《广西象县东南乡花蓝瑶社会组织》一书,于 1936 年出版。该书亦可称之为我国最早的民族社会学研究的著作。在该书《编后记》中作者写道:"现在遗留在边境的非汉族团,他们的文化结构,并不是和我们汉族本部文化毫不相关的。他们不但保存着我们历史的人民和文化,而且即在目前,民族团的接触中相互发生着极深刻的影响。这里供给着的不单是民族学材料,亦是社会历史的一个门径。至于这些材料对于实际边疆问题

①言心哲:《蔡元培与中国社会学》,《社会学通讯》1981 年第一期。

的重要,更不待我们申说了。①费先生在这里明确提出了社会学和民族学研究的结合,向人们展现了民族社会学研究早期的切入"门径"。吴文藻教授曾在此书的《导言》中阐述了功能学派的方法和社会学的社区研究方法的一致性,并肯定了这种研究的实际意义。认为"研究非汉族团所得的材料,不但在学术上有极大的价值,就是在中华民族立国的基础上,亦将有它的实际效用"。②

20 世纪 40 年代,我国的民族学和社会学工作者,继续进行两学科方法相结合的调查研究,取得了一些成果。为了记录和反映这些成果,吴文藻教授主编了《社会学丛刊》。他在甲集征稿范围中提出:"除普通社会学外,亦兼及特殊社会学",其中就提到了"民族社会学",这是这一概念在我国的首次提出和正式使用。此后,相继出版了田汝康的《芒市边民的摆》(1946)、林耀华的《凉山彝家》(1947)两部著作。与此同时,中国革命圣地延安的学者,也对少数民族社会进行了深入调查研究,于 1944 年出版了《回回民族问题》。这些都可视为民族社会学的著作。

令人遗憾的是,还有一位著名社会学家对民族社会学的贡献很少被人提及,这就是李安宅先生。李安宅(1900—1985)早在 1938 年就深入到甘肃夏河县的拉卜楞寺,对藏族的宗教、政治、文化、民族、民风进行深入调查研究,在 1941—1949 年任华西大学教授,兼任社会学系主任,创办华西边疆研究所。在此期间他组织和指导社会学系学生对甘肃甘南、河西走廊的藏族和其他少数民族进行了大量的调查研究,在当时的《东方杂志》、《新西北》和《边政公论》、《甘肃科学教

---

①罗东山:《民族社会学的研究方法与课题》,《中央民族学院学报》1987 年第 4 期。

②同上。

育馆学报》等刊物上发表了许多研究论文和调查报告。1947年,他根据这一时期的调查研究在美国发表了《藏族宗教史之实地研究》(英文版)。同年,俞湘文也在商务印书馆出版了他的《西北游牧藏区之社会调查》一书。这些研究及其成果,既看做是西北地区民族社会学研究的开端,同时,也是我国早期民族社会学研究的重要组成部分。

2. 新中国建立后的民族社会学研究

新中国建立后,由于种种原因,社会学曾被取消,但以民族学和民族社会学为主要内容的民族调查研究工作却没有停止。而且,1956年党中央明确提出:"大力在少数民族地区进行调查研究工作,要求于四至七年内基本弄清各主要少数民族的社会经济结构和阶级情况,这不仅为民族工作所必需也可供研究各民族历史和人类自原始公社以来的古代史丰富的史料,即主要关于原始公社的、奴隶社会的、封建社会的和上述各种社会间的过渡时期的具体资料,这是我国民族工作和科学研究工作的一项迫切任务。"直至1980年,全国共整理和积累各民族社会历史调查和评议调查资料300余种,计3000余万字。编写完成了民族问题五种丛书,即《中国少数民族》、《中国少数民族简史丛书》、《中国少数民族语言简志丛书》、《中国少数民族自治地方概况丛书》和《中国少数民族社会历史调查资料丛书》,共约300多册,近5000万字。还拍摄了10部各民族社会形态的科研纪录片,搜集整理保存了大量反映社会形态的文物古籍,这些资料和著述,至今仍被作为民族学、人类学和民族社会学研究的基础性资料而得到广泛应用。

3. 社会学恢复以来的民族社会学研究

改革开放促使社会学恢复以来,费孝通先生于1981年最早提出"民族社会学"的学科概念,并倡导"把少数民族地区的社会调查研究作民族社会学"。此后,更富学科规范的民族社会学研究出现了良好的势头。据不完全统计,至 80 年代末,全国共翻译介绍、撰写发表冠以民族社会学的论文 9 篇。即:《苏联民族社会学研究》(1981 年《民族译丛》)、李绍明的《论民族社会学研究》(《云南社会科学》1982 年第 4 期)、唐奇甜的《对民族社会学的一些想法》(《中南民族学院学报》1982 年第 4 期),杨华贤的《民族社会学》(《社会科学》1985 年)、罗东山的《谈谈民族社会学的主要课题》(《湖北少数民族》1987 年)、剑苗新的《浅谈民族社会学》(《新疆社会科学》1987 年第 2 期)、唐奇甜的《论民族社会学的根本任务》和罗东山的《民族社会学的研究方法与课题》(《中南民族学院学报》1987 年第 4 期)、翁其银的《科学社会学、民族社会学……介绍》(《重庆社会科学》1987 年 5/6)。这些文章的共同特点是,从各自不同的角度,对民族社会学的学科性质、研究对象、方法和内容等基本问题,提出了各自相异的见解,促进了这一学科的学术争鸣和繁荣。

另外,这一时期有李剑华、金哲、王康、曲钦岳等主编的 4 部"词典"类工具书(见前注)介绍了"民族社会学"词条。

《现代外国哲学社会科学文摘》第 12 期又介绍了苏联达维久克主编的《应用社会学词典》中"民族社会学"词条。1989 年《民族学》第 2 期发表了《云南省社会学会首次民族社会学专题研究会纪要》的消息。这是社会学恢复以来我国学术界召开的首次民族社会学专题研究会,本人有幸参加了这次会议,并发表了《走出误区:西部民族地区发展研究中有关问题的反思》的演讲,后刊载于《民族社会学研究》(第一辑)上。

进入 20 世纪 90 年代,民族社会学研究发生了重大变化:一是教学与研究相结合,开设了民族社会学专业课程:北京大学人类学社会学研究所所长马戎教授,于 1988 年为社会学系研究生试讲"民族社会学",1992—1994 年相继开设了"民族关系的社会学研究"或"民族社会学"课程,并列为硕士和博士招生的方向建立了国内第一个民族社会学人才培教育基地。二是于1995年建立了全国性的"中国社会学会民族社会学研究会"学术团体,办起了自己的会刊《民族社会学研究通讯》,使全国民族社会学教学和研究工作有了自己的学术组织和发表论点的阵地。三是由云南省社会学会于1991年公开出版和内部出版了两辑《民族社会学研究》论文集,汇集了90年代初期的优秀研究成果。四是公开出版了数部民族社会学概论性著作,初步探索和构建了民族社会学的理论框架、概念体系、分析模型和研究方法。它们是:贾春增的《民族社会学概论》(中央民族大学出版社1996年)、郑凡等的《传统民族与现代民族国家民族社会学论纲》(云南大学出版社1997年)、马戎的《西方民族社会学的理论与方法》和《民族关系的社会研究:民族社会学》(天津人民出版社1997年)。这一时期,还出版了费孝通、潘乃谷、高丙中、杨鹤书、郝苏明、刘敏、王宗礼、李秋洪、金安江、金涛、伊筑光、杨德华、黄光等学者关于民族地区社会稳定与发展、社会与文化、生活方式、交往心理、婚姻家庭、民族关系等方面的研究性著作,使民族社会学研究的领域逐渐拓宽,水平不断提高。

三、民族社会学与相关学科的关系

民族社会学作为社会学的一个分支学科,是由民族学、社会学、社会人类学发展而来的,但它作为一个学科仍然有自己的独立性。

(一)民族社会学与社会人类学的关系

民族社会学与社会人类学的区别是,前者以民族社会及其人为研究对象,而后者则以整个人类社会的发展为研究对象。其共同点是在研究民族共同体的发展阶段这一点上,两者基本是相同的。

社会人类学,是在实地考察、调查的基础上,对不同类型的社会进行系统比较,特别注重研究原始民族和非西方社会的行为、信仰、习俗以及社会组织和制度,有时又称比较社会学。社会人类学的称法流行于英国、芬兰、瑞典等国,美国的文化人类学,法国和苏联等欧洲大陆国家的民族学与社会人类学有许多相似之处。英国进化学派人类学家 J.G.弗雷泽和功能学派创始人之一的 B.K.马林诺夫斯基都把此学科界定为社会学中讨论人之一的 B.K.马林诺夫斯基原始民族的一个分支,因此,它与民族社会学有着极为密切的联系。

从实际研究情况看,社会人类学与民族社会学尽管都强调进行实地调查研究,但各自的侧重点和视角仍有不同。社会人类学从功能与结构分析入手,重在研究亲属、婚姻、经济、宗教等制度,极少涉及物质文化与技术层面。而民族社会学的范围相对庞杂,研究领域比较宽泛,几乎涉足民族社会的各个层面。因而,更准确地说,社会人类学的研究对象、范围、领域是"大中取小",而民族社会学则是"小中取大"。

(二)民族社会学与社会学的关系

民族社会学作为社会学的一个分支学科,不言而喻,它与社会学有着密切的联系。首先,在研究对象上都以社会为研究对象。区别仅在于一般社会学以整个社会为研究对象,既包括城市、农村社会,也包括民族社会。而民族社会学只以民族社会为研究对象,当然也包括民族社会的城市和乡村等民族社区。

其次,在学科框架上,虽然民族社会学主要依托社会学的基本理论和知识来源,但它又保留和吸取了民族学,人类学的相关概念和分析模式。因此,民族社会学的学科框架同一般社会学相比,更具有多学科的交叉性和边缘性特点。

最后,在研究方法上也是一样,民族社会学在主要运用社会学的调查分析方法和技术的基础上,还要借鉴和运用民族学和人类学的调查研究方法,如田野作业法、历史追踪法等。

（三）民族社会学与民族学的关系

民族社会学以民族社会和社会主体为研究对象，既不像民族学那样以民族本身为研究对象，也不像社会学那样以整个社会为研究对象。

民族学从产生那天起，就把民族这一群体作为整体进行全面考察，研究它的起源、发展以及消亡的过程。认为各民族社会和文化发展的程度尽管不同，但都遵循着相同的途径前进，都经历过或将经历大体相同的发展阶段。我国的民族学，是在继承马克思主义科学的民族学，同时吸收西方民族学精华的基础上形成的。它为祖国的统一和民族团结服务，为民族地区的发展和现代化服务。在这一点上，民族社会学和民族学的目标是完全一致的。

它们之间的区别，一是研究的时空指向不同。以往的民族学研究，重在少数民族的历史、文化、宗教和心理，主要探讨具体的民族文化现象的状态、内涵和特征。当然，民族学也涉猎对少数民族现代状况的研究，但其目的主要着眼于说明事物发展的趋向和规律，把它看做是历史发展的延伸，从社会的纵向考察问题，所以说它基本上属于一种纵向的研究。而民族社会学除了像民族学那样对民族文化、民族心理作纵向的考察和一般的描述外，还指向它们深层的历史原因和社会原因，以及它们在民族社会变迁和发展中的作用，关注的是社会的横断面，所以说它更倾向于一种横向研究。换句话说，民族学是把民族社会的现象作为具体的现象进行研究的，而民族社会学则是将它转化为一般化了的在社会过程中能重复发生的现象进行研究。前者则重于具体现象的研究，后者则重于综合的研究。

二是调查研究的内容不尽相同。民族社会学作为民族学、人类学和社会学的交叉学科，它所研究的领域比较宽，既有宏观层面、中观层面的问题,还包括微观层面的对策性问题。具体而言,民族社会学研究的触角将伸向民族社会这个客体的结构与变迁、组织与制度、流动与分层以及社会主体的素质与意识、人格与观念、需要与满足等广阔的领域。而民族学涉足的层面和领域相对要窄一些。

三是调查研究方法也有所不同。民族社会学除了运用民族学实地调查或田野工作方法外,主要运用社会学的调查研究方法包括社会学的方法论、研究方式、具体方法与操作技术四个层次,如在研究方式上要采用社会调查、实验、个案研究和间接研究(又称文献研究);在具体方法与技术上要运用观察法、访谈法、问卷法,分析数据资料采用统计方法、数理方法和模拟法,分析文字资料采用比较法、构造类型法,还有诸如结构分析、功能分析、社区分析、阶层分析、角色分析等方法。

四、民族社会学的跨学科研究方法

民族社会学的研究方法是与它的学科属性和研究对象密切相关的。作为社会学的一门分支学科,同时又是与民族学、人类学和社会学的交叉学科,它的研究方法也应是以社会学方法为基础,并吸取多门相关学科研究方法而成的跨学科研究方法体系。

在这方面,已有许多学者提出了自己的见解。如郑晓云的纵横结合"十字研究法"[①]、蔡家麒的"建立科学档案法"[②],蛮夫的"三层次法"(最高层次的方法论,基本方法的中间层次应用程序及应用技术的最

①郑晓云:《民族社会学的理论构架与课题》,《民族社会学研究》云南民族出版社 1991 年版。

②蔡家麒:《试论民族社会学的研究范畴提要》,《民族社会学研究》1991 年第 2 期。

低层次),①郑凡的"中层理论法"②等,都可供我们研究和借鉴。下面,我们将在取各家之长和吸收现代社会科学研究方法的原则下,建构民族社会学包括方法论,研究方式,具体方法和操作技术四个层次的研究方法体系。

(一)民族社会学研究的方法论

方法论是关于如何进行民族社会学研究的基本理论,包括研究的立场、定位、视角、基本观点以及认识和解析研究对象应遵循的基本原则与逻辑程序。从一定意义上讲,方法论是一种工具理论,它涉及民族社会学发现与检验的原理和逻辑而不涉及具体的事实。方法论也不同于研究方式与具体方法,它是对研究方式方法一般原理的系统探讨与评价。民族社会学方法论所探讨的主要问题是:(1)关于民族社会与民族社会主体的知识问题。(2)民族社会现象的性质问题。(3)社会研究的性质问题。(4)研究方法的问题等。

像其他学科一样,民族社会学方法论也是受哲学思想影响的。我们所说的民族社会学是以辩证唯物论和历史唯物论作为方法论的指导原则,而西方的民族社会学则依据各自的哲学思想提出方法论原则。由于指导思想的不同,在方法论问题上也会出现各种不同的观点。在哲学观点上,有唯心主义与唯物主义、唯名论与唯实论、经验论与唯理论的对立;在研究思路上,有实证主义与反实证主义、归纳逻辑与演绎逻辑、客观方法与主观方法、方法论个体主义与方法论整体主义的对立。20世纪60年代以来,随着现象学派、新马克思主义学

---

①蛮夫:《民族社会学的研究对象和研究方法》,《民族社会学研究》1991年第2期。

②郑凡等:《传统民族与现代民族国家——民族社会学论纲》,云南大学出版社1997年版。

派的兴起,以及美国科学史学家 T.S.库恩等人对科学方法论的贡献,使我们对方法论自身的认识有了转变。认识到方法论同理论一样,都是科学研究实践的概括和总结,是在实践中发展变化的。所以,民族社会学的方法论必须随着民族社会学研究实践的发展而逐渐建立起来。

(二)民族社会学的研究方式

研究方式包括贯穿于研究全过程的程序、具体策略和方法。

1. 民族社会学研究的类型

可以根据研究对象、目的和任务多角度来划分。例如,依据课题的性质,分为理论研究和应用研究;依据研究目的,分为探索性研究、描述性研究和解释性研究;依据研究角度,分为宏观研究、中观研究和微观研究;依据研究的逻辑模式,分为理论建构研究和理论检验研究;依据任务和资料性质,分为定性研究和定量研究。研究类型的不同,要求采用的方法也要有所侧重和不同。

2. 民族社会学的研究程序

一般分为六个阶段:课题选择、研究方案设计、双语人员培训、资料收集(包括实地调查)、资料分析和撰写研究成果。但不同类型的研究或不同的研究方式在具体步骤上不尽相同,在每一个环节上还有一套技术程序作为保证。特别在收集资料的社会调查环节上,与一般的社会学研究不同,民族社会学研究必须强调吸收本民族人员参与,培训提高双语运用能力,使用高素质的语译人员。

3. 民族社会学的研究方法

(1)社会调查:指人们通过实地了解某种民族社会现象的活动和方法。按调查对象的范围大小可分为:A. 普遍调查,简称普查,又称全体调查,对全体调查对象完整不缺的调查。B. 抽样调查,指从调查对象的总体中,抽取部分个体组成样本进行调查。C. 典型调查,指从研究对象总体中，根据研究需要选择个别有特别意义的点或部分所进行的调查。社会调查还有许多类型可在民族社会学研究中应用。如按在研究过程中的作用,可分为试验调查、正式调查、补充调查、追踪调查;按调查形式,可分为访问调查、参与式调查、田野调查、问卷调查和通信调查;按调查内容可分为家庭调查、谱系调查、群体调查、社会调查、舆论调查等。

（2）实验。在民族社会学方法中,实验研究也很重要,可用于民族心理研究和小群体研究。它根据一定的研究假设,实施某项措施和某种影响,通过观察、记录、分析、发现和证实变量间或社会现象间的因果关系或相关关系。它具有两方面的作用:一是发现以往未知或已知而不加解释或无法解释的新现象、新事实;二是判断社会现象间变量关系的规律,检验某一理论提出的假设。

民族社会学研究中的实验主要采用实地实验,包括现场实验和自然实验两种,现场实验不控制实验条件和外部变量,基本保持实验对象的原有特性,也不改变它的现场背景。自然实验相似于有结构的观察,优点是完全不改变实验对象的自然状态。

（3）个案研究。是一种从整体上对一个研究对象如个体、群体、团体、社区等作长期、深的考察,了解其详细状况和发展过程的方法。在民族社会学中,它主要用于对民族社会个体、群体的生活史或发展的研究,对社会行为动机和社会文化背景的理解,以及对社会单位与整体社会环境之间的复杂联系的分析。其优点是对对象可做深入的质的研究,宏观把握事物的全貌,并且有抽样方法无法做到的社会实在性。

（4）间接研究。是利用第二手资料考察历史事件和社会现象的研究方式,也有人称之为文献研究,可用于民族社会学的理论研究和民族社会变迁研究。包括民族历史文献的考据,社会历史发展过程的比较,统计文献的整理与分析,理论文献的阐释,以及对文字资料中的信息内容进行数量化分析等。间接研究的特点:一是非实地性,即研究处理的资料是非直接性的第二手资料。二是历史性,即研究处理的资料一般是反映历史状态的静态资料。三是无反应性。即它不直接接触研究对象,不会使研究对象有意识或无意识地改变原有状态。民族社会学中的间接研究主要有,历史文献研究,统计文献研究,家谱、族谱等谱系研究等。其步骤可分为:明确研究课题和文献搜集、描述的范围;设计文献搜集和描述大纲;搜集文献、梳理、归纳和描述文献,突出分类和简单的定性与定量分析。

(三)民族社会学研究的具体方法

资料是理论研究的基础,离开真实,丰富和生动的资料,一切研究工作都无从谈起,而对民族社会学这门应用性极强的学科来说,其资料不仅要从浩瀚繁杂的文献中去发掘,更多更重要的则需要到民族社会的现实生活中去求索。其主要方法有:

1. 观察法

是民族社会学搜集第一手资料最初步也是最基本的方法,而且特别强调参与式观察。也就是研究者将自己置身于研究对象的环境和活动之中,使自己成为被研究群体中一员的调研方法。按其参与程度,参与式观察可分为完全参与观察和不完全参与观察。无论实施何种方式,观察者都应广泛搜集、研究与主题有关的资料,避免仅搜集与自己的假设一致的资料。由于参与式观察大多需要持续一个较长的时间,应及时清理和研究观察记录,不断发现新的问题,以利观察向深层进行。参与式观察获得的资料大多是描述性的,一般不易作量化处理。

2. 访谈法

是社会调查中以交谈方式搜集资料的一种方法。在民族社会学研究中,与其他方法相比,访谈法的最大特点是通过交谈获取资料,可以作为搜集研究所需要资料的主要方法,也可以作为辅助方法去验证或补充其他方法获取的资料,它适用于研究较复杂的问题或对问题进行深入的探索。当研究对象的构成成分较复杂时,访谈法能够较快地了解不同个体和群体的情况。访谈可分为结构性访谈和非结构性访谈,前者在访问前,要制定详细的标准化的访谈提纲,按提纲进行访问,后者不一定依照某种统一的访谈调查表,而是围绕研究的问题与被访问者进行自由交谈。

3. 问卷法

是运用精心设计的问题表格在调查研究中搜集资料的一种方式,可广泛应用于民族社会学研究的各个方面。问卷可分为两种类型,一种称为自填式问卷,分发到被调查者手中自由填答。这种方式要求问卷设计要符合补充调查者的文化程度和理解水平,甚至包括文字语言的使用问题等,都要事先考虑防止因文化差异、语言不同等因素影响调查的质量;另一种是访问式问卷或访问调查,由访问员依据问卷向被调查者提出问题并回答问题。

用于民族社会学的问卷设计,要充分考虑被调查社区、族别个体的社会背景、文化环境、心理反应、主观意愿、客观能力多种因素,一般情况下,所提问题不宜太多,以一般回答者能在 30~60 分钟内完成为宜。问题的次序应把简单易答、被调查感兴趣和较熟悉的问放前面;问题排列要以时间顺序、类别顺序结合;问题的语言措辞要简短、明确,避免诱导性问题、双重性和含糊性问题的出现。

在民族地区调查,还要注意问卷问题的形式,一般情况下开放式和封闭式两种皆可使用,但应以开放式问题为主。即不为回答者提供具体答案,由回答者自由回答。封闭式问题的选择答案要有穷尽性和互斥性,一方面要尽可能涵盖所有可能的回答,另一方面各种答案互不相容,不能出现重叠。

(四)民族社会学研究的技术手段

马戎教授在总结国外和我国民族社会学研究的实践后指出"注意吸收、借鉴现代社会科学的研究方法与手段,如大量引进社会统计学和计算机的应用,包括各种分析方法,努力在研究中把定性分析与定量分析结合起来"。[①]要实现这一目标,就必须改变以往在技术手段上的落后和单一状况,包括测量技术、调查技术、资料整理与加工技术,以及研究所必须的工具、设备等。例如,我们要不断吸取国外问卷和测验表格的现代制作技术,间接测量个人心理和行为的投射技术,提高观测、记录仪器、录音、录像设备、电子计算机和统计技术等的水平,以适应民族社会学研究现代化发展的技术性要求。

(原载于《中国民族学》第一辑,甘肃民族出版社 2009 年版)

---

①马戎:《民族与社会发展》,民族出版社 2001 年版,第 44 页。

我国民族社会学的发展现状及趋势

在我国社会学恢复重建之初，国内曾有学者提出建立民族社会学这门学科，但因当时各方面条件不够成熟，未被提上议事日程。后来，随着社会学的不断发展，中国社会学会民族社会学研究会应运而生，促进了民族社会学的学科建设及其发展。

一、"九五"期间民族社会学的进展、成果及主要问题

（一）民族社会学理论与方法研究的进展、成果

1. 学科对象和任务

一般认为，"民族社会学"最早是法国人类学家 C·勒图尔诺（C·Letourneau）在《民族志社会学》一书和德国民族学家 W·米尔曼（W·Muhlmann）在《人类学史》一书中创用的，直译为"民族志的社会学"，主要是指 1860—1900 年期间关于社会进化和文化进化的诸多理论研究。进入 20 世纪以后，先是北欧的芬兰开始广泛使用"民族社会学"的概念，其次是德国，然后是美国，也相继使用这个名称。

我国在社会学传入后，亦早在 30 年代即已开展了民族社会学方面的研究。1926 年，蔡元培在《说民族学》一文中首次使用了"民族学"一词。1930 年，蔡元培在《社会学与民族学》的演讲中说："社会学与民族学是有密切关系的两门学科，这两门学科在其发展过程中有不少方面是相互联系的。"他在 1928—1940 年任中央研究院院长期间，曾派许多专业工作者到民族地区进行社会调查。40 年代，由吴文藻

先生主编的《社会学丛刊》在甲集征稿范围中首次提出了"民族社会学"的概念,并先后出版了费孝通的《花篮瑶的社会组织》(1936年)、林耀华的《凉山彝家》(1947年)和田汝康的《芒市边民的摆》(1946年)等以社会调查研究为主要内容的民族社会学著作。在建国前,唯一对民族社会学的学科性质、对象和任务进行系统阐述的我国学者当属社会学老前辈孙本文教授。他认为:"民族社会学是文化社会学的一个支学。文化社会学是研究人类社会中文化的一般状况,而民族社会学是研究一种特殊的民俗与文化。在研究的原则和方法方面和普通社会学没什么差别,只是研究对象有所不同。"①新中国成立后至1980年,全国共整理和内部出版了各民族的社会调查资料二百余种,一千五百多万字。②

　　我国社会学恢复以来,虽然在民族社会学的认识上经历了一个比较长的过程,但从"九五"以来,民族社会学的研究领域不断拓展,对学科对象和任务、学科性质和特点等的研究有了新的进展,取得了新的成果。

　　在民族社会学研究对象方面,主要有"单元论"、"多元论"、"多元综合论"三类观点。早在1981年2月,费孝通先生在一次座谈会上所作的《民族社会学调查的尝试》的发言中提出:"民族学在中国主要是搞少数民族地区的社会调查,所以,在中国,社会学和民族学从学术分科上说可以合而为一的。因此我们也不妨称少数民族地区的社会调查研究作民族社会学。"③台湾的芮逸夫认为:"'民族社会学'是指

　　①孙本文.帝国主义时代资产阶级社会学的思想内容及其对旧中国的影响[J].新建设,1956,(11)。

　　②李绍明.论我国的民族社会学研究[J].云南社会科学,1982,(4)。

　　③参见中央民族学院学报,1982,(2):3。

参考原始社会及俗民社会所作之社会关系的研究","是以社会学为基础来研究民族本质的科学"。①后来,有的学者把社会问题作为民族社会学的研究对象,认为"凡属民族社会的各种问题,都在民族社会学研究之列。"②有的学者认为,民族社会学"既是民族学的一个分支,也是社会学的一个分支;既是民族学的一部分,又是社会学的一部分。因而,它是这两门学科之间的中间学科或边缘学科。""民族社会学的任务是研究各民族的社会形态及其发展变革中所出现的问题。"③在90年代前后出版的社会学工具书中,各著的观点也不尽相同。李剑华等主编的《社会学简明辞典》认为:"民族社会学是文化社会学的一个分支,研究原始部落、近代国家移民社群、社会阶层及其与其他民族的结合;特别是研究某一民族的民俗和文化,为文化社会学提供研究材料。如专门研究爱斯基摩的民俗和文化的,就是爱斯基摩民族社会学;专门研究凉山彝族民俗和文化的,就是凉山彝族民族社会学。"④

王康主编的《社会学辞典》认为:民族社会学是社会学的分支学科。它从民族学或人类学的角度研究各种民族的社会结构、社会类型和社会生活。它又是一门边缘学科,将民族学研究同社会学研究结合起来,从民族学的角度对各民族的社会问题进行研究,从而形成一门既有别于民族学,又不同于一般社会学的独立学科。⑤

金哲等主编的《世界新学科总览》认为,民族社会学是在民族学

---

①芮逸夫.云五社会科学大辞典[M].第10册"民族社会学"条目。

②唐奇甜.对民族社会学的一点想法[J].中南民族学院学报,1982,(4)。

③李绍明.论我国的民族社会学研究[J].云南社会科学,1982,(4)。

④翁其银.重庆社会科学.1987,(5~6):170。

⑤王康.社会学词典[Z].济南:山东人民出版社.1988.129。

和社会学相互结合的基础上形成和发展起来的一门边缘学科，以现代民族的社会和社会过程为主要研究对象。[①]1991年出版的《中国大百科全书·社会学卷》认为："民族社会学是以民族的特殊社会文化为基础，研究不同民族社会形态结构、功能及其发展趋势的一门学科。"[②]虽然这是90年代前后我国对民族社会学最具权威性的界定，但它并没有终止对这一问题的研究。

"九五"以来，对这一问题的研究出现了新的观点及成果。马戎先生在《民族关系的社会学研究：民族社会学》一文中主张，把民族社会学看作是"民族关系的社会学研究"更为适合。针对马戎先生的主张，郑凡、刘薇林、向跃平在他们合著的《传统民族与现代民族国家——民族社会学论纲》中提出了不同的观点，"强调把民族社会学的近义名称看作民族问题的社会学"。因为"在当代条件下把握民族特征，就要同时顾及民族群体与国家社会之间的关系以及民族群体相互间的关系、民族群体的个体成员与其社会群体的关系……研究这些关系所涉及的社会、文化问题，就能理所当然地吸收来自社会学的分析范畴，诸如角色、互动、社会组织与非正式群体、社会冲突、社会整合、国民意识等等。"与上述观点不同，贾春增和蔡清生在他们的《民族社会学概论》一书中提出了综合论的观点，认为"民族社会学是在历史唯物主义和马克思主义民族理论的指导下，运用民族学的理论知识和社会学的一般方法对我国少数民族和民族地区的社会结构和社会变迁，民族文化和民族关系，特别是民族地区当前社会经济和社会问题进行综合和比较研究的一门学科。"

---

①翁其银.重庆社会科学.1987,(5~6):170。

②王晓义.中国大百科全书·社会学卷[M].北京：中国大百科全书出版社.1991.195。

关于民族社会学研究对象和任务的种种不同观点的产生，一是因研究者的学科背景和学术阅历的不同造成的，二是与对社会的观察视角各异有关，三是学科发展中的由不成熟走向成熟的自然现象。正如马戎先生所说的那样："各学科在其发展的历史过程中，在研究领域、研究对象等方面逐渐形成了各自的理论传统和研究风格，但随着社会和科学的进一步发展，人们发现世界上各类事物之间存在着密切的联系，相互构成一个系统或网络，既不可能人为地对客观事物划分出各个学科的研究范围，也不能限定某一种研究方法为一个学科所垄断。交叉学科的兴起标志着人类认识的深化，标志着在人类知识的发展的初级阶段中各部分隔离、支离破碎的知识正在相互交织成为一个系统性的整体。"[①]所以，在我国民族社会学发展历史过程中，这种百花齐放、众说纷纭的现象其实是一件好事，它并不妨碍学科的研究和发展，而且，随着民族社会学研究的不断深入，在这一问题上的趋同性肯定将逐渐增多。

2. 学科性质和特点

大多数学者认为，民族社会学是一门年轻的和正在形成的学科。从学科的外文及中文名称上看民族社会学在国际范围的发展史，它在历史上依附于人类学、民族学，现在主要以社会学为基础。但概念用语及学科规范的歧离，使这门学科在国际上缺乏交流，迄今没有获得一致的认可。

有的学者认为，民族社会学是从民族学的角度研究社会问题，从社会学的角度研究民族问题。但另一些学者认为，这种说法受前苏联IO·B·阿鲁秋尼扬等著的《民族社会学》的影响，令人有权宜和"拼盘"

---

①马戎.民族与社会发展[M].北京:民族出版社.2001.35。

之感。有的学者赞同 1995 年公布的《中国社会学会民族社会学研究会章程》的表述,即民族社会学是现代社会学的一个分支,是介于社会学与民族学之间的边缘交叉学科。对此,有的学者虽同意民族社会学是介于社会学与民族学之间的交叉学科的说法,却对学科性质提出截然不同的观点,认为"民族社会学,就其一般而言,可以看作是民族学和社会学相结合的产物,是位于二者之间的一门交叉学科,但就其学科的基本属性来讲,它是广义民族学的一个组成部分,也和民族语言学、民族人口学、民族地理学等学科一样,是民族学中一系列特殊的'综合性'边缘学科之一。"①对于民族社会学的这种"综合性"特点,大家虽然从不同的角度进行了阐述,但基本倾向于从民族社会学兼有多种学科特点、涉及范围广泛的角度来看待。也就是说,它不同于民族经济学、民族政治学、民族语言学等单科性的民族学科,而是全面广泛地涉及表现在民族社会生活各个领域、各个方面、各个层次上的社会互动关系,与社会生活各个领域、各个方面发生联系。

3. 研究方法

民族社会学在研究方法上充分汲取了中外多门相关学科的研究方法和手段。在这方面,"九五"期间专门研究方法的论著并不多见,主要有马戎的《西方民族社会学的理论与方法》、贾春增的《民族社会学概论》和郑凡等的《传统民族与现代民族国家——民族社会学论纲》等三部专著,对民族社会学的方法论、方法论原则和范式以及方法的特点进行了比较充分的研究和阐述。

马戎先生在比较了民族社会学与其他以民族为研究对象的社会和人文学科的区别之后,概括出了民族社会学在对象与方法上的十

---

①贾春增.民族社会学概论[M].北京:中央民族大学出版社.1996.24。

个特点:(1)"强调现实而非历史";(2)强调民族集团之间的关系,而不是多个民族集团自身;(3)注意结合个人与集团两个层次;(4)比较注重多种因素的综合研究;(5)在尽可能综合和忠实地描述的基础上,力图解释民族间种种关系的形成与发展;(6)注意吸收、借鉴现代社会科学的研究方法与手段,如大量引进社会统计学和计算机的应用,包括多种分析方法,努力在研究中把定性分析与定量分析结合起来;(7)注重实证研究——从对现实的社会现象进行调查研究入手,从对个从对现实的社会现象进行调查研究入手,搜集尽可能准确的数据资料,以类型归纳和比较分析为手段,在分析中找出带有规律性的东西;(8)"结合政策研究";(9)"结合区域发展研究";(10)关注多民族国家或地区在其社会变迁和现代化过程中民族关系的发展趋势。①

郑凡等在论述民族社会学的方法时,提出了"新旧范式转换"的概念和有关学科方法的两项原则。两项原则是:第一,民族社会学基本要领的历史依据和逻辑抽象,必须与其他相关学科大体保持一致;第二,民族社会学的概念又要体现本学科的特点,例如着眼于社会学传统上所侧重的现代社会问题,对历史学、民族学等相邻学科的种种民族概念不妨加以简化处理。

贾春增先生不仅在方法论层次上提出了"整体观、主位与客位、民族中心主义与文化相对论、民族学方法论"的四项原则,而且概括提出了民族社会学研究的八种具体方法,即观察和参与观察法、定点追踪调查法、谱系与亲属称谓调查、历史文化残余法、深度访谈法、语言调查、文献搜集和问卷法。

①马戎.西方民族社会学的理论与方法[M].天津:天津人民出版社.1997.8。

目前,在民族社会学方法的研究方面虽然成果较少,但水平和深度在不断提高:一是研究内容有所深入,开始超出具体方法和技术等微观领域,到更加宏观的、整体的问题上来;二是既介绍了西方民族社会学的研究方法,又突出了中国的社会调查传统。

(二)民族关系研究

1. "中华民族的多元一体格局"理论

1988 年 11 月,费孝通先生应邀在香港中文大学发表了题为《中华民族的多元一体格局》的演说,精辟地总结了这一理论的形成过程及其特点。1997 年,费先生在另一篇文章《简述我的民族研究经历和思考》中,把这一理论的主要论点进一步概括为:(1)"中华民族是包括中国境内 56 个民族的民族实体,并不是把 56 个民族加在一起的总称;因为……56 个民族已结合成相互依存、统一而不能分割的整体,在这个民族实体里所有归属的成分都已具有高一个层次的民族认同意识,即共休戚、共存亡、共荣辱、共命运的感情和道义。这个论点我引伸为民族认同意识的多层次论。"(2)"形成多元一体格局有个从分散的多元结合成一体的过程,在这个过程中必须有一个起凝聚作用的核心。汉族就是多元基层中的一元,由于它发挥凝聚作用,把多元结合成一体,这一体不再是汉族而成了中华民族。"(3)"高层次的认同并不一定取代或排斥低层次的认同……甚至在不同层次的认同基础上可以各自发展原有的特点,形成多语言、多文化的整体。所以高层次的民族可以说实质上是个既一体又多元的复合体,其间存在着相互对立的内部矛盾,是差异的一致,通过消长变化以适应多变不息的内部条件,而获得这个共同体的生存和发展。"[①]费先生的"中

———————————

①马戎.中华民族凝聚力的形成与发展[J].西北民族研究,1999,(2)。

华民族的多元一体格局"理论,有一种开创性的、全新的视角,在对中国各民族交融发展的实际进程的分析中提出了一些新的基本概念和理论思路,是民族关系研究方面最主要的理论贡献。

2. 市场经济条件下的民族关系

市场经济条件下的民族关系是民族社会学研究的一个新问题。这方面的主要成果有马戎的《拉萨市区的居住格局与汉藏民族关系》、《关于中华民族凝聚力研究》,周星的《中国民族关系的现实与未来》,李建新的《新疆维汉民族关系研究》,孙雁明的《浅谈社会主义市场经济下的民族关系》,尹金山的《论市场经济条件下巩固和发展社会主义民族关系》,崔成南等的《民族关系发展中的深层问题及解决途径》,刘彦侠的《加强民族法制建设,以法调整民族关系》等论文,王宗礼、贾应生的《中国西北地区社会现代化的困惑与出路》,金安江的《社会主义市场经济与民族关系》,尹筑光、薛永福的《新疆民族关系研究》,张桥贵的《道教与中国少数民族关系研究》,杨德华的《云南民族关系简史》,黄海坤的《同舟论》,黄光学的《新中国的民族关系》等著作。

这些文章和著作从不同角度和不同层面,对传统的民族关系在冲突中融合的历史进程,现代化过程对民族关系的消解和重组,新时期我国民族关系的性质、主流、核心、动力,巩固和发展社会主义民族关系的影响因素,发展民族关系与建立市场经济体制的内在联系,调适民族关系的途径、对策和主要原则等问题,进行了广泛深入的探讨,提出了许多独到的见解。

3. 改革开放后我国民族关系的变化及发展趋势

我国在中华人民共和国成立以来逐渐形成了团结友爱、互助合作的新型民族关系,但刘彦侠等学者认为,自改革开放以来,尤其是自 90 年代以来,随着我国的经济体制转轨和社会转型,我国民族关系表现出新的发展趋势,概括起来主要是:一是政治体制改革促使中央政府与民族地区、政府组织与民族企事业群体之间的直接关系逐渐减少;二是经济体制改革促使社会的经济交往增多,经济关系趋于复杂化,民族与民族之间,各地区、各行业以及民族成员之间,竞争与合作的关系更加突出;三是法制的健全与完善促使法律调整民族关系的作用加强,各民族之间以及民族成员之间法制关系将逐渐强化;四是民族关系中的阶级意识、阶级关系淡化,社会各阶层关系更加突出;五是民族关系中的宗族、家族关系弱化,人际、族际交往中的平等性、功利性加重;六是由各种因素引发的影响民族关系的事端,呈逐年上升的趋势。①这些变化和趋势对民族地区的社会进步来说,其主流是应该肯定的,但不能忽视其中所夹杂的庸俗的民族关系趋向及其消极影响。

(三)民族地区发展与稳定研究

少数民族地区,一方面由于经济欠发达,迫切需要加速改革和经济发展,另一方面由于民族宗教问题的敏感性和复杂性,又必须高度重视社会稳定和安定团结,因而正确处理发展与稳定的关系就成为民族社会学研究的一个重要领域。

赵晓芳、邓艾等学者在研究中把稳定与发展的关系问题纳入资源配置理论的框架进行图解,从而得出以下结论:(1)民族地区现阶段面临的发展与稳定之间的关系如何协调的问题在很大程度上是一个社会资源如何配置的问题。(2)短期内,由于民族地区可用于经济发展和社会稳定两方面的经济资源、政治资源、文化资源有限,因而经济发展与社会稳定之间存在矛盾冲突。但发展和稳定在一个很大的范围内可以同时兼顾,其具体抉择取决于人们对发展和稳定的偏

①刘彦侠.加强民族法制建设,以法调整民族关系[J].北方民族,2000,(1)。

好取向，而民族地区过高的改革风险成本则是影响这种偏好取向的一个重要因素。(3)长远看,由于经济发展是增加社会资源的主要源泉,因而发展会带来更大的发展、更高的稳定。持续贫困和发展迟缓则会导致社会混乱,换言之,没有发展就没有长期稳定。(4)保持社会政治秩序最起码的稳定是经济发展预期目标得以实现的必要前提条件。①

有的学者针对一些地方的实际,提出民族地区在处理发展与稳定的关系时,应避免两种不合理的倾向:一是不顾当地实际和人民群众的承受力,急于求成,追求过高的发展速度和过快的改革速度;二是过分夸大发展与稳定的矛盾,将发展与稳定对立起来,以牺牲经济发展为代价换取表面上暂时的安定团结。这两种倾向,从根本上讲,既无助于发展,又无助于稳定。

王宗礼、谈振好、刘建兰在《中国西北民族地区政治稳定研究》一书中,对民族地区不稳定的表现、原因、趋势及维护稳定的基本经验进行了研究和概括。他们认为目前民族地区不稳定的表现主要有:(1)民族分裂主义有所抬头,是民族地区保持稳定的最大威胁;(2)某些地方非法宗教活动猖獗,宗教狂热升温;(3)边界纠纷,草场、草山纠纷增多;(4)一些基层政权软弱无力,调处社会矛盾的能力下降;(5)少数民族地区贫困人口和返贫人口增加,两极分化扩大;(6)民族意识淡化等。造成不稳定的原因主要是社会结构的失衡与失调、体制转轨造成的冲突和混乱、收入分配格局变动引发的群体利益差异及冲突、社会转型中的社会失范。他们还认为,尽管 21 世纪民族地区面

---

①赵小芳,邓艾.关于甘肃民族地区发展与稳定关系的思考[J].甘肃民族研究,1999,(1)。

临着许多不稳定因素,但保持稳定的有利条件依然十分充分。首先,国家经济建设战略重点的逐渐西移,将会促进西部民族地区经济社会的较快发展,从而给少数民族群众带来更多的实惠,这将为民族地区的发展与稳定打下坚实的基础;其次,市场经济体制的逐步建立,全国统一市场的形成,将促进各民族之间的经济联系和文化交流,有利于民族协作和民族团结;再次,随着政治体制的改革,各族人民参与管理的渠道将拓宽,这将为民族地区的稳定提供制度保障;最后,各族人民人心思变、人心思进,这是保持民族地区稳定与发展的重要心理条件,加之强大的共产党的核心领导作用和国家政权体系的有效功能,为民族地区的稳定与发展提供了可靠的政治保障。只要充分利用这些有利条件,未雨绸缪,从容应对,保持民族地区稳定与发展的目标就一定能实现。

(四)民族地区现代化研究

民族地区现代化研究是社会学关于现代化研究整体的一个组成部分,主要涉及民族地区现代化的含义和内容、现代化与民族文化、现代化与民族生活方式、现代化与民族交往心理等方面。

1. 民族地区现代化的含义和内容

一般认为,现代化是从传统社会到现代社会的转型过程。有的学者认为,我国自古以来就是一个多民族的统一的国家,少数民族分布地域辽阔,其面积占全国总面积的百分之六十四左右,因而,民族地区的现代化,是我国社会主义现代化的重要组成部分,也就是使民族地区逐渐从传统社会向现代社会转化的过程。有的学者认为,民族地区的现代化同全国其他地区相比,具有"后发外生型"和"赶超型"的特征,更能体现特殊的历史价值和民族特性的中国特色。正因为如此,有的学者主张,我国 55 个少数民族,人口规模、地理分布、宗教传统、社会经济发展水平各异,与汉族交流与融合的程度也很不相同,居住的各个地区的自然资源、经济基础和发展条件也迥然有别,我们的目的,是在中国现代化过程中实现各民族的共同繁荣,为达到这个目的,就要根据各民族的实际情况来设计具有民族特色的发展道路。有些学者还认为,在现代化过程中,少数民族面临着双重挑战:一是如何适应西方现代化的挑战,一是如何适应国家整体现代化的挑战。少数民族在这样的挑战与适应中,经历着文化的重构、心理的失落、人格的冲突、生存的追求和价值的转变。面对这样的双重挑战,少数民族要对国内外及民族内外的经济、社会、文化要素作出选择。在某种程度上说,少数民族的现代化过程也就是选择的过程,如语言工具、生产方式、生活方式的选择等。

2. 现代化与民族文化

一个民族之所以区别于其他民族而存在,原因之一是它具有独特的语言文字、宗教信仰、社会习俗、价值观念、民族历史等构成的民族文化。但在现代化过程中,随着外来现代文化的进入和经济社会的变迁,民族文化也必然会发生转变。倪国良等学者将这种现象称之为"文化范式"转型,即由"以阶级斗争为纲"的文化范式转向"以经济建设为中心"的新的文化范式,并认为:"这种结论似乎有一种经济决定论的色彩,但这并不妨碍其确切性,历史上的文化中心和当今的以发达地区文化为中心的文化格局的形成,无不证明着经济实力对文化的决定性影响。"①

有的学者认为,儒家文化是民族文化的主流,它与现代化的冲突不是其内在本质与现代化的冲突,而是在一定时期内其外在的现象

---

①倪国良.中国西北地区现代化中的经济与文化关系[M].兰州:甘肃人民出版社,1998.6。

与现代化的冲突。民族文化不是现代化文明的助产士,但其主流的儒学是现代文明的医师。有的学者认为,如何对待传统文化,从根本上讲是一个如何认识和处理现代化和民族化关系的问题,并在此基础上构建了新型民族文化体系的模式,即:(1)一体三元的多维文化观;(2)立足现实、依托传统的古今融合论;(3)以我为主、兼取众长的文化互补说;(4)创造转化、充满活力的文化发展观。

3. 现代化与民族生活方式变迁

在这一领域的研究中,高丙中、纳日碧力戈等提出了"民族生活方式转型"的命题,认为它包括从传统型向现代型的转化、从民族稳定型向民族开放型的转化、从社区单一型向社区多样型的转化。"在现代化潮流中生活方式的变迁,即便是被动的、外发的现代化或者生活方式变迁,也一定要借助原有传统文化资本,将其政治化、经济化,重新为它们划界并加以重构。于是,继承、发展、变化是现代化的主题。"①另有一些学者对藏族的生活方式进行调查研究,认为他们的传统思想观念、居住环境、生产和经营方式及生活习俗等也明显地开始变化,并推动着藏族社会的现代化进程。杨勇等学者认为,藏族农牧民在服装制作方式方面逐渐脱离自给自足形式,开始依赖现代工业产品;在居住环境方面逐渐告别移动帐篷,开始修建房屋和建设牧民定居点;饮食结构逐渐由以糌粑和牛羊肉为主向粮、肉、菜、果等营养型食品转变;娱乐方式由单一的传统型、民族型向现代的多样型转变。②

---

①高丙中主编.现代化与民族生活方式的变迁[M].天津:天津人民出版社,1997.43。

②杨勇.藏族生活结构的变化与藏区社会发展[J].甘肃民族研究,1999,(3)。

4. 现代化与民族交往心理

研究民族交往态度,对于了解各民族心理特征和民族关系,深化对民族分化、民族同化、民族融合和民族现代化规律的认识具有重要意义。李秋洪先生在《广西民族交往心理》一著中,以广西七县市的调查事实为依据,在分析广西各民族的交往态度以及制约他们民族意识和交往态度的有关因素后指出:(1)广西各民族仍然存在明显的民族认同感和归属感,但并不表现为狭隘的排他意识或戒备心理。(2)广西各民族之间存在着普遍的信任感和互相学习、互相帮助的愿望,相互之间持较高的宽容和理解态度。汉族和壮族的宽容与理解程度尤为明显,他们在若干心理特征上有明显的趋同倾向。(3)汉族在广西各民族人民心目中有很高的威信和影响力。(4)共同利益和共同地缘感在一定条件下可能超越民族情感,成为支配人们认识和行为的基本准则和动力。[①]

(五)少数民族婚姻家庭研究

我国社会学恢复以来,婚姻、家庭的社会学研究开始最早。这些研究也涉及了少数民族的婚姻家庭问题。"九五"期间,这一研究继续深入,取得了丰硕的成果,有徐平的《西藏农村的婚姻家庭》,王金洪的《当代西藏妇女的婚姻状况与家庭地位》,王俊敏的《蒙、满、回、汉四族通婚研究》,李晓霞的《试析维吾尔族离婚现象形成的原因》,潘乃谷的《土族婚姻家庭的变迁》,马戎的《中国各民族之间的族际通婚》,刘援朝的《云南丽江县普米族的亲属制度与婚姻》,石奕龙的《福建畲族的婚姻状况和收养关系》,傅慧明的《壮族妇女的婚俗与生育》等。其研究特点,一是涉及的族种不断增多,研究领域不断拓宽,深度

---

①李秋洪.广西民族交往心理[M].南宁:广西人民出版社,1996.207。

不断加强；二是由综合性、多族种加大规模的调查研究逐渐向专题性、单族种、微观性的调查研究转变。

（六）其他问题研究

除上述问题研究外，还有一些研究者涉足了民族地区人口流动和城镇化、宗族组织与制度、乡镇政权建设以及宗教问题、妇女问题、旅游环境问题、特有民族文化问题、边疆城市、吸毒问题等方面的调查和研究，但由于成果较少，不再列专题详述。

（七）民族社会学研究中存在的问题

1. 基础理论研究比较薄弱

"九五"期间，虽然已经出版了数部冠以"概论"和"论纲"的民族社会学著作，在构建学科的理论框架和概论体系等方面进行了有益的探索，但大多数人认为，民族社会学的理论体系、研究范式、分析模式和研究方法等还没有真正建立起来，特别是系统理论的不足、研究对象的歧见使这门应用性极强而又被现实所特别需要的学科还不能有效地发挥其功能和作用。因而，民族社会学的繁荣有待在学科性质、对象、地位、基础理论等学科建设基本问题上的进一步拓展和深化。

2. 研究领域方面存在局限性

多年来，我国的民族社会学研究受民族学研究的影响，比较注重对某一少数民族的单体研究，注重研究其历史、历史人物、风俗习惯、语言、宗教、家庭结构等，而且在研究过程中又特别选择该民族"高纯度"的居住区，忽视多民族混住区，同时对所研究民族与其他民族交往的比较研究重视相对不够，在研究领域上存在一定的局限性。

3. 研究方法相对比较陈旧和保守

由于我国的民族社会学是在民族学、社会学的基础上形成的，建国前后数量巨大的研究成果，严格讲只能是民族社会学必不可少的酝酿和积累。而且，建国以来我们与国际学术界隔绝了几十年，除50

年代翻译引进过前苏联的民族社会学论著外，与欧美各国学术界很少交流，所以对现代世界各国民族社会学研究的理论、方法以及手段等不甚了解。我们的研究方法基本上偏重于传统的民族志和现象描述等方法，对现代的调查技术、分析方法等吸收不够。

二、"十五"期间民族社会学的发展趋势、重要研究领域

（一）发展趋势

1. 学术建设将走向规范化

同社会学、民族学相比，以往民族社会学在学术建设上的非规范化倾向比较严重。但自"九五"以来，在北京大学社会学人类学研究所马戎教授、中央民族学院贾春增教授、云南大学郑凡教授等学者以及全国民族社会学会、湖北省民族社会学研究会和云南省社会学会的共同努力下，出版了民族社会学专著，开设了民族社会学专业，办起了《民族社会学研究通讯》（北大）和《民族社会学研究》（云南）等刊物，使民族社会学的基础理论建设不断走向规范化。同时，广大研究工作者在提高学术质量的前提下，普遍关注学术意识和学术规范问题，在选题、调研和著述中比较遵从民族社会学的学术定位、学科视角和概念语言工具，具体操作过程也愈向民族社会学的学术规范靠近。这是民族社会学不断成熟的标志，也是未来发展的必然趋势。

2. 学科建设将走向本土化

严格来讲，中国的民族社会学从一开始就具有浓郁的本土特色，无论是建国前后费孝通教授等老一辈社会学家的民族社会调查，还是社会学恢复以来的民族社会学研究，都立足中国国情，理论联系实际。但我国少数民族多达55个，各方面的差异明显，各自具有不同的特殊性和多样性，因此，关注民族社会学研究中的"差异性"、"地方性"和"多样性"，结合各民族地区现代化建设的需要，在吸收、运用西

方民族社会学理论和方法的基础上，培育出本土化的中国民族社会学学派，既是民族社会学工作者的共同责任，又是民族社会学未来发展的趋势之一。

3. 学科发展将走向综合化

综合性是社会学研究的学科特性，民族社会学亦是如此。从国际来看，社会科学各学科间的融合渗透已大大模糊了单一学科的边界，以研究问题为主导的不同学科共同参与的综合化趋势正在出现。在我国，由于民族发展和国家安全需要的压力和拉力日趋增大，民族社会学研究急需从其他学科吸取思想和理论资源，与其他学科队伍互补共济以弥补研究和需要之间的差距，因而，学科发展的综合化趋势在所难免。

(二)重要研究领域

1. 民族社会学基础理论研究

应侧重于民族社会学学科体系研究。翻译、介绍一定数量的西方民族社会学论著，在吸收、消化的基础上构建具有中国特色的民族社会学理论框架、概念体系和研究方法。

2. 民族地区社会现代化研究

民族地区的发展和现代化过程有自己的独特之处。应关注民族文化的独特性对其社会发展的途径、具体方式进行研究和探索。

3. 民族关系研究应特别关注民族关系发展目标

影响因素 民族集团的结构性差异、现代化进程中的民族关系演变、民族关系与国际关系的联系及其对国家安全的影响等问题。

4. 民族地区社会问题研究

如宗教政策和管理、贫困和开发、宗族组织与制度、毒品、社会安全、环境生态等问题。

三、民族社会学"十五"研究重要课题

1. 少数民族地区贫困与"返贫"研究；
2. 跨境民族在社会、经济发展与对外交流等方面的特点研究；
3. 民族教育问题与双语教学研究；
4. 西部民族关系与国家安全研究；
5. 民族地区城镇化研究；
6. 民族通婚的变迁及其对民族融合的作用；
7. 西部民族地区开发与生态环境再造研究；
8. 民族社会学理论体系研究。

在研究课题方面，马戎先生根据多年的研究实践提出了多层次、多类型的研究领域，我们应特别予以关注：

第一层次（宏观）：在学科建设层面，提出了八个方面的内容或组成部分。

第二层次（中观）：在研究对象与方法层面，提出了十个特点。

第三层次（微观）：在专题研究层面，一是民族关系研究的六个专题：(1)语言使用；(2)人口迁移；(3)居住格局；(4)族际通婚；(5)民族意识；(6)影响民族关系的因素分析。二是边区开发中的民族研究课题：(1)两个理论问题：①"核心地区"与"边远地区"在现代化过程中的关系问题；②"少数民族地区"的发展与"少数民族"发展之间的关系问题。(2)需要进一步研究的问题：①各民族之间交往的内容、方式、程度、特点和作用；②民族自治地区社会、经济发展阶段、作用；③民族自治地区经济的特点；④民族自治地区民族关系的现状、特点及影响因素测度；⑤各民族传统文化的作用；⑥各民族的民族意识和相互认同程度的演变过程。

参考文献:

[1]费孝通.简述我的民族研究经历和思考[J].北京大学学报,1997,(2).

[2]潘乃谷.土族婚姻家庭的变迁[M].沈阳:辽宁教育出版社,1998.

[3]马戎.民族关系的社会学研究:民族社会学[M].天津:天津人民出版社,1997.

[4]马戎.西方民族社会学的理论与方法[Z].天津:天津人民出版社,1997.

[5]马戎.中华民族凝聚力的形成与发展[J].西北民族研究,1999,(2).

[6]贾春增.民族社会学概论[M].北京:中央民族大学出版社,1996.

[7]郑凡,刘薇林,向跃平.传统民族与现代民族国家——民族社会学论纲[M].昆明:云南大学出版社,1997.

[8]中南民族学院等编.民族社会学(参考资料)[Z].1985(内部版).

[9]杨鹤书.中国少数民族社会与文化[M].广州:中山大学出版社,1999.

[10]郝苏民主编.甘青特有民族文化形态研究[C].北京:民族出版社,1999.

[11]王宗礼等.中国西北民族地区政治稳定研究[M].兰州:甘肃人民出版社,1998.

[12]牟本理.民族学与西北民族社会[M].兰州:甘肃民族出版社,1997.

[13]刘建兰等.中国西北民族地区乡镇政权建设研究[M].兰州:甘肃人民出版社,1998.

[14]李秋洪.广西民族交往心理[M].南宁:广西人民出版社,1996.

[15]高丙中.现代化与民族生活方式的变迁[M].天津:天津人民出版社,1997.

[16]倪国良.中国西北地区现代化中的经济与文化关系[M].兰州:甘肃人民出版社,1998.

[17]金安江.社会主义市场经济与民族关系[M].贵阳:贵州民族出版社,1996.

[18]金涛等.世界民族关系概论[M].北京:中央民族大学出版社,1996.

[19]伊筑光等.新疆民族关系研究[M].乌鲁木齐:新疆人民出版社,1996.

[20]杨德华.云南民族关系简史[M].昆明:云南大学出版社,1998.

[21]黄光学等.新中国的民族关系[M].厦门:鹭江出版社,1999.

（原载于《跨世纪中国社会学回顾与瞻望》，中国人民大学出版社2001出版）

中国少数民族地区社会发展与转型

社会转型是当今中国社会发展的普遍趋势，但由于各地的转型要素不同，社会转型的起点、规模和力度也不尽相同。本文从剖析我国少数民族地区社会特征出发，论证了少数民族地区社会转型过程中的结构性障碍，概括了目前和今后少数民族地区社会转型的四种趋向：一是差别发展中的转折点趋近趋向；二是城乡一体化发展趋向；三是连片滚动趋向；四是单质突破趋向。

素有一部完整"社会发展史"之称的中国少数民族及实行民族区域自治的少数民族地区经过 10 多年改革开放大潮的洗礼，开始冲破了自然经济或半自然经济的藩篱，进入一个新的经济发展和社会转型时期。但是，任何社会变迁和社会发展都有一个演进过程，民族地区更是如此。因此，研究和探讨这一过程，揭示其发展趋向，对改革开放与社会发展具有重要意义。

一、少数民族地区社会的一般特性

区域性的社会特征是社会转型的起点。少数民族地区除了具有一般社会的特性外，在自然地域、经济社会、思想文化和人口发展等方面又有许多区域性的特征，构成了民族地区社会发展的特殊环境。

（一）地域特征——广袤的疆域和狭小的生存空间

我国少数民族地区主要分布在边疆、山区和牧区，多居大江大河的上游，地域辽阔，总面积约 617 万平方公里，占全国总面积的

64.3%。少数民族人口约 9120 万人，占全国总人口的 8.04%，每平方公里仅 24.8 人，比全国少 94 人。

然而，我国是一个多山国家，山地、高原约占总面积的 66%，其中的多数分布于少数民族地区。如世界最高的珠穆朗玛峰、世界最大的高原青藏高原均集中于此。其它如黄土高原、云贵高原等都主要聚居着少数民族。大山、高原、沙漠、戈壁、裸岩、冰川以及永久性积雪的地域等，构成了民族地区复杂的地域特征和狭小的生存空间。

同时，即使在能生存的部分空间里，其生态环境也相当恶劣，大部分地区属干旱半干旱地区，西北地区年降水量在 400 毫米以下，一部分地区不足 250 毫米。西部地区平均每年受灾面积达 9000 多万亩，约占耕地的 1/5。青海、新疆的草原有一半干旱缺水，受灾退化，宁夏、新疆的森林覆盖率都在 4% 以下。

从以上种种地域劣势不难看出，民族地区就总体来说，虽拥有广阔的土地资源，但质量较差，人迹罕至，开发难度大。虽然地下资源丰富，但与广大农牧民和地方经济直接相关的地表资源比较贫乏。它提供给人们的只是一种具有平面性能的生存空间，其发展容量非常有限。

（二）社会关系特征——经济交往的亲缘性和社会交往的乡土性

由于社会关系是以经济关系为基础的，所以经济活动的范围越大、内容越复杂，与之相适应的社会关系也越广泛越紧密。目前少数民族地区的人际关系、群际关系，总体上呈现出一种血缘、姻缘、族缘、业缘、地缘关系以及经济利益相互交织的复杂现象。一方面保持和发展家庭间的合作，同时，又在谋求更广泛的社会关系；一方面在经济交往中需要发展"亲合力"，另一方面又以经济利益关系抑制亲缘关系，甚至有一部分人已将自己的视野投向外部世界，并在乡土以外建立新的社会关系。这无疑是民族地区社会关系由封闭走向开放的起点。但经过认真调查不难发现,少数民族地区不论是经济交往还是社会交往的范围还比较狭窄,社会关系具有很强的亲缘性和乡土性。

在大多数少数民族地区,农田庭院是农民交往的基本场所,亲属邻里是农民交往的主要对象。即使是代表新型产业的乡镇企业,大都也是利用乡土关系起家的,仍然是离土不离乡的作业经营。从一定意义上说,这种新的社会关系实质上还是乡土关系的延伸,未能超越"初级社会群体"这个范畴。从本质上说,乡土性的社会关系与商品经济所需要的社会关系是相互排斥的,因而它具有过渡性。

(三)思想文化特征——传统文化与现代文化既相互覆盖又相互碰撞

在人类历史上,任何一个社区的社会发展都是建立在该社区的历史文化基础之上的,都离不开它所依赖的历史文化背景。同样,每一次社会变迁都伴随着新旧思想文化的强烈撞击。民族地区之所以处于不发达状态,在很大程度上是由于自身商品经济的文化传统的不发达,更多的也因为有许多被视为正统的思想文化制约。如果分析民族地区历史上的文化形态,可以认为是本族文化和中华传统文化的结合和延续。目前,虽然中华传统文化正在革新中趋弱,现代文化正在输入,但本族文化作为本土文化却显得过于顽强。因此,在民族地区呈现出不同文化以彼此分割又相互覆盖的方式共处于一种交织状态。从而既引起各式各样的思想文化冲突,给社会转型与社会发展以种种障碍性制约,又碰撞出各式各样的奇特效应,孕育着多种转换和发展的生机。

如在改革开放以来,已有 20.3%的农民,特别是青年一代和一部分乡镇企业家,在现代思想文化的熏陶下开始调整自己的观念坐标和价值取向,将自己的经济行为向商品生产和市场靠拢。在他们中间,开放改革的图新意识,正在取代闭关自守的保守思想;敢于进取的竞争意识,正在取代安贫乐道的无为心态;尊重科学文化的现代意识,正在取代愚昧无知的封闭观念;积极探索的主体意识,正在取代循规蹈矩的依附心理。

但是,这种思想文化及观念的变化,还没有成为少数民族地区的群体意识。传统思想文化和观念的惯性作用,还在顽强地延续着,对相当一部分人来说,它仍然像一座殿堂,使人们在深院中相安无事,自快自乐;又像一座迷宫,使人们无所适从,苦苦徘徊。

(四)人口特征——无节制的高生育与日益下降的低素质循环往复

人口的数量与质量同经济社会的发展有着密切的联系。在我国,由于过去各少数民族人口相对比较少,因此,国家曾实行不同于汉族地区的生育政策。经过 40 多年的发展,少数民族的人口数量有了迅速增长,而且增长速度大大超过汉族地区,并在一些地方超过了资源承载能力,加之人口素质降低,给经济社会发展造成压力。

据调查统计,1953 年全国第一次人口调查时,少数民族人口为 3532 万,占全国总人口的 6.1%。到 1990 年,少数民族人口增加到 9120 万,占全国总人口的 8.06%。特别在 60 年代以后,少数民族地区人口出生率超常增长,1964 至 1982 年达到 68.1%。1982 至 1990 年汉族人口年平均增长 10.8%,少数民族人口增长 35.52%。但与此相反的是,全国文盲人口 60% 集中在少数民族地区,有的地区人口文盲率达 70% 以上,其中女性高达 80% 以上。而且,在一些地区旧文盲没有减少,新文盲却在增多;一些地方不建学院建寺院,适龄儿童"不进学堂进教堂"。这种在人口生产上的越穷越生、人口越多素质越低的状况造成了人口、生态和经济社会的恶性循环,削弱了少数民族社区和社会群体对新环境、新机遇、新观念的适应、接纳能力。

二、少数民族地区社会发展的结构性障碍

(一)社会结构的同质性过强

人类社会发展实际上是社会不断分化和整合的过程，社会结构愈趋复杂，社会的异质性程度越高。由于我国少数民族80%的人口生活在边远的山区，加之交通、通讯落后和地理分割，缺乏与外部世界的交往和成规模社会流动。因此，在少数民族地区的大多数社区，呈现单一民族孤岛式聚居状态，种族同质性很强，强化了少数民族社区的同质性。

另外，我国由户籍决定的二元身份体制、城乡二元结构和封闭型的社会组织结构的制约也强化了少数民族地区的地域隔离，成为社区逾越和发展的障碍。

(二)社会经济结构的调适过慢

社会经济结构和国民经济结构是否合理，会极大地影响生产力水平和社会发展程度。少数民族地区与自己的过去相比，经济结构的调适明显加快，但与全国相比，调适速度仍然过慢。

从产业结构来看，从事农业劳动与其它劳动的劳动者构成之比，1990年全国为3：1，少数民族地区为4：1；在农村社会总产值中工业与农业产值之比，全国为53.90：46.10，少数民族地区为23.66：76.34，传统农业依然占主导地位。

从工业生产结构来看存在着"三个倾斜"：即国有企业产值占工业总产值的73.74%，高于全国16个百分点，倾斜于全民企业；轻重工业产值之比 全国为50.63：49.37，民族自治地方的为47.37：53.63，倾斜于重工业；民族自治地方的大中型企业虽然只占企业总数的1.79%，而这些企业的工业产值却占全部工业总产值的45~90%，倾斜于大中型业。

从城乡经济结构看,一是在空间布局上表现为异常的集中,先进的生产力和工业大都集中于少数大中城市;二是城市经济与地区内部产业的进化脱节,工业的优先增长未能有效牵动乡村、县市的地域性经济发展。正由于城市经济的空间布局表现为互相脱节的小区分割,加之地域广袤,运距超长,各区域之间辐射半径难以衔接成网,使经济社会的发展受到牵制。

(三)利益结构的差距过大

在社会主义市场经济条件下,建立在劳动差别、资源开发和社会开放程度差别上的收入、利益差别,在整体上是符合社会主义分配原则和社会发展规律的。但这种利益结构的差别过大,显然有悖于共同富裕和民族繁荣的目标,妨碍着少数民族地区经济社会的快速发展。

1978年,全国人均工农业总产值为585.3元,民族自治地方为342.05元,差距为243.25元。但经过10年之后,全国人均工农业总产值为1710.79元,民族地区仅为681.01元,差距拉大了3.23倍。与此同时,我国的贫困地区已相对集中于少数民族地区。1985年,在国家重点扶持的331个贫困县中,农村人均纯收入200元以下的县有181个,其中少数民族有90个,占近50%。到1988年,少数民族贫困县的比例上升到74.5%。在141个重点扶持的少数民族贫困县中,人均工农业产值仅338元,相当于全国人均水平的20.7%;人均工业产值约100元,仅相当于全国人均水平的7.5%;人均地方财政收入只相当于全国人均水平的14%。

上述少数民族地区社会发展的结构性障碍,在许多地方表现出特殊性和复杂性,既影响着少数民族地区同沿海内地的关系,也有碍于各民族的共同繁荣,已成为我国社会发展全局中至关重要的问题。

三、少数民族地区社会发展和转型的未来趋向

社会发展和转型是我国改革过程中社会分化和重组的一个普遍现象。在少数民族地区，由于其自身各种因素的制约和阻抗，转型的起点低、范围小、力度弱、速度慢，但从实践来看，这种趋势的必然性和普遍性是不可逆转的，它主要表现在以下几个方面。

一是差别发展中的转折点趋近趋向。差别发展是区域经济社会发展的普遍规律，主要指落后地区在经济发展过程中，尽管增长速度较快，甚至超过发达地区的增长速度，但由于基数的差距过大，与发达地区的差距不表现为立即缩小，而要经历先扩大再缩小的过程。换句话说，落后地区经济增长速度的加快，并不与发达地区经济水平差距的缩小呈线性关系，而是表现为一种指数增长形式。在落后地区增长速度高于发达地区的情况下，差距扩大阶段是差距缩小阶段的前期准备。没有这样一个准备时期，落后地区的发展就无法顺利通过转折点，而随着转折点的趋近，差距缩小也就指日可待了。

用这一规律观察和解释目前少数民族地区与其它地区经济水平的差距扩大现象和社会转型趋向，就可清楚地看到，这种差距扩大的实质是地区间发展的客观过程，是差距缩小和社会转型的前期准备阶段，而且在社会转型的诸要素中有些要素已接近转折点。如："六五"和"七五'"期间，民族自治地方的工农业总产值年平均增长 9.4% 左右，比"一五"至"五五"期间更接近全国的年平均增长速度；1986 年至 1990 年，少数民族地区的钢、原煤、原油产量和发电量，年平均增长 9.7%、6.9%、10.3% 和 13.6%，均高于全国 7.2%、4.4%、2.1% 和 8.6% 的平均增长率；1990 年少数民族地区工业总产值占工农业总产值的 57%，表明工业已成为少数民族地区经济的主导力量；在农业内部，农业的比重逐年下降，其它各业的比重不断上升。1990 年，农业

的比重由 1980 年的 65.94% 下降到 59.6%。与此同时,促进社会转型的社会要素也在增长,其中有些要素也逐渐接近转折点。

二是城乡一体化发展趋向。在社会发展和转型的参数系统中,农村劳动力向工业、向城镇转移是一个重要指标。在少数民族地区,尽管转移规模和速度慢于全国,但这种趋向已十分明显,而且势头越来越强劲。1987 年底,5 个民族自治区和云南、贵州、甘肃、青海等多民族省区,从事乡镇企业的人数只有 470 万人,占总劳力的 5% 左右,到 1990 年则达到 770 万人,3 年中将近翻了一番。

另外,城镇功能的相对扩张也加速了少数民族地区城乡一体化的发展趋向。相对扩张主要指少数民族地区的各类城市在自身发展过程中,逐步同周围的城市、小城镇和广大农村有机联系起来,通过城市的综合功能或单向功能的相对扩张、渗透,形成新的城镇密集群或新的经济社会区域网络,从而带动区域经济社会的发展和转型,这种趋向在云贵川、陕甘宁、青新藏等不同类型的少数民族地区已经出现。如云南的昆明城镇群,已有 4 区 8 县和 28 个县辖镇,人口 300 多万,并已实施把昆明周围的个旧、曲靖、开远、玉溪、大理、楚雄、保山、昭通等市建成中等城市,把安宁、晋宁、宜良、禄丰、富民、宣威等县城建成小城市的计划,使昆明城镇群逐步扩展为滇中地区城镇乡一体化发展网络。在这些地区,城乡优势结合、相互扩张交融的趋势日益强化,为城乡一体、工农一体、经济社会协调发展创造了有利条件,使少数民族地区开始看到了城乡分割隧道尽头的亮光,看到了社会发展和转型的未来趋向。

三是连片滚动趋向。"连片滚动"是指一些少数民族地区和城市,以发挥各地优势为基础,以市场经济为导向,以扬长避短、异质互补为特点而建立的多层次、多类型的区域经济联合组织和协作区。这种以区域协作为形式的联合,牵动了区域内城市之间、城乡之间、工农之间以及金融、物资、人才、文化的交往与结合,带动了社会转型要素的流动和重组是少数民族地区社会发展和转型的新趋向。

据不完全统计,在少数民族地区及其相邻地区,跨省区、跨地区的区域合作和经济网络组织已有东北经济区(包括辽宁、吉林、黑龙江省和内蒙古自治区东部的呼伦贝尔盟、兴安盟、哲里木盟、赤峰市等)、西南五省(区)六方经济协调会(包括云南、贵州、广西、西藏和四川省及重庆市,少数民族人口占全国的60%)、桂西南经济、技术协作区(包括南宁市、南宁地区和百色地区)、湘鄂川黔桂毗邻地区经济技术协作区(民族自治县占113个县的1/3多)、滇桂黔边区四地州经济协作区(少数民族人口占总人口的38.6%)、黄河上游多民族经济开发区(包括青海、甘肃、宁夏、内蒙古4省区)等。这些区域联合和协作组织,虽以经济的交流与互补为目标,但它们又是一个集聚城镇、人口、工业和科技人才的经济社会交流系统。通过这一系统的上伸下延把区域、城镇群、企业群和广大农村连成了一片,促进区内的经济与社会、工业与农业、城市与乡村的滚动式发展,为社会转型创造了条件。

四是单质突破趋向。"单质突破"不是以往那种单项经济指标的超常发展,而是指少数民族地区利用自己的地理区位优势,实行沿边开放战略,从而带动整个少数民族地区经济社会发展的一种新的发展趋向。

我国内陆边境线长达2.1万公里,其中少数民族地区占1.9万公里,分别与15个周边国家接壤。在全国138个边境县中,112个县属于少数民族地区。全国32个国家重点口岸中,少数民族地区占23个;180个地区口岸中,少数民族地区占有120个。但在过去由于开放程度低,少数民族地区处在对内对外的双重封闭之中。从80年代中期开始,随着对外开放的深化,在边境地区以边民互市为先导逐渐形成了一种新型发展战略。特别是 1992 年以来,沿边开放骤然升温,范围不断扩大,贸易额急剧增长,一些少数民族地区迅速致富,一批边境城镇拔地而起。昔日落后封闭的边境民族地区很快进入了高分化、高流动的转型过程。

实践表明,从边民互市、易货贸易到多形式、多层次、全方位的对外开放,从活跃经济、兴边富民到推进区域性经济交往和社会流动,从一县、市的兴边计划到沿边开放型战略的确定,标志着民族地区经济社会发展获得了新的生机。沿边开放这一单质突破,不仅像一台巨大的发动机,使民族地区经济有了新的启动力;而且又像一块巨大的磁石,吸引、集聚着社会转型的多种要素。现实已表明,随着沿边开放的进一步深入和扩大,少数民族地区社会结构的分化整合、社会运行机制的转轨、社会利益的重新调整、社会观念的变化更新都将不断加快,社会转型的演进过程将随之出现质的突破。

(原载于《社会学研究》1994 年第 1 期)

民族地区特殊的社会关系及其战略调整

社会关系是社会生活的基本网络，是社会成员生存于其间并求得发展的依毛。人的本质、人格和价值追求往往在一定的社会关系中生成和外显出来，因而，社会关系要素、形态和形式也反映着特定社会的发展趋勾和价值目标。在传统社会和现代社会中，社会关系的要素内容、构庀单元、运行状态和模式具有明显的区别，正是这些区别塑造和固化着两种迥然有别的社会状态。本研究就是从这些区别中探寻不同社会关系形成和演变的规律，引发对不良社会关系进行调整的经验梳理和理论思考。

一、社会关系的社会学定位

在社会学的学术传统中，历来重视社会关系的研究，认为社会关系是社会学研究的重要内容。社会学的创始人孔德（A·Comce）认为，社会静力学研究社会组织（团体），也就是研究普遍的社会联系。韦伯（MaxWeber）把社会行为理解为社会关系。爱尔乌托（C·A·Ellwood）等许多社会学家则直接地把社会学解释为人类关系的研究①。在美国社会学家米勒与福姆合著的《工业社会学》中，提出了"社会学最基本的一个观点是人们只有从其彼此关系才能被了解。社会关系不是个人，

---

①王康.社会学词典[M].济南:山东人民出版社,1988:237—238。

乃是观察的基本单位"的思想。布隆和紫尔兹尼克在合著的《社会学》一书中还提出了"社会关系是动机与控制二者基础"的观点。还有一些学者认为社会学的性质就是"社会关系的科学"①,并以社会关系为主线构建了社会学理论的框架和体系。

(一)社会关系的多维度解释

通常我们所频繁使用的"关系"一词,主要指不同事物间的相关性和关联程度。第一,它是代表事物联系的事实;第二,它是认识事物变化的依据;第三,它是任何科学研究的基本目标。

把社会关系范畴运用于社会学学科研究是马克思首先提出来的,在以后的学科发展中其他社会学学派有了进一步的丰富和完善。马克思主义社会学认为,社会关系是人类社会交往中形成的以生产关系为基础的各种联系和关系的总称。它既不是人们之间的个人联系,也不是具体组织的联系,而是一般意义上的具有典型特征的社会性的人的联系。马克思的"基本思想……是把社会关系分成物质的社会关系和思想的社会关系。思想的社会关系不过是物质的社会关系的上层建筑,而物质的社会关系是不以人的意志和意识为转移而形成的,是人们维持生存的活动的(结果)形式"②。

马克思主义社会学正是从客观的、纵向的、抽象的角度来把握社会关系的作用的,认为物质关系和精神关系是一对最基本的社会关系。因而,他们在分析社会关系时,把人们在各种不同领域中的社会交往和活动,归结到经济活动的高度;把人们在各种交往和活动中结成的社会关系,归结到经济关系(生产关系)的高度,从而深刻揭示了社会发展是一个自然的历史过程的规律。

---

①龙冠海.社会学[M].中国台北:三民书局印行,1983。

②列宁.列宁全集第 2 版(第 1 卷)[M].北京:人民出版社,1984:120。

如果说马克思主义社会学主要是从宏观维度研究社会关系的，那么，其他社会学学者大都是从中观和微观维度研究社会关系的。有的学者认为，社会关系是人们的具体体现，人的本质、人的活动、人的一切规定性都体现在社会关系之中。离开社会关系，人和人的本质、特性就无从谈起。同时，任何个人都在社会关系的"网"中生活，在社会关系中占据一定的位置，离开社会关系，任何人都不可能存在①。

有的学者认为，社会关系的含义是指许多个人的合作，主张通过研究个人的行为之间的关系来研究社会关系②。

还有的学者把社会关系界定为：社会关系是一定社会中以个人为基点，以社会价值目标为指向，构成家庭、社会和国家的特定的相互联结方式，并认为任何社会关系都是以个人为基点的，无论怎样复杂的社会关系，总是从个人出发，把众多的个人联合成统一的群体，再由群体指向个人，回到个人，最终完成群体中每个个人的生命里程③。

笔者基本上认同上述对社会关系的多维度解释，并认为社会关系的网络错综复杂，其中既有宏观的社会关系，又有中观和微观的社会关系，既有主干的或基础性的社会关系，又有附属性的或次生的社会关系。因而，我们的研究将从微观的社会关系入手，用宏观的社会关系驾驭研究整体，主要研究中观层面的社会关系状态、结构、功能和问题，以实现社会关系调整目标和策略的科学性和可借鉴性。

---

① 王康.社会学词典[M].济南：山东人民出版社，1988：237—238。
② 李守经.农村社会学[M].北京：高等教育出版社，2000：6。
③ 贾应生，王宗礼.中国西北地区社会现代化的困惑与出路[M].兰州：甘肃人民出版社，1998：197。

（二）社会关系的层次、结构和类型

社会关系是一个庞杂的复合系统，具有不同的层次、结构和类型。马克思主义社会学把社会关系分为 2 个层次 4 种类型,第 1 层次是在狭义的层面上把社会关系划分为 2 类：一是物质关系，包括生产、分配、消费等最基本的生产关系；二是思想关系,包括政治法律、文化、道德、宗教关系等。第 2 层次是在广义的层面上又分为 2 类,一是基本的社会关系；二是其他的社会关系。包括地缘关系、业缘关系、亲缘关系；商品关系、信贷关系、贸易关系；群际关系、人际关系、民族关系、国际关系等。这些关系根据研究需要的不同,还可划分成若干关系体系。

形式社会学的创建人之一、德国社会学家冯·维塞把社会关系分为 3 类：一是结构关系，如接近、适应、同化等；二是分离关系，如竞争、对立、冲突；三是混合关系。日本著名社会学者横山宁夫也将社会关系分为 3 个层次：一是结合关系，包括和睦、协作、适应等；二是对立关系，包括竞争、敌对等；三是统治关系，包括忠诚、序列、隶属关系[①]。

在我国社会学界,一般从多种角度划分社会关系的结构、层次和类型。一是从结成社会关系的主体划分为：个人与个人的关系；个体与群体的关系；群体与群体的关系。二是从社会关系存在的形态上划分为：静态关系,主要指社会关系的构成模式,包括家庭结构、职业结构、阶级阶层结构、社会结构；动态关系,主要指社会关系的相互作用模式,包括社会互动和社会变迁。三是从社会交往的密切程度上划分为初级关系（首属关系）和次级关系（次属关系）。四是按社会关系的

①王康.社会学词典[M].济南:山东人民出版社,1988:237—238。

性质划分为对抗性关系和非对抗性关系。五是从社会交往的向度与选择上划分为垂直关系与水平关系。六是从社会关系的规范化程度上划分为正式关系和非正式关系。七是从社会关系建立的基础上划分为血缘关系、地缘关系和业缘关系①。本研究主要是从社会关系建立的基础和结成社会关系的主体角度,研究民族地区的社会关系。

(三)社会关系的内容和特点

社会关系的内容主要包括2个方面:一是动态的社会过程,它可分解为纵面的社会变迁和横面的社会互动。社会变迁的方式主要有:(1)社会流动;(2)社会运动;(3)社会演化;(4)社会解组、改组。社会变迁的过程一般情况下是由关系和谐到发生变迁,再到关系适调、社会解组,最后经过调适达到社会改组,建立新的和谐的社会关系,以此循环往复,推进社会不断进步。而社会互动的方式主要是合作、顺应、竞争、冲突和同化,它包容于社会变迁的不同阶段,发挥着不同的作用。二是社会关系状态,主要指社会现象的联系模式和社会关系的构成模式,又可分解为3个方面:(1)社会关系的基本要素或构成主体,即个体与个体、个体与群体、群体与群体、社会现象与社会现象;(2)社会关系状态的构成单元,即人口、家庭、社区、组织等;(3)社会关系的构成模式,即家庭结构、职业结构、阶级阶层结构、社会结构等。

社会关系的特点有传统性特点和一般性特点之分。费孝通教授在《乡土中国》一书中提出"差序格局"这一新概念,以说明中国传统和社会中社会关系的特点。他认为"西洋的社会有些像我们在田里捆柴,几根稻草束成一把,几把束成一扎,几扎束成一捆,几捆束成一

---

①中国大百科全书(社会学)[M].北京:中国大百科全书出版社,1990:301。

挑。每一根柴也可找到同把、同扎、同捆的柴,分扎得清楚不会乱的。
在社会,这些单位就是团体。我说西洋社会组织像捆柴就是想指明:
它们常常由若干人组成一个个的团体。团体是有一定界限的,谁是团
体里的人,谁是团体外的人,不能模糊,一定得分清楚。在团体里的人
是一伙,对于团体的关系是相同的。如果同一团体中有组别或等级分
别,那也是先规定的"。对于这种性质的社会关系,费老称之为"团体
格局"。而中国传统的社会关系则与此明显不同。"我们的格局不是一
捆一捆扎清楚的柴,而是好像把一块石头丢在水面上所发生的一圈
圈推出去的波纹,每个人都是他影响所推出的圈子的中心。被圈子的
波纹所推及的就发生联系。每个人在某一时间某一地点所运用的圈
子是不一定相同的。"他将这种社会关系的特点称之为"差序格局"①。

　　费孝通教授对传统社会关系特点和形象的比喻和抽象概括表
明,首先,在传统社会关系中,传统的基础或推动这种波纹的"石头",
就是血缘关系和地缘关系,特别是由血缘关系联结的"缘"就是社会
关系的基石;其次,这种社会关系模式的特点是:(1)社会关系是自我
中心式的,即围绕着个人逐渐建立起来;(2)人们建立关系的目标是
"利",所以亲属和非亲属均被拉入格局之中;(3)从中心的格局向外,
格局中成员的工具性价值随波递减;(4)中心成员经常根据需要加强
与其他成员的亲密关系;(5)关系越亲密,距中心越近,就越有可能被
中心成员用来实现其实利目标②。"差序格局"是一个中国化的社会学
概念,它既是分析中国传统社会关系,包括民族地区社会关系的一个
基本概念, 同时也是从传统社会关系到现代社会关系演变的一个重

　　①费孝通.乡土中国[M].上海:生活·读书·知新三联书店,1985。
　　②李沛良.论中国式社会学研究[M].北京:北京大学出版社,1993。

要基础。

社会关系的一般性特点可以概括为：一是普遍性，即社会关系是社会经纬，它与人类社会共生共存，无社会关系便无社会可言；二是主体性，社会关系的主体是人，因为有了人这个个体才有了群体团体组织，它们之间的互动便产生了各种纵横交错的社会关系。但不论这种关系何等纷繁复杂，它的流变、走向和发展趋势都是由人这个主体决定的。同时，已经形成的社会关系，它又是我们认识指定社会性质和判断社会善恶与否的主体性标志；三是变异性，社会关系问题随着社会变迁而不断发生变化，但这种变化的社会关系随时都有可能发生价值错位和方向偏离，由此产生因社会关系失调而出现的大量社会问题。因此，社会关系的研究也是认识社会现象和社会问题的重要基础。

二、民族地区特殊的社会关系

在社会关系的范畴里，不论从广义的角度还是从狭义的角度，它都涵盖了民族地区所有关系，包括民族关系的基本内容。也可以说，民族地区社会关系的特殊性集中表现为民族关系，民族关系实质上是社会关系的一种表现形式，只不过它不是一般的社会关系，而是一种特殊的社会关系。

（一）民族关系是社会关系的一种表现形式

所谓民族关系，顾名思义是指各民族群体之间的联系和关系，它是多民族国家内部各民族群体（集团）之间交往和互动的形式、内容、质量状况及其发展过程的总和。在我国，这种民族关系主要包括国家与各个民族的关系、汉族和少数民族的关系以及少数民族之间的关系。

由于民族是在历史发展过程中形成的有共同语言、共同地域、共同经济生活以及表现于共同文化特点上的共同心理倾向的人类生活共同体,因此,在这个共同体内部的所有交往和互动实质上就是社会关系。只有这个共同体与另一个共同体之间产生交往和互动时,它们之间的关系才表现为民族关系。正如著名社会学家费孝通教授认为的那样,民族本身就是个关系概念,它体现群体之间及群体内部的一种关系,民族是具有一定同质性的群体。他还认为,民族也是一个历史概念,民族是各种群体相互作用全过程的一个阶段的形态,它在过程中形成,并且仍然处于形成新形态的过程之中。他提出,作为整体的"中华民族",是民族国家层次的概念,而作为它的组成部分的各个民族是社会文化层次的概念。在中华民族这个整体里,各民族之间是相互依存、相互促进的关系呈现为"你来我去,我来你去"的历史表象,构成了"我中有你,你中有我"的格局,即"中华民族多元一体格局"。费先生的这一理论,为我们认识和研究民族地区的社会关系提供了新的思路和框架。

(二)民族关系是特殊的社会关系

迄今为止,我国学术界尚未形成对民族关系的权威性定义。甚至像《辞海》、《中国大百科全书》(民族卷)等这样一些权威性最高的大型工具书也忌涉"民族关系"这一概念界定。改革开放以来,我国民族学、社会学和人类学等理论界对民族关系的内涵、表现形式以及与社会关系的联系进行了有益的探索,形成了以下共识。

一是认为民族关系"是具有特定内涵的特殊的社会关系"。之所以"特殊",就在于它在人们的交往联系中不仅具有社会性,而且具有民族性,本质上涉及到民族这个人们共同体的地位待遇,民族这个社会利益群体的权力和利益,民族及其成员的意识和感情的社会关系问题。各民族成员之间的关系,既不都属于民族关系,也不都不属于民族关系。衡量是否构成民族关系的关键是看这种关系是否有民族

性内容,具有民族性时才构成民族关系,民族关系的基本表现形式是不同民族群体之间的关系。这种基本表现形式还通过若干具体形式反映在社会现实生活中,民族关系在现实生活中既具有广泛性,又具有有限性①。

二是认为"民族关系是整个社会关系中一种特殊的、复合型的社会关系"②。因为它是人们交互作用的产物,是以民族出身或民族籍为依据而发生的一种社会关系。它包括政治关系(政治上的对抗、隶属、结盟、联邦、自治、平等、民主等关系)、文化关系(宗教、科技、文化艺术交流、风俗习惯的相融性、语言的相互影响等)、民族体的交融关系(民族体之间的同化、融合关系)等。从民族关系的形式和范围而言,有国内民族间的交往关系,一民族与数民族的交往关系,数民族之间的交往关系,民族之间的直接交往关系、间接交往关系(通过某一政体发生的关系)等。社会主义条件下的民族关系具有平等互动、团结合作、共同繁荣等三大特征,民族团结合作是本质特征,是社会主义民族关系的核心。社会主义民族关系的实质,基本上是各族劳动人民之间的关系。

三是认为民族关系"是一种社会关系","就是各民族之间的社会联系,就是在人与人之间的关系基础上发展起来的群体关系"③。由于生产力的发展,出现了社会分工,对资源、土地等各种物质生产资料和劳动力需求,促使民族内部的交往向民族间的交往延伸,从而在一

---

① 金炳镐. 正确认识民族关系及其表现形式 [J]. 中央民族学院学报,1990(3):16—19。

② 都永浩.论民族关系与民族发展[J].民族理论研究,1990(1):31—35。

③ 何晓芳.试论我国现阶段民族关系的特征[J].内蒙古社会科学,1992(4):12—15。

般的社会关系之中形成民族关系。由于民族是一种具有多极结构复合的特定的社会群体，因而与其他在人与人关系基础上发展起来的群体关系，与诸如家庭、职业、团体、阶级、阶层等有重大区别，民族关系是多重、多极结构复合体系之间的关系。同社会关系一样，生产关系是民族关系结构的基础，政治关系、民族文化是基本结构的组成部分。社会主义国家的民族关系基本结构是联邦制或民族区域自治的基本政治制度，民族关系的实现形式是国家形态的制度和体制。民族关系的运行机制是能对民族关系基本结构及各组成部分起着普遍的、稳定联系作用的机制，它包括2个层次：一是利益实现，二是规范与行政。

综上所述不难看出，民族关系作为社会关系的一种特殊表现形式，既具有民族性特征，也具有宗教性、社会性特征。

（三）民族关系的多重性特点

1. 两重性特点

目前到今后相当长的时期内，我国都处在社会主义初级阶段。这一阶段的民族关系一方面同历史上各种类型的民族关系有着根本区别，是建立在多民族根本利益一致的基础上的各民族一律平等、团结、互助的民族关系；另一方面，由于这种关系受初级阶段时代的限制，民族关系的基本内涵、特征和实现程度，表现得还不够充分和彻底。如民族平等的不完全性、民族团体的相对性、民族互助合作的有限性和共同繁荣的初步性等。

2. 继承性和排他性特点

现阶段的民族关系有继承了历史上民族关系中的人民性的精华，如各族劳动人民相互学习、友好交往、共同发展的一面，同时也有偏见、歧视、冲突的一面。

3. 共同性和特殊性特点

社会主义初级阶段的民族关系是建立在社会主义公有制基础之上的,各民族在政治、经济、文化等方面的根本利益的一致性决定了各民族共同的发展目标和价值取向,同时由于各民族在历史传统、经济文化结构和发展水平、语言文字、风俗习惯、宗教信仰、心理素质等方面的不同,又决定了各民族有各自特殊的愿望和需要,因而使民族关系既具有共同性又具有特殊性。

4. 总体性和个别性特点

现阶段的民族关系在其发展的总进程中既存在着反映民族关系本质、主流和发展总趋向的一面,又存在着与本质、主流相悖的非本质、非主流与总趋向逆反的一面。前者是民族关系的总体,后者是民族关系中的局部或个别现象。尤其在实行社会主义市场经济体制以来,打破了民族和地区之间的壁垒,各民族之间的社会流动和社会交往进一步增强,社会联系更加普遍和广泛,民族关系中的排他性、个别性在日趋弱化,总体性、相融性不断增强,从而使民族关系的社会性愈加广泛和突出,调整社会关系的必要性和迫切性也日趋增强。

三、特殊社会关系的战略调整

当前,我国民族地区正处于一个从传统社会向现代社会、从计划经济向市场经济转型的过渡过程。这一时期社会变迁加速进行,社会分化和解组势不可免。但民族地区基本上保持了社会稳定和民族关系稳定,其所以如此,就在于民族关系正处在一个健康和良性运行时期,特别是改革开放的全面推进,为各民族快速发展、民族差别日益缩小奠定着一个更为坚实的基础,为各民族与国家关系的良好融合,为各民族的相互接近、认同、互助和国家意识的提升,创造着更为良好的环境和条件。因此,为了因势利导,进一步巩固和发展平等、团结、互助的民族关系，必须超前应对新形势下的新倾向和新问题，对民族关系这一特殊的社会关系进行适时的战略调整。

（一）坚持稳定与发展的统一战略

稳定与发展，既是不断深化的中国改革进程和国际关系风云变幻提出的时代性重大课题，也是民族地区民族关系调整必须直面的迫切问题。稳定与发展，从社会学意义上看，首先是指社会系统的运行状态，其次，也包括社会关系系统的运行状态。稳定是系统的动态平衡状态，发展是扬弃旧的平衡，在变迁中建立新的平衡的过程。它们之间的关系是相辅相成、辩证统一的。我们所说的稳定应当是发展条件下动态的相对稳定，封闭保守的"超稳定"是不足取的。

民族地区之所以需要稳定，是因为这里还存在影响发展的不稳定因素。如各民族间在经济、文化上的不平等还不同程度的存在；剥削阶级和西方敌对势力在民族问题上的遗毒和破坏还没有完全消除；某些具体权益，如资源、草场、森林、地界等经济权益方面，还在继续引发新的利益冲突；风俗习惯、语言文字等方面，时常引起新的偏见和歧视；民族和宗教问题的交织、地下宗教和跨地域宗教活动等，往往加剧一些问题的复杂性和激烈性，等等。在这些客观条件下，唯有强调稳定，积极维护稳定，才能妥善调节各种矛盾或冲突，理顺各个方面的关系，为发展创造有利条件和良好环境。

之所以稳定与发展统一，是因为这些地区现存的矛盾和冲突，基本上是各族劳动人民之间的关系问题，是属于人民内部矛盾问题，也是发展中小规模的局部问题上的矛盾，还不足以影响全局上的发展问题。而且，这一地区的许多问题最终还要靠发展来解决。因而，如果只讲稳定，不突出发展，就会使稳定进入封闭僵滞状态，排斥社会系统的发展要素。积极而有效的战略对策应该是把稳定与发展有机地统一起来，稳中求变，稳中求进、稳中求快。

（二）坚持发展与缩小的同步战略

国内外民族关系的经验教训表明，经济因素越来越成为影响民族关系的主要因素。加快民族经济发展步伐、缩小民族间发展上的差距是调整民族关系的最基本的战略。要调整好民族地区的民族关系，在经济上要解决好3个矛盾：一是东西差距拉大与民族地区要求加快发展之间的矛盾；二是现代化建设中各民族之间利益、少数民族地区的利益与国家利益之间的矛盾；三是各民族人民物质文化生活需要提高与一部分少数民族地区贫困之间的矛盾。在有利于全国发展的大局下，要针对民族地区存在的特殊问题和困难，采取特殊对策使民族地区在发展速度上快于和高于其他地区。使发展的成果不断抵消日益拉大的东西部差距，把民族地区的经济发展和差距缩小同步化，以避免发展加快而差距不减的不和谐局面持续延续下去。

（三）坚持政策连续性与稳定性的协调战略

长期以来，国家和政府为巩固平等、团结、互助的民族关系，加快民族地区的发展，制定和实施了一系列行之有效的政策，以巨大的财力、物力、人力支持民族地区的发展，取得了举世瞩目的成绩。但国内外经济社会发展的实践反复证明，在一个多民族国家内，对于自我发展能力较弱的少数民族来说，必须依靠政府的发展援助政策，才能使这些民族和地区最终走出恶性循环的困境。在我国，根治贫困、消灭各民族事实上存在的不平等是社会主义的本质要求及其优越性的重要体现，也是国家对少数民族扶持政策保持连续性和稳定性的基础。

我国的少数民族，由于历史上各种复杂的原因，大多数居住在高寒、边远和自然环境恶劣的地区，社会发育程度低，自我发展能力不足，更需要国家长期稳定的扶持政策为其发展提供不可或缺的外援动力。特别在市场经济条件下，虽然民族经济的发展开始由"计划控制"向"市场调节"、"公平竞争"转变，但由于各民族的发展起点不同，资源禀赋和发展实力各异，因而其竞争的机会和结果并不完全是平等的，同样需要国家通过政策调控来保护和扶持民族地区的发展。应注意保留多年来行之有效的、有利于民族地区发展的政策性措施，使之具有稳定性。如果因形势的发展变化不得不改变原有的某些政策，也应采取相应的措施予以补偿，使政策具有连续性。在现行的民族关系格局中，国家和政府要充分考虑各民族的利益状况、利益要求，通过稳定性和连续性相协调的各种政策，适时地对利益分配进行调解，使各民族都能在发展中受益，逐步实现各民族对新增利益分配的社会预期和心理预期，建构市场经济条件下民族关系新的平衡点。

（四）坚持马克思主义民族观教育和政治发展的并举战略

广泛、深入、持久地进行马克思主义民族观和党的民族政策的宣传教育，既是巩固平等、团结、互助民族关系的需要，也是推动民族地区政治发展的必然要求。政治发展是一种与经济、社会和文化的发展相伴而生的现象，其综合表现为社会政治关系的变化，是政治关系从一种形态向另一种形态的变迁。民族地区的政治发展是建立在马克思主义民族观基础之上的发展，因而，在各民族特别在汉族中进行马克思主义民族观教育，有利于克服民族主义和大汉族主义倾向，真正实现民族关系的和谐，推动民族地区的政治发展。

民族地区的政治发展主要通过3种基本方式来实现。一是通过政治体制改革，进一步理顺权力关系，包括中央与地方的关系、党政关系、基层政权与基层群众自治组织的关系，尤其是民族自治地方的党政关系以及上级国家机关与自治机关的关系，进一步完善各项政治制度；二是有效推进农村基层政治一体化进程，融合传统权威、宗教权威和精英权威等体制外权威，促进新政治因素和政治关系的生成，不断提高政府能力；三是建立新的政治机制。为了适应新的发展需求，调动各民族成员广泛参与开发活动的积极性，必须建立起能适应新的政治因素、政治力量和政治要求的机制,如权力平等机制、政治参与机制、利益实现机制和意愿表达机制等,实现体制创新。只有这样,才能把马克思主义民族观和党的民族理论及政策落到实处,为民族关系调整奠定可靠的政治基础。

（原载于《新华文摘》2008 年第 14 期）

科学解读马克思主义的民族关系理论体系

——兼谈民族"交融"与民族"融合"的同质性

一、问题提出之缘由

在民族社会学和马克思主义社会学研究中，民族关系一直是一个常说常新的话题，而且取得了许多可圈可点的成果，为马克思主义民族关系理论体系增添了新的内容。我在三十多年的学术生涯中，也以一大半时间和精力从事民族社会学研究。然而，近些年来在这方面出现的一些令人费解的现象，迫使人们不得不对我国的民族关系以及与此相关的民族关系理论、民族关系发展方向和目标等，在更广阔的视野中进行探究。

一是执政党和政府越来越重视民族关系、民族区域自治、民族地区经济社会发展，在人力、物力和财力上给予持续性、递增式的支持和投入，成效非常显著，发展速度明显加快，但为什么这种努力的社会认同并不乐观，甚至在一些地域和一些问题上还出现诡异的悖反现象？

二是为什么围绕国家安全和社会稳定的民族矛盾、冲突和问题，尤其是独立、分裂和恐怖势力有增无减，并没有因民族地区的发展加快而减少，而且近期在一些地域范围内明显呈上升或恶化趋势？

三是学术理论界在民族关系问题研究上的领域不断扩大，学术成果不断增多，但为什么歧见越来越大，价值取向越来越模糊不清，而且不能与民族地区的发展实践实现有效对接？

不容置疑，出现这种状况的原因肯定很多，但我以为主要原因之一是理论上的不彻底，导致在民族关系问题上的理论导向（目标）不明晰。具体而言，就是在理论上没有准确解读和坚持民族融合在马克思主义民族理论体系中的定向和定位作用。在不断强化民族个性、民族意识和民族差异的同时，淡化了民族发展过程中交流交往交融和民族融合在民族关系实践中的导向性作用。这不得不使我想起列宁的一段教诲："遵循马克思的理论道路前进，我们将愈来愈接近客观真理（但不会穷尽它）；而遵循着任何其他的道路前进，除了混乱和谬误之外，我们什么也得不到。"①

二、马克思主义民族关系理论的诠释和解读

马克思主义经典作家在创立科学社会主义学说的过程中，长期关注和研究民族关系问题。据统计，他们关于"民族问题的著作多达300篇以上"。②尤其在晚年，他们借鉴人类学研究的最新成果，吸取俄国19世纪50年代以后社会发展的经验，逐步形成了科学的民族关系理论体系。这一体系可归纳为三个层次：第一层次是民族关系的基础理论，即民族平等理论；第二层次是民族关系的过程理论，即民族发展和共同繁荣理论；第三层次是民族关系的目标理论，即民族融合理论。这三个层次之间紧密联系，相辅相成，是一个不可分割的整体。回答和解决了民族关系的发展基础、发展过程和发展目标等最基本的理论和实践问题，是指导和引领我们"避免混乱和谬误"的理论基础。

①列宁全集（第14卷）[M].北京：人民出版社，1972.143。
②华辛之.马克思、恩格斯关于民族问题的著作概述[J].世界民族，1998(2)。

（一）基础理论——民族平等理论

民族平等理论是马克思主义民族关系理论体系的基础性理论，是从研究原始人群发端的。马克思、恩格斯借鉴和吸收人类学的成果，论证了民族是人类社会发展到一定历史阶段的产物，由原始人群到民族、部落、部落联盟。随着生产力的发展和私有制的确立，陆续出现了奴隶制民族、封建制民族和资本主义民族。自民族产生以来，就有了不同社会阶段和不同表现形式的民族关系问题，其中最根本的就是民族平等问题。

1. 马克思主义在人类历史上第一次提出了民族平等问题

民族平等作为民族关系发展的起点和基础，最早诞生于资产阶级反封建专制的过程中，并起过一定的进步作用，但其阶级本性决定了它的局限性。后来，马克思、恩格斯通过对资产阶级民族平等的批判性继承，打破了殖民主义和帝国主义的民族沙文主义藩篱，在人类历史上第一次提出世界上各民族一律平等的伟大主张，在扬弃中创立了马克思主义的民族平等理论，为解决民族问题、发展民族关系确立了思想基础和理论基础。

马克思、恩格斯首次提出民族平等思想是 1844 年，在他们合著的《神圣家族，或对批判的批判所作的批判》中，为批判鲁诺·鲍威尔提出的唯心主义民族平等观点，他们指出："古往今来每个民族都在某些方面优于其他民族……任何一个民族都永远不会优越于其他民族。"①其含义是说任何民族都有各自的优长劣短，在天性和本质上是无差别的，应该是平等的，这被认为是马克思主义民族平等思想的萌芽。后来，在长期的革命实践中，他们进一步论述了民族平等的实质，

---

① 牛燕军.试论马克思恩格斯的民族平等思想及其当代启示[J].唐山职业技术学院学报,2012,(3)。

揭示了民族不平等的根源,指明了民族平等的途径,形成了完整的民族平等理论。在《共产党宣言》中,他们认为:"人对人的剥削——消灭,民族对民族的剥削就随之消灭。""民族内部的阶级对立——消灭,民族之间的敌对关系就会随之消失。"①恩格斯进一步指出:"平等不应当仅是表面的,不仅在国家领域中实行,它还应当是实际的,还应当在社会的经济的领域中实行。"②

2. 民族平等的内涵

一般意义上的民族平等,是指各民族之间在社会生活各个领域和相互交往中处于同等的社会地位,享有相同的权利。其实质是指在消灭阶级压迫和阶级剥削的基础上,消灭民族压迫和民族剥削;在发展经济文化的基础上,逐步消灭民族间事实上的不平等;反对任何民族的任何特权,承认各民族间的文化差异,禁止对任何民族的歧视,无条件地保护弱小民族的权利。具体而言,它包括三层含义:一是各民族不论人口多少,历史长短,居住地域大小,经济发展程度高低,语言文字、宗教信仰和风俗习惯是否相同,政治地位一律平等;二是各民族不仅在政治、法律上平等,而且在经济、文化、社会生活等所有领域里平等;三是各民族公民在法律面前一律平等,享有相同的权利,承担相同的义务。

马克思主义不仅把被压迫民族视为受苦难的民族,而且视为具有反抗性、革命性和光明性的民族,力主"每个民族必须获得独立,在自己的家里当家作主"。③因此,马克思主义在民族平等上特别强调以

---

①马克思恩格斯选集(第 1 卷)[M].北京:人民出版社,1972.270。

②牛燕军.试论马克思恩格斯的民族平等思想及其当代启示[J].唐山职业技术学院学报,2012,(3)。

③马克思恩格斯全集(第 211 卷)[M].北京:人民出版社,1964.463。

下四个要点:一是一切而不是个别民族的平等,坚决反对所有民族而不是个别民族享有任何特权;二是各民族在一切权利而不是部分权利上的平等,坚决反对弱小民族享有权利的不完整性;三是民族平等的前提是消灭阶级,首先是消灭剥削阶级;四是任何时候都必须坚持民族平等与民族团结、民族联合与民族发展的有机统一。

3. 民族平等理论在我国的实践

从马克思提出民族平等至今已有一百七十多年,在我国,民族平等已不仅是抽象的概念和理论,而且是具体的可见的现实,它涵盖了地位平等、机会平等、规则平等、过程平等和结果平等。根据我国《宪法》和有关法律规定,我国的民族平等具体表现为:在政治领域的平等,集中表现在国家的国体和政体上,各族人民是国家的主人,平等地享有选举权和被选举权,通过人民代表大会行使管理国家的权利;在经济领域的平等,集中表现在社会主义生产关系和所有制关系上,各民族之间、人与人之间都是竞争和团结协作的关系,都是国有、集体财产和生产资料的拥有者,都是平等的劳动者和管理者;在文化领域的平等,集中表现在各民族人民都平等地享有受教育的权利,享有传承和创造文化产品以及享受文化设施和文化产品的权利;在社会领域的平等,集中表现在享有社会公共服务、劳动就业、社会救助和社会保障等方面的权利,包括参与政府及其公职人员组成,社会政策制定等。

(二)发展理论——各民族充分发展和共同繁荣理论

从民族平等起步到逐步走向民族融合的目标,中间要经历漫长的发展过程。没有各民族在平等基础上的充分发展、全面发展、可持续发展和共同繁荣,民族融合既无从谈起,也绝无可能。

1. 各民族之间只有发展水平上的差异

在人类发展的历史长河中,民族只属于一定社会发展阶段的历史范畴,既不是从来就有的,也不是永恒存在的。马克思主义认为,民族只有发展水平上的先进和落后之分,并无先天的优秀与劣等之别。因而,民族关系的根本点就是在民族平等的基础上加快发展的问题,这与民族形成的过程和各民族的历史相关。

考察世界和我国各民族形成的过程和历史,就可以发现,民族形成的过程,实际上是在人类社会发展的历史长河中,各个民族所特有的以民族语言、民族心理、民族精神、民族经济和民族生活为主体的民族文化、民族个性形成的过程。在这一漫长的民族形成过程中,由于各民族的地理资源、历史文化和经济社会环境等多重因素的不同,既充满着交往和合作带来的促进,也不乏掠夺和战火招致的挤压,从而造成各民族之间或因地理区位差异,或因资源禀赋差异,或因历史文化差异,或因外力挤压差异等的制约,出现在发展起点、发展条件、发展速度和发展水平等方面的巨大差异。理性面对这种现实差异,在建构和谐民族关系的大视域中,只有承认这种客观存在的差异,并以强有力的可持续的内外源动力推动发展,才能使各民族在共同发展中走向共同繁荣,不断扩大趋同性,缩小发展水平的差异性,逐步增强各民族的交流交往交融和融合因素。

2. 交往和生产力发展是民族发展的"实际前提"

马克思主义对民族发展规律曾作过明确的论述,认为民族是社会发展到一定阶段的产物,现代民族是封建制度崩溃、资本主义制度兴起的历史时代的产物。剥削和压迫是民族不平等的根本原因。在实现社会主义后,虽然造成民族压迫和不平等的根源已经消除,但世界各民族之间实际上存在着普遍的事实上的不平等现象,马克思主义对此给予了充分关注,主张依靠交往和发展生产力解决民族之间的差异和不平等问题,指出:生产力的发展,"之所以是绝对必须的实际前提,还是因为如果没有这种发展,那就会只有贫穷的普遍化"。同时，"只有随着生产力的这种普遍发展，人们之间的普遍交往才能建立起来。由于普遍的交往，一方面，可以发现在一切民族中同时都存在着'没有财产'的群众这一事实，而其中每一民族同其他民族的变革都有依从性。"①

马克思主义在关注民族交往和生产力发展的过程中，还对民族成员个人的发展给予了高度关注，曾多次论述过，认为"在一个民族内各个个人都有各种完全不同的发展"，也有"与之相适应的交往形式"。一个人的发展取决于和他直接或间接进行交往的其他一切人的发展。只有在普遍交往中，单个人才能摆脱种种民族局限和地域局限，同整个世界的生产联系起来，才能获得人们的创造能力。②

3. 民族发展是一个漫长的过程

社会主义阶段是各民族发展和共同繁荣的阶段，但这一阶段是充满各种困难和挑战的极其漫长的渐进过程。这是因为，首先，民族存在的长期性决定了民族发展的长期性。其次，民族发展水平差异的持久性也将使民族发展呈现出长期性。因为，各个民族在发展水平上的差异是由历史、文化、资源、环境等因素造成的，它不可能在短期内彻底扭转和根除，而且在努力缩小这种差异的同时，又会产生出新的不同的民族问题。最后，民族问题的复杂性会在一定程度上延缓或阻碍民族发展的进程。民族问题特别是历史上遗留下来的各民族在政治、经济、社会和文化等方面事实上的不平等既不可能很快消除，又因多因多型多果而充满复杂性，并成为其他影响民族发展的问题的主要原因。因此，在这一漫长的发展过程中，马克思主义的民族理论

①马克思恩格斯选集(第2卷)[M].北京:人民出版社,1972.39。
②马克思恩格斯选集(第1卷)[M].北京:人民出版社,1972.79。

体系追求两种价值取向：一是不断强化和巩固民族平等这个民族发展的基础，坚持在民族发展的所有阶段、所有领域、所有事项上体现平等、公平和正义，从而保证各个民族加快发展、充分发展和可持续发展，真正实现各民族共同繁荣；二是不断强化各民族之间的交流、互助和团结，不断消除民族壁垒、民族歧视和民族偏见，不断提高各民族之间的交流交往交融规模和程度，培育和生成融合因素，促进各个民族的心理内聚和价值认同。

（三）目标理论——民族融合理论

1. 恩格斯最早提出民族"融合"概念

民族融合同民族平等、民族发展一样都是马克思主义民族关系理论体系不可分割的重要组成部分。民族平等是为了发展，发展的目的是不断缩小和消除发展水平上的差异，共同繁荣。发展的方向是各民族逐步实现现代化，最终走向民族交融和融合。

马克思主义经典作家一直是民族融合的倡导者和践行者，他们主要从民族起源的源头和发展走向及归宿的两端进行研究和论证，既充分考察了民族形成和发展的历史，预测了民族融合的未来前景，又客观地揭示了民族融合的现实存在及其进步性。恩格斯早在考察爱尔兰历史时就发现并告诉我们："越是深入地追溯历史，同出一源的各个民族之间的差异之点，也就越来越消失。……这一种或那一种特点，可能只有地方性意义，但是它所反映的那种特征却是整个民族所共同具有的，而史料的年代越是久远，这种地方性的差别就越是少见。"①这种情况表明，在民族形成的前期和初早期，其融合性和趋同性是远远大于差异性的。在《共产主义信条草案》中他进一步指出：

---

① 马克思恩格斯全集(第 16 卷)[M].北京：人民出版社，1964.570。

"按照公有制原则结合起来的各个民族的民族特点,由于这种结合而必然融合在一起,从而也就自行消失,正如各种不同的等级差别和阶级差别由于废除了它们的基础——私有制——而消失一样。"①

后来,马克思和恩格斯分别论述了生产方式、大工业和贸易自由等对消除民族之间的分工、民族个性、民族分隔,使民族逐渐走向融合的作用,指出:"各民族的原始封闭状态由于日益完善的生产方式、交往以及因交往而自然形成的不同民族之间的分工就消灭得越是彻底。"②"随着贸易自由的实现和世界市场的建立,随着工业生产以及与之相适应的生产条件趋于一致, 各国人民之间的民族分隔和对立日益消失。"③

同马克思、恩格斯相比,列宁由于领导了社会主义阶段民族平等和民族发展的实践,因而在许多方面又丰富和发展了马克思主义民族融合理论。他首先充分肯定了民族融合的科学性和重大意义,认为马克思主义用民族高度统一的"融合"代替了一切民族主义。接着,他高瞻远瞩地指出了民族解放之后有一个分离自由的过渡时期,认为"只有经过一切被压迫民族完全解放的过渡时期,即他们有分离自由的过渡时期,才能达到各民族的必然融合"。④然后,他又对社会主义阶段的民族融合进行了论证,认为"社会主义的目的不只是消灭人类分为许多小国家的现象和各民族间的任何隔离状态, 不只是要使各民族接近,而且要使各民族融合"。⑤

①马克思恩格斯全集(第 42 卷)[M].北京:人民出版社,1979.379。
②马克思恩格斯选集(第 1 卷)[M].北京:人民出版社,1972.78。
③马克思恩格斯选集(第 1 卷)[M].北京:人民出版社,1972.41。
④列宁全集(第 28 卷)[M].北京:人民出版社,1990.21。
⑤列宁全集(第 2 卷)[M].北京:人民出版社,1972.720。

2. 民族融合的内涵

一般认为，对民族融合内涵的界定有三个视角。一是宏观的视角，指世界上各民族的民族特征，在经过长期地共同性增长的基础上融合为一体，从而导致民族消亡的历史过程；二是中观的视角，指两个以上对等的民族，经过长期充分发展和全面发展，在民族差别得以消灭的基础上，凝聚和融合在一起的演进过程；三是微观的视角，指不发达或迟发展的民族，在长期的经济文化和社会生活交往交流中，在世界性的现代化进程中，因受现代文化的影响而逐渐进行自我文化调适、文化选择和再造，逐步与其他民族共处共融于现代化的社会过程。与民族融合相伴而生的还有民族同化，在现实中这两个概念的界定歧义颇多。"中国学者在使用民族同化这个词时常常带有贬义，将它同军事征服和强制政治手段联系在一起。如何区分民族融合与民族同化，这里有两种区分方法：一种是把民族的自然同化称为民族融合，强制同化则称为民族同化；一种是把两个以上的民族取长补短创造了更丰富发展的经济文化称为民族融合，一个民族其一部分丧失了本民族特性，接受其他民族的特性称为民族同化，它包括自然同化和强制同化。"①

3. 在民族"交融"和"融合"上的歧见

民族融合作为马克思主义民族理论的基本观点和重要原则早被人们所熟知，但在现实社会生活中仍然存在着不同的认识和解读。特别在 2014 年中央民族工作会议提出"加强各民族交往交流交融"②之后，又为此增加了新的内容。据我所知，目前围绕民族交融和融合的

---

①郑杭生主编.民族社会学概论[M].北京:中国人民大学出版社,2005.151。
②习近平在中央民族工作会议上的讲话[N].甘肃日报,2014-09-30(2)。

歧见大致有三个方面。

（1）关于民族交融和融合两个概念区别与联系的歧见。有观点认为，全国民族工作会议提民族"交融"而没有提民族"融合"，是对民族融合的否定，其实不然。首先从词源上看，交融和融合具有同质性。在我国权威工具书《辞海》中，"融合"被解释为"如水乳交融"。①"交融"在《辞海》中无收录，在《现代汉语词典》中解释为"融合在一起，水乳交融"。②在广泛使用的现代网络"好搜百科"中，"交融"被解释为"指不同元素之间的交汇融合，也指不同思想、不同民族、不同文化的交往、融合"。③除此之外，在我国以往的权威性历史文献中，也有对"交融"和"融合"词义同质性的认定和运用，比如在范文澜、蔡美彪等著的《中国通史》中就说过："女真族汉族通过共同的经济生活和文化交融，促进着民族间的融合。"④可见，这两个概念虽然在字面上有所不同，与"融合"相比，"交融"更强调融合的基础和前提，强调交流交往对融合的功能和作用，但在质的规定性上两者并没有本质的区别。在现阶段，中央提民族"交融"是对马克思主义民族理论体系的肯定和继承，是从中国国情出发的本土化创新和发展，具有更现实更重要的理论导向意义。

（2）关于人类历史上是否存在"民族融合"的争议和歧见。大致情况是，民族研究工作者多主张："历史上没有民族融合，只有民族同化；同化有自然同化和强制同化之分，但两者都不是民族融合。"而历

①辞海（缩印本）[K].上海：上海辞书出版社，1979.2041。
②现代汉语词典（修订本）[K].北京：商务印书馆，1998.628。
③好搜百科网：交融词条[EB/OL].http://www.haosu.com。
④范文澜，蔡美彪等.中国通史（第四编第6册第5章）[M].北京：人民出版社，1995。

史学界多主张:"从原始社会开始就已经存在民族融合,自然同化就是民族融合。"①

(3)关于社会主义阶段是否存在民族融合因素的歧见。有人认为只有到共产主义阶段才有民族融合,在此之前的所有阶段不可能有民族融合,其论据来自恩格斯在《共产主义信条草案》中回答"民族在共产主义制度下还将继续存在吗"的提问时所提出的观点:"按照公有制原则结合起来的各个民族的民族特点,由于这种结合而必然融合也在一起,从而也就自行消亡。"②实际上,恩格斯在这里所说的"融合"和"结合"是民族关系发展的结果而非过程。作为结果,毫无疑问,民族融合的完成式肯定是在遥远的未来。但作为过程,民族融合的进行式不可能在共产主义社会突然降临,它理应是一种自然形态,是一种自然过程,是由民族融合因素由少到多、由量变到质变的多阶段累积和发展的结果。也就是说,以社会主义阶段公有制建立为基础,各民族由"结合"到"融合"的民族关系就开始了。再经过社会主义阶段的漫长历史发展过程,融合因素由不断发育生成,到量的不断增加,再逐渐由量变到质变,最终实现民族融合和消亡,人类才进入共产主义。正如列宁所说的那样,社会主义的"目的",就是"要使各民族融合"。③所以,民族融合既是实现共产主义之"因",也是"果",认为只有到了共产主义才能有民族融合,是在马克思主义民族关系理论体系理解上的偏误。

---

①金浩等.现阶段不宜提促进民族融合[N].中国民族报,2011-01-06。
②马克思恩格斯全集(第42卷)[M].北京:人民出版社,1979.379。
③列宁全集(第2卷)[M].北京:人民出版社,1972.720。

三、总结与思考

综上所述,可以看到马克思主义在民族关系问题上的基本观点,就是以民族平等为基础、以民族发展为手段、以民族融合为方向的民族关系理论体系。在社会主义的中国,必须坚定不移地坚持和贯彻这一理论体系,这不仅是避免在这一问题上发生"混乱和谬误"的理性选择,也是对整个中华民族复兴和繁荣的责任担当。

当然,我们绝不讳言过去在极左路线下曾经强制推行民族融合的事实和教训,也绝不会重复这种超越历史发展阶段的非理性之举,而是要坚持把马克思主义民族关系理论体系同个别观点区分来,完整地准确地科学地理解和贯彻基本理论和基本精神;坚持把在社会主义阶段促进民族发展与民族融合区分开来,主要大力推动各民族充分发展和共同繁荣,同时支持和保护融合因素发育成长;坚持把民族融合因素的自然发展同强制发展区分开来,既不人为促进民族融合,又不人为扩大民族差别,过分强调民族意识和民族情结。

有鉴于此,笔者认为有两个问题值得继续讨论和澄清:一是怎样正确解读、科学阐述以民族平等、民族发展和民族融合为基本内容的马克思主义民族关系理论体系,正确理解民族"交融"和"融合"的区别与联系,尊重和按照民族交融和融合的自然性、阶段性和长期性规律,根据中国国情观察问题和解决问题;二是怎样凭借社会主义现代化这个民族交融和融合的强有力推手,促进各民族充分发展、共同繁荣,促进民族交融和融合因素自然增长,既不重犯以往人为促进民族融合的错误,又能防止在目标方向上淡化和偏离民族交融和融合的倾向,从而有效避免来自左的或右的思潮对民族关系和民族发展的干扰。

三、西部社会学研究

西部社会学：实践基础、理论架构和研究主题

一、西部社会学的实践基础

社会学发展演进的历史告诉我们，任何社会学思想和理论，几乎都毫无例外地来源于实践。西部社会学的兴起，不是靠什么人凭空拍脑袋拍出来的，它深深地植根于西部历史、文化和民族的丰厚土壤，发端于西部独特的区情和开发发展的实践。

（一）应对西部开发发展中"双重差距"和"双重困境"的产物

我国西部地区占国土面积的 71.2%、聚着全国 51 个少数民族和占 90% 的少数民族人口。因而，开发和发展西部对兴国、富民、安邦和现代化建设无不具有重要意义。然而，由于各种复杂的原因，在历史上，我国经济、社会的发展总是呈现出不平衡性。在中华民族发展初期，由西向东，由北向南推进发展。到了近代，这一不平衡的态势出现了相反的局面，原来不平衡的两极颠倒过来，形成新的不平衡。建国 60 多年来，在公有制基础上的计划经济作用下，这种不平衡状态曾一度有所缩小，但并未发生根本的变化。特别在改革开放以来尤其是 2000 年国家出台西部大开发战略以来，隐藏在发展结果背后的发展机会和发展条件的区域性差距更加明显，一些民生领域的差距不仅没有缩小反而还在扩大。2000 年，西部城镇居民人均可支配收入为 5642 元，相当于全国 6279 元的 89.9%。到 2008 年，西部为 13007 元，但只相当于全国的 82.4%，8 年中差不多每年下降 1 个百分点。农村

居民人均纯收入在 8 年中也下降了 1.3 个百分点。这种一方面不断开发、不断发展，一方面又不断地、持续地拉大区域性差距的状况，使西部地区处于一种极为尴尬的境地，即：西部不仅面临"双重困境"——内部的落后和外部的不发达，而且面临"双重差距"——同国内东中部拉大的差距和内部各省区之间拉大的差距。由此使西部在现代化的道路上不可避免地面临着一个可怕的"黑洞"，即不管怎么发展，西部总是处于我国经济社会发展的最低层次，永远是不发达地区，而且还有可能出现越发展越落后的怪象。这种严酷的现实呼唤西部人自主性地直面现实，试图用新的理念、新的视野、新的方法、新的路径，尽快走出困境。于是，西部社会学便应运而生。

（二）应对地区性反贫困的产物

在缠绕西部的"双重困境"中，贫困是困中之困。从社会学的观点来看，西部的落后或不发达，其实质是挥之不去的地区性贫困。而地区性贫困不仅是一个经济问题，更重要的是一个极其复杂的社会问题。只不过它的外层表现是生产力落后，收入微薄，公共资源缺乏，人民生活困难等，它最深层的表现则是生产工具简单，生产方式落后，社会群体素质低，文化技术人才缺乏，社区联系能力弱，文化隔离机制强以及思想、观念和社会机制的传统性等精神贫困。因此，西部的不发达，不只是一个单纯的经济问题，而是地理的、历史的、现实的等主客观因素交织在一起，共同编织和强化着一张无形的巨网，使贫困、落后和愚昧相伴而生，循环延续。要冲破这张网的羁绊，任何局部的、单项的输入和措施都是无济于事的。从理论上讲，这种反贫困需要有多学科的参与和发力，尤其需要新的学科的参与和发力。就社会学而言，城市社会学、农村社会学、文化社会学、经济社会学等，这些以某一领域为研究对象的学科只能起某一方面的作用，不可能涉足它的多种领域。既便是综合性较强的应用社会学、发展社会学等也不能应对它纷繁复杂的广阔领域。这样,贫困—反贫困—返贫困—再反贫困—贫困终结,这一漫长的、艰难的、持续的终结贫困的社会行动,就成为西部社会学赖以兴起和发展的又一土壤。

(三)应对社会发展不平衡的产物

除了区域性差距和地区性贫困外,西部还有一个社会发展不平衡的问题。从全国来讲,社会生产力的空间差异和经济发展的非均衡状态,是同我国区域社会发展的不平衡相一致的。由于社区内外环境、资源状况和社会运行机制的力度、协调程度不同,社会发展过程在地区之间的不平衡运动就成为社会发展和现代化过程中一种常态了。然而,这种不平衡并不是合理的不可逆转的,只要不断增强市场经济的活力,加速内外源动力的聚合和转换,促进社会运行机制的强化和完善,实现经济社会的跨越式发展是完全有可能的,这又为西部社会学提供了发展的客观环境和广阔空间。

(四)应对"三农"难点和重点问题的产物

在西部的诸多问题中,"三农"问题无疑是一个事关长远、难度最大的问题。而在"三农"问题中,农民问题亦即人的全面发展问题又是一个难上加难、重中之重的问题。到目前为止,西部之所以不发达的主要经济标志是农业在国民经济中所占的比重较大,相对劳动生产率较低;主要的社会标志是农村人口比重高,城市化、工业化程度低;主要的文化标志是农村文盲和低文化人口占比重高,劳动群体科学文化素质低。这三个"低"标志几乎都与农民密切相关。在西部大开发和现代化建设中,要尽快实现"三农"发展由重物(农业和农村)到重人(农民)再到人物并重的转向,不断实现和满足农民全面发展的多层次需求。在这个转向中,西部社会学获得了新生的机会和发展的动力。

（五）应对资源环境硬约束的产物

西部是我国的资源相对富庶区，也是资源开发最早的地区。但经过长期的浅表和中深度开发，西部的资源无论品种、数量、品质还是储量和开发预期都面临严重问题，一些地区、城市和矿地已处于资源枯竭难以为继的境地。因此，西部大开发和现代化建设要走出困境，就必须适应新技术革命和知识经济所带来的资源环境观念的变革：一是在自然资源、经济资源中人工合成的资源将代替天然的矿产资源，可再生的能源将代替不可再生的能源；二是科技、人才、智力、信息等社会资源能够创造更多更大的经济资源；三是资源和环境同属生态系统，它们之间具有相互制衡作用。在这三大跨时代的观念变革中，前者是资源作为实体在性能、质量、效力等方面的巨大飞跃，中者是知识、信息对资源的取代效应，后者是生态和环境对资源开发的刚性约束。如果西部一直依赖资源的大开发，再不转变开发理念，优化开发方式，降低开发代价，依托开发和发展社会资源，通过社会资源的强力介入，实现自然资源到经济资源的优质快速转化，那么，西部传统的资源优势将会丧失，从而使西部永远以数量型的经济势态处于不发达的地位。因此，可以认为，西部走大力开发社会资源，实现资源转化之路将是不可避免的。从这种意义上说，西部社会学的兴起，正好适应了世界性的资源环境观念变革，对开发和发展西部社会资源，解套资源环境对西部大开发和现代化建设的硬约束具有重要价值。

二、西部社会学的理论探索和框架建构

在社会学的社会系统和行动理论中，人类的开发活动是一种源于自身生存、享受和发展需要的受特定目的和动机驱动的社会行动。当开发主体根据社会系统运行状态选择合理的开发方式，来谋求特

定的合理需求的时候，其开发过程和结果就成了理性行动。而在理性的开发活动中，开发理念和以此为基础建构的开发理论和知识体系，则是决定开发活动能否长盛不衰、开发过程能否健康持续、开发结果能否低本高效的根本性因素。

（一）探索和反思西部开发和发展的经验教训

开发是以人类社会系统同生态资源环境系统的能量相互输入、交流、转换和反馈为主要形式的经济社会活动，是社会发展的基本动力。我国西部尤其是西北开发历史悠久，并对中华民族的产生和发展起过至关重要的作用。但是，历史上的西部开发，一直是在缺乏科学的开发理论指导下盲目进行的，掩盖着开发者在自觉的功利目的下不自觉地造成开发代价过大的事实，这也是导致大西北在封建社会的病榻上沉睡千年，急需再度开发的原因。西部社会学正是适应这种客观需求，以冷静、理性的态度，运用社会学的基本原理，总结和反思前人开发的经验教训，研究地区开发同社会发展的关系，探讨西部开发对象、开发目标、开发条件、开发能力和开发效益有机结合的方法与途径。以此而论，目前的西部大开发，首先要立足当地资源环境和人的全面开发，不能单纯地依赖过去那种"外部输入型"、"屯垦戍边型"和"孤岛型"的开发；其次，要立足于社会资源的开发，加速自然资源到经济资源的转化；最后，要立足于低代价的开发，把资源开发同社会发展、环境保护有机结合起来，走低代价开发和协调发展之路。

（二）吸纳和借鉴发展社会学、开发经济学的理念和成果

西部社会学无疑是以西部经验为实践基础的，但同时又不排斥外来经验及其理论成果，这里值得一提的是发展社会学和开发经济学。发展社会学作为发展研究的一个分支，形成于20世纪50—70年代，由德国社会学家达伦多夫首创。它主要从社会学的角度研究发展中国家或地区实现现代化的问题，基本理论有"现代化理论"、"依附

理论"、"世界体系理论"和"迟发展理论"等。它提出的发展模式主要
有"全球模式"和"巴里洛克模式"(亦称拉美模式)。虽然,发展社会学
主要从不同角度对第三世界国家的发展和现代化问题做出了解释,
但其中一些观点对认识和开发我国西部具有积极的参考价值,我们
应当以开放和包容的态度,借鉴和吸纳它的一些概念、观点和方法,
积极参与同发展社会学的交流和对话,不断拓展西部社会学的话语
领地和发展空间。开发经济学产生于上世纪70年代,美国学者阿加
尔瓦拉和辛格1973年出版的《不发达经济学》是这一理论的主要代
表作。它虽然是研究不同国家经济不发达地区经济发展模式、道路、
发展战略、生产力布局和结构的经济学学科,但这一学科研究不发达
地区经济的理念、思路和模式设计方法等,对我们认识和研究西部地
区社会发展模式、发展战略和社会结构等问题,具有重要的启迪和引
领作用,是发展西部社会学极其宝贵的学术文献。

(三)合理建构西部社会学的解读框架

西部社会学从提出到现在,只有短短的几年,不论概念、研究对
象、方法还是学科框架和理论体系,都在继续讨论和探索之中。如果
采用对象—手段目标的逻辑模式,对西部社会学理论进行有机组合,
那么,它的解读框架可描述为:

1. 对象体系

西部社会学的对象是研究在西部开发、发展和现代化建设中,人
与经济、社会、资源环境的互动关系、问题及其结果,用日益增多的开
发和发展成果不断满足人的多层次需要。与此相对应的有需要理论、
反贫困理论、组织行为和社会行动理论。西部未来开发和发展的进一
步兴起、开发和发展动力的进一步聚合、开发和发展行为的进一步理
性,都与这一对象体系的合理性密切相关。

2. 手段体系

主要指促进西部开发和发展的手段及其研究手段，包括资源系统转化和内外源动力聚合转换的方式、途径。自然资源、社会资源、经济资源构成人类的资源系统，而促使和实现自然资源转化为经济资源的媒介和载体是社会资源。所以，西部未来的开发主要是对社会资源的开发。在社会资源开发中，智力资源和人才资源是开发主体，人的科学文化素质是开发客体，连接手段和转换手段是文化教育和科技创新。促进内外源动力聚合转换是西部开发和发展永恒的手段，在发展初期，主要是区外动力嵌入性发展，然后是内外源动力聚合型发展，再到内源动力扩展型发展。只有有效实现这种开发和发展动力的聚合转换，才能保持发展过程的持续性、发展成果的全面性和发展代价的可控性。与此相适应，主要以系统方法和动态方法为基本研究手段。

3. 目标体系

西部社会学的目标是从西部地区的自然资源开发、小康建设和民生需要出发，通过对社会资源的培育、开发、增量和强质，激发和优化社会运行机制，加速实现资源转化和动力转换，促进区内经济、社会、文化人口和生态环境的协调持续发展、低代价发展和一些领域的跨越式发展。它所依托的主要理论有社会系统理论、结构功能理论、社会运行理论和可持续发展理论等。

三、西部社会学的研究主题

西部社会学有两个不可或缺的要点：一是西部主体性，亦即西部人的主体性，包括开发的主体，需要满足的主体，全面发展的主体。二是宽域化语境，即在广泛包容借鉴古今中外一切社会学优秀思想和成果的基础上，建立自己的知识体系和话语体系。西部社会学将围绕这两个要点把握研究主题，主要包括"破解五个难题、把握五个向度"。

（一）破译西部人全面发展的难题，把握人的发展与开发过程的和谐度

人类自产生以来，就面临着两种发展问题，一是人类赖以生存的物质财富的发展，亦即经济发展；二是人类自身的发展，包括人的多层次需要的满足，人自身及"由人自身衍发出来的人性、人情、人品、人权、人道等等"的发展，亦即社会发展。改革开放以来特别在西部大开发以来，西部在经济发展的同时也不断满足着人的生存需要和温饱需要，实现了一定程度上的人的发展。但时至今日，西部人的发展仍严重滞后，与西部大开发的目标严重脱节。按照马克思主义人的物质需要、社会需要、政治需要和精神需要四层次需要理论要求，西部大开发的过程及其成果也与人的需要满足和全面发展没有同进同长。因此，西部社会学从它兴起的那一天起，就要把西部人的需要和发展放在首位，关注和探索人的发展和强省与富民的结合点，为不断提高西部人的生理素质、身体素质、心理素质、科学文化素质、竞争创新素质、社会适应素质等创造良好的舆论和学术环境。

（二）破解资源与生态环境难题，把握资源开发与环境代价的依存度

资源和生态环境是社会大系统的基本要素，任何资源的开发都会对生态环境造成一定影响。资源本指资财的来源，如果按其存在形态，一般可分为自然资源、经济资源和社会资源。自然资源是指人类从自然环境中可获得的、用以生产的各种自然属性的物质与能量的总称，如土地、水、气候、生物、矿产、海洋等；经济资源是指人们通过创造性劳动获取和转化了的具有经济属性的自然资源，也可称为社会资源的物化过程和产品，如物质资源、资金资源等；社会资源是能

够创造经济资源的具有社会属性的资财来源,如人口、劳动力、智力、人才、科学技术、文化资源等。

在以上三种资源中,自然资源是西部的相对优势,把自然资源转化为经济资源是开发和发展的关键,而社会资源则是这种转化的启动器和强化剂,决定着转化的规模、速度和效益。如果我们把自然资源当作开发客体,把社会资源当作开发主体,把经济资源当作开发目的的话,它们之间就存在着一种双向转化关系:即社会资源开发和发展程度越高,自然资源的开发利用就越充分,转化为经济资源的速度就越快、效益就越好。反之,就越慢越少。因此,这三种资源的开发和转化构成了一个相互依存、交互作用的系统。未来西部的开发和发展的内源动力,主要来自于社会资源的开发和资源系统的转化,由此来促进开发活动同生态系统的互动保持在生态系统的"自恢复"限度内,使环境的维护和修复保持在"自净"能力范围内,也使经济运行保持在"自循环"状态中。

(三)破解区域发展差异性难题,把握经济与社会、区域与整体发展的协调度

西部地区的开发和发展,同国家整体发展在空间、结构上是一个具有复杂层次的动态系统;在时间、运行上是一个系统化、组织化、有序化和分支化的长期过程。在这个系统中,各因素之间、各分系统之间要实现同整体系统的有序组合和良性互动,关键在于建立一个受制于社会系统的运行机制和调控机制。就目前西部的现状来看,由于产业结构相对比较单一,以手工劳动为主的小农生产仍占主导地位,社会生产还没有彻底摆脱自给自足的简单再生产状态,落后的小农生产方式依然延续并制造着生产与需求之间的低水平"平衡";封建传统和落后习俗还在广阔的领域里抵御和消解着现代科学文化的传播与普及;长期的贫困以及历次反贫困的低效应,使一些人失去了脱

贫信心而转戾于自然和迷信。国家的长期慷慨救助与扶持在缓解贫困的同时，又助长了部分人被动依赖的消极心理。如此等等，使西部地区的社会运行动力机制生机贫乏，加之协调机制不健全和调控机制不完善，社会运行在整体上处于乏力和惰性状态，从而不断强化着区域发展的差异性。由此可见，研究西部地区社会运行机制的状态、功能和作用，最大限度地启动动力机制，健全协调机制，改革控制机制，才能在西部开发和发展中，逐步实现开发目标与人的需要相协调，开发规模与资源容量的循环替代相协调，开发强度与可持续发展能力相协调，开发效益与成本代价相协调。

（四）破解路径依赖难题，把握发展战略与社会政策的对接度

造成西部不发达的原因是多方面的，是各种因素综合作用的结果。西部地区的发展路径应建立在多向度、多层次和多需要的基础上，发展战略应建立在全局战略与局部战略相结合、基础战略与应用战略相补充的基础上。但就总体而言，西部的开发和发展是一个既包括对自然的改造又包括对人的改造的社会、经济和文化运动过程，在宏观上更应突出全局性的发展战略和社会政策设计。也就是通过对西部地区经济、社会、文化和资源环境发展潜力和问题的系统分析，确定构成发展的各种要素、层次以及由此产生的结构、行为和功能，探求其内在联系、运行规律和目标，不断克服产业成长对资源的依赖，经济增长对投资的依赖，市场活力对国家的依赖，解决目标向现实转化的途径 方式，力求最大限度地实现发展路径、发展战略和与之配套的社会政策无缝对接。

（五）破解风险和安全难题，把握开发发展同稳定的对称度

西部地区是具有特殊地域、特殊地位和特殊区情的不发达地区，它的发展历史 资源环境、地理特点和人文条件等等，呈现出多种不同形态和复杂状况，并与当今的经济、社会和文化发展有着密切的联

系。特别在改革开放以来,由于社会结构的变化,一方面现代化进程和社会转型加快,另一方面社会风险和安全的不确定性及扩散性日益增强,再加之国际因素的影响,伴随西部开发和发展的风险和安全问题也日益突出。面对这种情况,西部社会学必须从特殊的区情出发,要研究开发和发展中的重大社会问题,尤其是边疆开发、民族宗教、社会稳定和国家安全等问题,揭示其发展特点和内在规律,促使西部开发和发展与社会稳定相对称、相适应。

目前,西部社会学正在讨论和建设之中,如同其他科学一样,它的理论体系的建立和完善将会是一个渐进的过程;它的研究对象、内容和方法,也将是一个逐步丰富和深化的过程。笔者只是提出自己的观点,以供学界同仁参考。

参考文献:

[1]周民良.应寻求强省与富民的结合点[J].西部论丛,2010,(6).

[2]刘敏.走向低代价开发:西北开发的历史反思与现实应对[J].社会学评论,2013,(2).

[3]刘敏.山村社会[M].兰州:甘肃人民出版社,2000.

[4]王康.社会学——研究人的科学[J].高教与社会,1999,(3).

(原载于《西北师大学报》2015年第52卷第1期,《新华文摘》2015年第10期全文转载)

走向低代价开发:西北开发的历史反思与现实应对

在社会学社会系统和行动理论体系中，人类的开发活动是一种源于自身生存、享受和发展需要的受某种特定动机和目的驱动的社会行动。当开发主体根据社会系统运行的客观事实，选择合理的开发方式来实现特定的开发目标的时候，其过程和结果就成了理性行动，包括工具理性行动和价值理性行动。而在理性开发活动中，开发理念和以此为思想基础建构的开发理论和政策体系，则是决定开发活动能否长盛不衰、开发过程能否健康持续、开发结果能否低本高效的决定性因素。

西部大开发，作为21世纪我国实现现代化目标的一项大战略，愈来愈引起世人的关注。但现在的西部开发既不能成为前人开发史的重复，也不是外人开发经验的再版，更不是单纯经济活动的地理延续，而是以经济全球化和知识经济为宏观背景，以我国现代化建设和"两个大局"为前提的全社会的、创造性的理性社会行动。对于这样一场规模宏大的探索性社会实践，必须要有科学理论为先导，要深入探索构建新的开发理论来解决开发主体与开发客体的关系问题，从而保证开发过程和结果的高效性和可持续性。

一、西北开发的历史反思

西部尤其是西北地区，曾是中华民族历史上原始先民活动最早的地区之一,已有 7000 多年的历史。我们常说西北是中华民族的发祥地,实际上指的就是历史上人类开发活动创造的华夏文明,尤其是农业文明。然而,西北沉甸甸的开发史给我们留下辉煌的同时也留下了许多历史教训,在新一轮开发中必须首先在理论上予以廓清。

(一)西北史前良好的生态环境成就了其中华民族发祥地的地位

大量历史文献记载,历史上西北地区气候温暖润泽,天然植被茂盛,大多数地区属于森林草原地带,很适宜人类生存。据历史地理学家史念海考证,历史上西北地区包括黄土高原地区是林木茂密、水草肥美、良田千畴、牛羊遍野的肥原沃土。西周时期,森林 4.8 亿多万亩,植被覆盖率为 53%。[1]据《汉书·地理志》记载,周秦时代,甘肃的"天水、陇西山多林木,民以板为室屋"。隋唐时期,西北包括甘肃成为全国最富庶的地区之一,农业、纺织业、黄金生产、水资源利用等,在全国具有重要地位。《资治通鉴》中称,是时"天下称富庶者无如陇右"。[2]《新五代史》也载称:当盛唐之时,河西、陇右三十三州,凉州最大,土沃物繁而人富乐。甘肃省秦安县大地湾遗址、陕西西安市的半坡遗址、甘肃的马家窑文化、齐家文化等古人类文化遗存,都充分展示了华夏文明在西北兴盛的历史。

(二)农耕文明在使西北成为当时中国经济、政治和文化中心的同时,也使人与生态环境的矛盾日趋尖锐

西北地区在古代具有广阔的森林和大面积草原,为人类最初发展畜牧业提供了良好的条件。黄土高原和内陆河流域丰富的土地、光、热和水资源又成为农业开发的理想场所。周人发迹于黄土高原,

---

①史念海:《河山集》(三集),北京,人民出版社,1988,第 60 页。
②司马光:《资治通鉴》(卷 216),天宝十二年秋八月条,清同治十二年,湖北崇文书局刻本。

其祖先"好耕农",教民"播时百谷"。为了寻找适宜开垦务农的土地资源,周人在黄土高原不停地迁徙,最终完成了由畜牧社会向农业社会的转型。秦人繁衍生息于秦地,即当今甘肃的清水县、张家川回族自治县一带。西周孝王时,秦人以畜牧业为主,到秦文公时随着农耕文化在黄土高原的广泛传播,出现了由农业生产逐渐替代牧业生产的转变。秦随之征服了周围的"戎"等少数民族部落,进而"开地千里,遂霸西戎"①。

周秦先民创立的农耕文明,为周秦王朝的建立奠定了坚实的经济社会基础。周秦王朝建都西北,确立了西北在全国经济、政治、文化中心的地位,并一直延续至盛唐。此时,黄土高原及其他适宜农耕的地方大都变成了农耕文化区。再发展到明清时期,农耕文化以其不可阻挡的扩张力,将农业垦植扩大至无以复加的地步。明朝时垦种的农田已"错列在万山之中,岗阜相连","山之悬崖峭壁,无尺寸不耕",②从而使西北原来天然的森林草原生态系统向人工种植的农业生态系统转变,人与生态环境的矛盾日益尖锐。

(三)过度的农业开发活动使西北付出了巨大的生态环境代价

综观西北的开发史,农业开发规模的不断扩大已成为一个亘古未变的规律。农业开发的过度扩张以及由此引发的多次农牧业交替转换构成了西北开发的主轴画卷。从这部壮阔的历史画卷中我们可以看出,西汉武帝以前,西晋至唐初约400年,唐安史之乱后至元的约600年,先后三次是畜牧业生产占优势。西汉武帝至西晋约400年,唐初至安史之乱的100年、明清迄今约600年,先后三次被农业

①司马迁:《史记》,北京,中华书局,1959,第112—114页。
②吴晓军:《生态环境影响:解读西北历史变迁的新视角》,载《甘肃社会科学》,2005(5)。

所替代。①凡以牧业为主时,经济发展比较缓慢,但生态环境修复转好;凡以农业为主时,经济发展较快,但生态环境恶化加剧。经过"草原—农田—草原—农田—土壤退化"这样的恶性循环,森林草原减少,土地表面失去植被,再在风力的干预下,干旱、风蚀、水土流失、荒漠化等就成为不可抗拒的灾害。

长期以来,不知有多少人多少次的发问,究竟是什么原因使过去天下最富庶的西北变为后来的"昔日耕桑,今为草莽","陇中苦瘠甲于天下"的呢? 在历史这面镜子面前我们终于看到,这就是除生态环境的自然演化和战火破坏外,主要是人类自身无节制地繁衍和非理性地开发活动所致。可以说,从中唐以后的几乎所有开发活动,在开发目标上以农业为本,开发方式上以滥垦滥植为主。每一轮开发活动,都使大西北的绿色一片片减少,都以资源和生态环境的破坏为沉重代价。从此,昔日文明繁盛的大西北,只给后世留下了聊以自慰的历史陈迹,曾经青翠葱郁的黄土高原,给人们留下的只是哀怨绵绵的不尽黄土和沉重的贫困锁链。

以上简单的历史回顾至少可以得出以下四个结论:一是开发是人类社会的主要实践活动,是社会发展的基本动力,西北地区的发展有待于再度开发;二是西北开发历史悠久,对中华民族的产生和发展起过至关重要的作用,现在的开发必将对振兴中华再度发挥不可替代的作用;三是历史上的西北开发,一直是缺乏长远目标和科学理论的指导下盲目进行的,某些方面的成就掩盖了开发者在自觉地功利行为下不自觉地造成开发过度和生态环境破坏的极高代价;四是虽

---

①党瑜:《历史时期河西走廊农业开发及其对生态环境的影响》,载《中国历史地理论丛》,2001(16)。

然农耕文明对中华文明做出了重大贡献，但必须正视传统农业与生态文明的内在冲突，彻底摒弃重农抑商(抑工、林、牧)的传统观念，不断消除为开发过度付出的生态环境代价。比如，为满足日益增长的人口对粮食的需求，无节制地毁林毁草开荒，垦植陡坡地和非农地，不仅使植被发生逆转性变化，而且引发水土流失、土地退化和荒漠化，加速生态环境恶化;再如，由于矿产资源开发目标的单一性，开发方式的浅表性，使资源不能加工和综合利用而造成破坏或浪费;又如，能源和原材料因无序开发而导致乱采乱挖，结构失调，环境破坏等。因此，在十年后的新一轮开发活动中，最根本的就是用科学的理论规范开发过程，实现开发目标模式的理论转型，使开发活动保持一个合理的度。这个"度"就是使开发活动同生态系统的互动保持在生态系统的"自恢复"限度内，使环境保持在"自净"能力范围内，使经济运行保持在"自循环"状态中。也就是使新的开发行为有利于社会系统的良性循环和生态再造，用最低的代价获取最高的开发效益。这便是构建低代价开发理论的基础和客观需求。

二、新一轮开发呼唤新理论的应对与支持

开发是以人类社会系统同生态资源环境系统的能量相互输入、交流、转换和反馈为主要形式的经济社会活动。如果说前十年的西部大开发主要以人类社会系统的发展和效益为目标的话，今后的新一轮开发将进入以调节农业与生态环境的冲突、反哺和修复生态资源环境系统为主要目标的深度开发，要坚持走两大系统在互动中要素互补、能量互补、功能互补的低代价开发之路。

(一)开发与代价

代价一词，从一般意义上说，泛指为达到某种目的所耗费的物质资源或精力，或作出的某种弃舍、付出、投入和消耗。在经济学中一个

经典性原理是,人们在经济生活中以最小的代价谋求最大的利润,在这里代价同引申意义上的成本基本相同。社会学把代价视为"一种理性的尺度"①,通常指的是包括成本在内的社会代价。

开发与代价有着内在的统一性,也就是说,开发是内含着代价的开发,代价是依附于开发的代价。对于人类为了谋求生存与发展而进行的开发活动所付出的代价,我们可以从各种角度去审视。在社会学理性尺度的判断中,开发和代价的关系多是一种价值关系。开发和发展是与人们的价值取向相一致的积极成果,而代价和付出是人们为实现开发和发展目标而消耗和牺牲的一些价值,以及由此所承担的与价值取向相悖的消极后果,它和开发与发展具有互为补偿的性质和作用。因此,在所有开发活动中追求以最低的代价获取最大的利益是一种必然的价值选择。

(二)开发与代价关系的演进使低代价开发愈来愈成为可能

开发和发展与代价的关系并非凝固不变,它随着社会发展实践的变化而不断呈现出具体的历史阶段性特征。在原始社会的渔猎文明时期是以获取现成的天然产物为主的时期,人类活动常态是低开发、低收益、低代价。在奴隶社会和封建社会的农业文明时期,人类生存和发展的常态是低开发(浅表性开发)、低收益、高代价(生态环境失衡)。到了现代,随着科学技术进步和生产力的高速发展,开发、发展与代价的关系开始由同步增长,逐渐向大开发、快发展、高收益、低代价的方向转变。这是开发、发展与代价关系演进的一个新的历史时期。可以看出,当前无论是世界范围内为建立一个可持续发展社会的努力,还是我国以人为本、全面、协调、可持续发展科学发展观的实

---

①李迎生:《社会转型加速期的代价支付及其补偿问题》,载《新华文摘》,2007(18)。

施,都可以看做是对大开发、快发展、高收益、低代价理念的实践追求。因而,只要我们顺应这一低代价开发和发展的时代大势,低代价开发就会由理念、方略变为可能。

(三)低代价开发理论建构

低代价开发由一种理念发展到理论必须经过一个创新和创造过程。从西部大开发的目标、对象、动力、手段和基础等实际出发,低代价开发理论的主要内容可概括为:一循环二转换三协调,亦即循环理论、转换理论和协调理论。

一循环:是指在开发行为发生和发展的社会系统内部实现要素的良性循环。根据帕森斯的系统分析理论,当我们把开发行动者之间有规则的互动称作"社会系统"时,"系统"这个概念就有其内在的分析逻辑。这种逻辑强调同时对待相互依赖的现象的整体的必要性。构成开发社会系统的多要素是相互依存的, 所以系统中的开发行动也是相互反馈的。在这一条件下, 如果一个要素由于开发行动发生变化,它就会影响到其他变项,而其他变项又反过来影响开发行动。进一步说,在下一阶段,第二个循环又会以同样的方式发生,从而产生对原变项的新压力。一个相对独立的社会系统内, 一般具有五种要素,即人口、资源、生态环境、经济和文化,并由此构成两个系统,一个是开发行为发生系统,一个是开发对象系统。就目前西部大多数地区的社会系统而言, 人及其活动是影响社会系统各要素良性循环的主要变项。若要改变这种非良性循环的态势,就要规范和约束社会系统的主体变项——人的再生产过程、开发目标的纯经济性和开发方式的掠夺性。只有当社会系统的各种开发要素实现有序互动时,两个系统才能趋向良性循环和功能互补, 开发的成本和代价就会降低。同时,开发活动一般都是从经济活动开始的。因而,走循环经济之路是实现开发系统良性循环的基本要求。循环经济是以"减量化、再使用、再循环"为准则的新型经济形态,目标是实现经济、社会与技术环境的和谐。企业通过清洁生产工艺、废料回收技术和排污控制技术,建立节能、降耗可再生的现代化工艺。以生态工业链的形式把不同企业工厂联接形成共享资源和互换副产品的产业共生组合体。全社会通过废弃物再生利用实现消费过程中和之后物质与能量的循环。但单纯的经济过程的循环并不能改变传统开发过程单一的开发模式,不能真正实现经济、社会与生态环境的协调和持续发展。只有建立包括经济发展模式、居民消费模式和生活方式的循环社会系统,才能实现真正意义上的低代价开发。

二转换:一是作为开发基础的资源系统的转换。自然资源、社会资源和经济资源构成了人类开发活动的资源系统,它们之间既相互依赖又相互作用,同时又存在一种双向转换关系。如果我们把自然资源当作开发客体,把社会资源(包括人力资源、人才资源、文化科学技术和智力资源等)当作开发主体,把经济资源当作开发目的的话,就可以发现,社会资源开发程度越高,自然资源的开发利用就越合理,转换为经济资源的速度就越快,付出的代价就越低。反之,就会出现逆向转换,使开发行动付出高昂代价。二是开发动力系统转换。任何开发行动都发生在特定的地域之内,这些地域又由各种不同类型的社区所构成。社会学传统历来主张社区的内源式发展,但西部尤其是西北地区农村的社区发展,必须要有外源动力的启动。从目前来看,农村的开发和发展主要是来自社区外部的政府行为的延伸,即县、乡组织从外部推动的开发和发展,来自社区内部的、自我开发动力不足。因而,在新一轮西部大开发中,必须确立西部人的主体视角,开发行动亟待从外源式的政府行为向社区自组织行为转换,把开发动力从外源推力向内源生长力转换,使以社会为依托的开发动力实现内外源动力聚合、转换和扩张:第一阶段为外源动力输入,即开发初期由区外组织的政策、资金、技术输入,启动开发行动;第二阶段为内外源动力聚合,即外源动力输入后,以社区组织为载体,与社区成员实现开发要素的合理组合和内外源动力的有序聚合;第三阶段为动员社区成员广泛参与,使内源动力生长、扩张,成为开发行动的主体性力量,而外源动力由"输入"逐渐转向"服务",自主开发行动的持续能力增强,开发代价不断降低。[①]

三协调:西部开发既是我国现代化大目标下的区域性开发,又是全国开发和发展不可分割的一部分。从全国看,改革开放以来,大规模、高强度的城镇化、工业化开发是将绿色空间转化成水泥建筑、工厂和道路的过程,没有节制的过度开发已使一些区域成为不适宜人居的空间。目前深圳的开发强度是 36%,东莞是 40%,上海是 29%,都大大高于日本三大都市圈的 15.6%,法国大巴黎区的 21%,德国大斯图加特区的 20%。如果像现在这样继续开发下去,再过 10 到 20年,一些区域就会因为没有森林、水面、农田,都变成了水泥地,[②]迫使人们重新寻找自己的家园。

西部的新一轮开发,要在保持合理的开发强度上下工夫,做到以下三个协调:一是开发目标与社会主体的多层次需要(生存需要、享受需要、发展需要)相协调,力戒急功近利式开发与社会群体需要相悖的开发以及无社区发展的开发。二是开发规模与资源容量及其循环替代相协调。三是开发规模与可持续发展能力相协调。这"三协调"的核心是正确处理好开发行动与资源环境、人的需要和可持续发展之间的关系,在改造自然中实现人与自然的和谐相处,以防止重蹈历史上西北开发和当今一些区域开发的覆辙。

---

①刘敏:《山村社会》,兰州,甘肃人民出版社,2000,第 11 页。

②张翼:《构建协调、和谐、可持续的家园》,载《光明日报》,2007-11-28。

三、低代价开发的路径选择

从一般意义上讲,任何开发活动都要同生态环境、资源系统发生互动,必须付出一定的代价。如农业开发必然破坏原有植被,改变微地貌,疏松地表,加剧表土侵蚀;开发水资源必然以筑坝提高水位而淹没土地,导致库岸失稳;开发矿产资源必然因施爆或开掘坑道导致地质结构变松,留下塌陷、滑坡隐患,还会因堆积废料造成沙尘和污染等。但大开发不一定必然付出大代价,这两者之间没有规律性的关联度。

(一)切实实现低代价开发由理念到理论的转变

低代价开发不仅是人们的一种良好的主观愿望,而且也是人类社会开发和发展的必然趋势。根据开发收益与开发代价的良性逆向互动原理,我们必须转变开发和发展观念,不能仅仅关注开发和发展,或不能为开发而开发,而应当从代价的角度理解和把握开发和发展,从抑制和消解代价的角度促进开发,实现发展。这就是说,从代价的角度理解开发和发展,不仅仅要看到代价存在的客观必然性,还要进一步看到实现低代价本身就是实现开发和发展的必然要求。对于开发主体来说,不能只是关注和追求开发和发展,应当同时关注和抑制代价。在评判一种开发活动时,不能只看开发中获得了什么,获得了多少,还要看在开发中付出了什么代价,付出了多少代价,比别人少付出多少代价。通过抑制、消解和克服高代价来实现理性开发和科学发展。①

---

① 邱耕田、张荣洁:《价值论视阈中的发展与代价关系》,载《新华文摘》,2007(23)。

（二）把低代价开发政策化

目前，中国因"发展加快"造成的环境污染和因"开发过度"导致的生态破坏并存，并且呈加剧趋势，正在或即将威胁中华民族的生态安全。发达国家在实现现代化过程中，在人均 GDP 达到 3000 美元以后，才开始大规模的环境污染治理。而且通常认为，当人均 GDP 达到 4000~5000 美元时，环境质量才会好转。西部目前人均 GDP 只有 1000美元左右，不可能付出大量资金用于环境治理、生态环境建设和保护，但与开发和发展紧密相关的产业结构、科学技术、消费方式、环境意识、社会管理等因素也对其产生不可估量的影响。上述这些因素实际上规定了运用政策调控开发活动的可行区间，即通过将低代价理论政策化，制定各种政策调控以弥补经济系统对生态环境治理投入的不足。比如，由国家统筹制定加快西北发展和生态再造的生计维持型政策、生态反哺型政策和生产发展型政策。在国家主体功能区建设大视野下，可以将一些生态环境脆弱和低质功能区划定为限制开发区，如甘肃陇中黄土高原地区，就可以进行限制开发区建设试验，为全国国土整治和生态环境建设提供经验支持。在此基础上，完全有可能在低于环境库兹涅茨曲线峰值（人均 GDP4000~5000 美元）下，走出低代价开发的现实之路，跨越传统的依靠经济实力治理环境的老路。

（三）建立与低代价开发相关的配套机制

从开发过程和效益的角度看，开发代价主要包括，一是开发活动付出的投入或成本消耗；二是开发活动对社会某些方面造成的损失或抑制性后果；三是伴随开发和发展而产生的有悖于人和谐发展目标的消极结果。其类型有成本性代价和损失性代价，必然性代价和人为性代价，合理性代价和非合理性代价，短期性代价和长期性代价等。我们所指的低代价是同开发投入和产出、开发成本和效益、开发程度和结果相一致的成本性、必然性、合理性和短期性代价。我们避免的是那些超越客观规律的损失性代价、人为性代价、非合理性代价和长期性代价。同时，低代价也是相对而言的，是指开发的全局、开发的长过程、开发的整体效益，它与局部时段、局部问题上付出相对较高的开发代价并不矛盾。这就要求我们在理论上避免误导，在体制、政策、战略模式和方式上引入社会可持续发展和低代价开发理念，做到科学决策、长远筹划、统筹兼顾、理性开发，尽量减轻因开发付出的高昂社会代价，使开发代价减少到最低限度。

要实现低代价开发还必须建立一系列相关配套机制，如建立低代价、高效应的开发体制，低代价、高技术的开发方式，开发代价与效益的评估机制和指标体系，开发政策的负效应监控机制，开发过程中开发效益的反馈机制，开发行为的法律约束机制，等等。从法律、制度、机制上规范开发活动，约束开发行为。

可以相信，在经济全球化的今天，西北开发已不可能完全重复历史的老路。低代价开发的理论将伴随着知识经济的兴起日益融入西部开发的大潮。我们期待着通过全社会的努力，在西部开发的实践中建立起低代价开发理论的体系，为西部大开发提供强有力的理论支撑。

（原载于《社会学评论》2013 年第 2 期）

中国西北扶贫的举措
——开发型移民

自从有了人类,便有了贫困,也开始了反贫困。当人类社会进入20世纪80年代之时,改革开放的春风,唤醒了沉睡千百年的中国大西北。这里的人民不再甘受贫困,在国家和政府的强力扶持下,群策群力向贫困宣战。发端于甘肃、宁夏两省"三西"地区(包括甘肃河西、定西和宁夏西海固地区)的扶贫开发型移民,便是中国西北人民同贫困抗争的一种创造。这一举措,用较小的投入,实现了巨大的经济效益;用短期的付出,换取了远久的社会安宁;用当代人的"阵痛",积蓄了后代持续发展的能力。真可谓功不可没,利在千秋。

一、扶贫开发型移民的动力源

我国扶贫开发型移民始于20世纪80年代。1982年,在中国的大西北,来自全国的农业专家对全国最大的极端贫困地区,即以甘肃定西地区为代表的18个干旱县和宁夏西海固地区的8个县进行"治贫会诊",通过反复调查论证提出了该地区的脱贫措施:有水路的走水路,没水路的走旱路,水旱两路都不通的另找出路,这另找出路就是移民。将没有生存条件的100多万人口分期分批移至县内县外的可垦灌区。这一措施的延伸在甘肃就产生了移民的区外流向地——河西。由于这三块地方都有"西",故被称之为"三西建设",移民则为

"三西建设"的主要内容之一。[①]

（一）移民的动力之一：人口超载的挤压

打开全国地图,在北纬 34°45′ 至 37°5′ 与东经 102°45′ 至 108°35′ 之间,有一片东西长约 532 公里、南北宽约 320 公里,总面积 10.29 万平方公里的广袤山区。这里过去统称为"陇中",包括了以定西地区为代表的甘肃中、东部的定西、陇西、通渭、临洮、靖远、会宁、永靖、东乡、秦安、庄浪、静宁、环县、华池、景泰、古浪、榆中、皋兰、永登等干旱县,以及毗邻的宁夏西海固地区的同心、海原、中卫、隆德、泾源、固原、彭阳、西吉等干旱高寒山区县。这里共居住着 838 万人口,其中农业人口 765.16 万,占总人口的 91.20%。从 1949 年到 1983 年,甘肃中部地区的人口由 261 万增加到 572.17 万,增长了 118.8%,平均每年递增 23%,高于全国 18.93%、全省 21.37% 的水平。人口密度由 1949 年的每平方公里 37.6 人增加到 1983 年的 82.2 人每平方公里,增长 1.19 倍。按国际通行的标准,以干旱、半干旱地区土地对人口负荷量的极限分别为每平方公里 7 人、20 人来衡量,这里土地对人口的超载量已达极限的 3 倍以上。

在宁夏的西海固地区,同期人口年递增率高达 30.12%,其中固原地区 6 县从 48 万人猛增到 140.6 万,比新中国成立初增加近 2 倍。1949 年以来,固原地区的粮食总产量增长了 1.16 倍,人口却增长了 2.29 倍,人口增长速度大大超过了粮食增长速度。人均耕地由 1949 年的 12.1 亩下降到 4.1 亩,已难以维持农民的基本生存需要。这种情况说明,在现有的生产力水平和"靠天吃饭"的条件下,人口超载已成为这些地区最突出的问题,最紧迫、最有效的措施就是移民,即进行人口布局的合理调整。

---

①孙敬之:《中国经济地理概论》,商务印书馆 1983 年版。

（二）移民的动力之二：自然生态环境失衡的排斥

以定西为代表的甘肃中部地区和毗邻的宁夏西海固地区，在历史上曾是创造华夏文明的摇篮。然而又有多少人知道，时至今日，这里的数百万农民仍在"苦瘠甲天下"的生态环境中奋争，在为求得最基本的生存需要而劳作。

这里均属黄土高原山区，沟壑纵横，山大坡陡，干旱少雨，十年九灾，水土流失，植被稀少，土壤瘠薄，耕作粗放。在现有的 2048 万亩耕地中，水地仅有 308 万亩，占总耕地的 15.04%，其余均为山旱地、沙地和沟坝地　甘肃中部地区的粮食产量长期在 1956 年 24 亿公斤的水平上徘徊　1981、1982 年年产量只有 17.8 亿公斤，人均占有粮食大大低于 50 年代的水平。西海固地区人均占有粮食逐年下降，由 50 年代的人均 3□□公斤下降到 70 年代的 217 公斤、80 年代前期的 178公斤。

同时，据文献记载，在清代先后 260 多年中，甘肃的干旱灾害达 114 次，平均每两年多 1 次。在民国的 36 年间，旱灾达 25 次，平均 1 年多 1 次。民国十七年的大旱，"中部及东部各县大饥至次年夏树皮皆空，计 50 余县，每县死亡多至万人"。1982 年，甘肃中部 20 个县人均产粮仅 172 公斤，有 12 个县人均纯收入不到 50 元。在定西地区 90 多万农户中，有 70 多万户每年缺 3~7 个月的燃料，家庭生活能源主要靠铲草皮、畜粪来维持。从 1973 年到 1982 年共吃国家返销粮 14 亿公斤。在许多地方连人畜饮水都要靠政府运送，大旱之年仅国家补助的运水费高达 598 万元。在这样一种极端恶劣的生态环境之下，"人挪窝要活"的理念，不断营造出"走出黄土地"的心理趋向，移民便成为具有诱惑力的选择。①

①《甘肃统计年鉴》1992、1995 年。

(三)移民的动力之三:迁往地区的吸引

与甘肃中部和宁夏西海固截然不同的是,在计划接收移民的地区,一般均为平川地,有灌溉水源,可在短期内获得较高的经济效益。如甘肃河西地区在资源条件、地理位置、交通运输和生产现状等方面拥有较多的现实优势和潜在优势,既是古老的内陆河灌溉农业区,也是甘肃经济发展最快的地区,又是我国 12 个商品粮基地之一。同时,该地区拥有荒地 1924 万亩,其中,近期可垦宜农荒地 465 万亩。且人口相对稀少,每平方公里仅有 13.3 人,具有屯垦开发的巨大潜力。在宁夏,计划将 40 万移民迁往银川平原的河套灌区。这里虽属大陆而不干旱,虽处西北而不严寒,全年日照率达 50%~80%,称之为西北高原的日光城。据统计,截至 1982 年,这里尚有荒地 418 万亩,其中近期可垦宜农林荒地 260 多万亩,银南边山扬水工程可开发 100 多万亩。这些迁往地区与移民原居住地区迥然不同的自然条件、生态环境和发展前景,对长期以来备受贫穷折磨而又无路可走的移民来说,无疑具有极大的吸引力,成为移民为"活"而"挪窝"的主要动力之一。

(四)移民的动力之四:国家政策的驱动

"三西"建设中的移民工作是从 1983 年开始的,为此,甘肃、宁夏两省区及各有关地、县先后制定颁布了一系列法规性文件,提出了许多优惠政策,为移民工作的顺利进行提供了强劲的外部驱动力。

甘肃省先后制定了移民基地建设、移民专项补助、增加移民投入以及土地、税收、移民的权利和义务等政策或规定。如集中安置移民个人补助费 300 元,就地移民补助费每人 100 元;移民新开发的农业用地从有收入的那年起,免征 3~5 年农业税和农林特产税,免交 3~5 年统购粮和各项提留;移民生产用化肥等生产资料的供应,单列计划,专项下达;移民的子女上学、招工、划分承包地、宅基地同当地农民一视同仁,不得歧视;各县结合本地实际相继制定了一些补充规定和政策。如靖远县实行了"生产贷款、化肥地膜、优良品种、科学技术、灌溉派水"的"五优先"政策。景泰县规定对移民承包的沙掌地连续6年免征农业税。第一年适当补助平田整地费,免费提供树苗等。在此同时,各移民迁出地、县也制定了一些具体政策和规定:如移民迁出后原承包地1~2年内暂不收回;对五保户、无劳户和超计划生育而未采取措施的不予搬迁等。

宁夏先后制定了《贫困地区吊庄移民管理试行办法》《关于吊庄建设几个问题的通知》等规定和政策,对移民原则、移民管理、资金使用等进行宏观指导。还规定:在吊庄基地范围内开发荒地从事农、林、牧业生产,5年内免征农业税、牧业税、农林特产税,5年后纳税有困难者,经申报可批准减免;移民基地举办的集体企业、联办企业、家庭工厂和个体工商户,除国家规定而收税者外,其他产品和经营收入,在1990年前免征产品税、增值税、营业税、城市建设维护税和所得税等。固原县根据自治区的有关文件,制定了吊庄土地归国家所有、统一规划、合理布局、承包使用、长期稳定、子女继承的土地管理政策。规定从耕种开始免征免购5年,免征水费3年。原有承包土地不变,允许两头经营,来去自由,3年后脱钩等。

由于上述多种力量的综合作用。在短短的时间内,"三西"地区的扶贫开发型移民工作出现了前所未有的局面。据统计,到1992年年底,甘肃中部地区共移民30.80万人,其中县内安置2394万人,迁往河西6.86万人。建立移民基地20处,已完成投资60397.57万元,发展水地4913亩,安置移民26万人。宁夏回族自治区共移民14.65万人,其中县内安置6.24万人,县外移民8.41万人。建立吊庄14处,县外插户3处,已完成投资5111万元,安置移民14.65万人,发展水地 26.07 万亩。到 1995 年,"三西"移民已达 60 多万人。[①]

二、扶贫开发型移民的特点

新中国成立以来,我国为了合理调整人口布局,开发国土资源,曾组织过多次人口迁移,既有成功的经验,也有失败的教训。既产生了屯垦型、知青型等农业性移民社区,也产生了孤岛型、集团型工业性移民社区。但像"三西"这样大规模的、有组织的、以解决温饱为目的的扶贫开发型移民,还是首创。这次移民,对移民的基本形式、特点和移民社区建设,都是有益的探索。

(一)移民的基本形式

甘肃省"两西"地区的移民,从 1983 年开始摸索试验,1984 年陆续展开,按照当地的自然条件和实际情况,移民采取了两种基本形式。一是县内就近移民。即从干旱困难的山区向本县新开发的引黄灌区迁移。从 1983 年至 1992 年县内安置移民 23.94 万人,占 10 年移民总数的 77.73%。宁夏在 10 年中县内安置移民 6.24 万人,占同期移民总数的 42.59%。

二是县际移民。即从干旱困难的定西中部向河西走廊远距离迁移。10 年中共迁移 6.86 万人,占移民总数的 22.27%;宁夏同期的县际移民共 8.41 万人,占移民总数的 57.41%。县际移民主要采取分散安置和集中安置两种办法。分散安置,即在有条件的村社,挖掘现有耕地潜力,利用机动地、闲散地、撂荒地、农转非退还地和调整出的承包地,每社零星安插 1~2 户;集中安置,即在水资源较为丰富的地方建设移民基地,或在条件较好的国营农林场进行成批安置。据统计:甘肃省在国营农场安置移民 4774 人, 中部地区基地移民 22.87 万

---

①《甘肃统计年鉴》1985、1992 年。

人,河西地区基地移民 3.14 万人。

(二)移民工作的特点

1. 指导方针明确

"三西"移民从一开始,就非常注重科学性和可行性。他们认真总结了过去移民的经验教训,认为以往移民的问题主要有三条,即人口流动的逆向性、移民搬迁的强制性和迁移对象的依赖性。也就是说,第一,人口流动的合理流向一般是从自然条件差、人口负担重、生产门路窄、开发潜力小、就业困难大、生活水平低的人口稠密区流向与之相反的地方,反之就会形成人口的逆向流动。第二,迁移往往是政府行为、外部因素行为,而非迁移对象的个体行为和自主行为,因此,使迁移失去了思想基础和群众基础。第三,由于上述两种原因,既使迁移自身失去了吸引力,也使迁移变为有偿行为,从而使迁移对象产生依赖性。一旦某种条件不能满足,便产生"返移"。这次在分析研究历史教训和现状的基础上,对"三西"地区的移民工作,提出了切实可行的指导方针:即另找出路,合理流动;移民自愿,自立自主;积极稳妥,讲求实效。确定了人口流动的合理流向:即中部干旱县中最困难地方的农民向条件优越的河西灌区和中部引黄灌区迁移。迁移安置先行试点,取得经验,成熟一批迁移一批,落户批巩固一批,扎根一批脱贫一批。初步摸索总结出了一套符合"三西"地区实际的移民工作指导方针和实施方法,使移民工作开始就具有科学性、合理性和群众性,从而健康有序地发展。

2. 坚持自愿原则

坚持自愿原则,这是从 20 世纪 50 年代移民工作失误中总结出来的基本经验,也是"三西"移民区别于其他移民的显著特点。在移民开始之初,甘宁两省便提出"三西"移民必须坚持"农民自愿,艰苦创业,精心组织,正向流动"的工作方针和基本原则。规定凡迁移对象必须自愿申请,村社推荐,经乡审查筛选,县上批准,有组织有计划地进行;移民搬迁和家园重建,以自力更生为主,国家给予适当补助;迁移工作列入"三西"建设计划,和建设项目挂钩,分阶段、有步骤地实施。由于自始至终坚持了自愿原则,因而"三西"移民从一开始就具有强劲的内部驱动力,形成了以移民个体自主行为为主、又同政府的组织行为有机结合,最大限度地调动了移民迁移和重建两个方面的积极性、创造性。

3. 安置方式多样

妥善安置是移民成功与否的关键。"三西"移民通过不断探索和实践,总结出了 5 种安置方式:一是农民投亲靠友,自流分散安置。这种方式以个人自主为基础,以亲缘关系为纽带,搬迁安置方便快捷,困难和问题较少。二是主管部门协调引导,将移民安置与河西新建工程项目挂钩,使建设项目带移民安置指标,由项目受益单位进行分散安置。三是兴建移民基地,分片集中安置。这种方式依靠新建水利工程,开辟新的灌溉农业区,便于集中解决中部干旱县中最困难地方的问题。四是在国营农垦农场和企事业单位停办的农、林场进行集中安置。这种方式除具备基地移民的特点外,还因农林场已具有一定的生产、生活条件能够当年生产、当年受益。五是到新开发的灌区承包各项工程建设,先搞劳务输出,后安家落户。这种方式在工程建设期间,既能挣钱养家,又对当地的生产、生活有亲身体验;工程建成后,进退两便,自愿去留。"三西"移民安置的多种方式,改变了以往移民安置的单一模式,使移民工作更加贴近现实,更具有灵活性和合理性。

4. 扶贫和开发有机结合

"三西"移民是解决贫困地区群众温饱、人口超载和生态环境严重失调的产物,一开始就坚持了扶贫和开发的有机结合。这种用移民方式解决一部分极端贫困农民生存基本需要的办法,不同于以往单纯的救济性安置,而是寓扶贫于经济开发之中。即在国家投资创造基本生存条件的基础上,发动移民自力更生,艰苦创业,依靠自己的力量发展农业生产,在开发中稳定解决温饱问题。根据这一指导思想,在移民实施过程中体现了三条原则:一是迁出地区一定是水路、旱路都走不通的贫困地方;二是迁移对象严格限制在贫困户之中,又必须具备正常的劳动能力,以适应开发性建设的需要;三是严格控制人均占地标准,只划温饱田,不垒大户,不搞规模性承包,用有限的扶贫资金,尽量多安置贫困山区不得温饱的农民。通过自己的劳动,在向深度开发中由温饱走向小康。

5. 自力更生与扶持政策并举

过去移民的一个沉痛教训,就是在移民定居之后便撒手不管,使移民移而难居,出现"返移"。"三西"移民以此为鉴,各地在安置工作中重视了四方面的工作:一是政治上关心鼓励。在移民集中的地方,建立党团组织和行政管理组织,加强政治思想教育。对移民中涌现出的积极分子,选拔担任基层干部,大力表彰,鼓励先进,有的移民被推选为县、乡人民代表,县政协委员。在政治上维护移民的各种正常权利不受侵犯。二是生产上帮助指导。采取集中培训灌溉农业技术,对移民生产所需的化肥、农药、种子、耕畜和农具等,优先帮助解决。在指导粮食生产的同时,帮助移民开拓生产门路。发展养殖业、林果业、采掘业、工副业,尽快走上致富之路。三是生活上配套服务。按照统一规划,由业务部门各司其职,布点建设供销社、粮管所、学校、信用社、邮电所等服务设施。鼓励移民自办小商店、小磨坊、家庭诊所等服务网点以满足建设初期的自我服务。对移民安家中的生活困难户,动员社会各界支持帮助,及时解决。四是制定多方面的扶持政策,如投资政策、补助政策、税收政策、土地政策、生产资料供应政策、贷款和救济政策等,用政策调整各方面的关系,解决各种不同的问题,维护和保障广大移民的利益。由于这些扶持政策和扶持工作的实施,一改以往移民返移的弊端,大多数移民实现了"一年搬迁,两年定居,三年解决温饱"的目标。1990年,32万"三西"移民人均产粮405公斤,比甘肃中部及宁夏西海固移出地区高出50%。据甘肃静宁县2600多个移民的调查统计,10年中返移率仅约2%。酒泉地区的返移率为3.4%,张掖地区为4%。这是以往移民中所罕见的。

6. 精心组织,加强领导

精心组织,加强领导,是贯穿于"三西"移民始终的显著特点。从1982年开始,甘、宁两省区指挥部分别设立了移民专管机构,确定了分管领导;1983年甘肃省"两西"指挥部增设了移民安置处。移民迁移安置任务大的地、县相继设立了专管移民的机构,下设办公室或移民站。移民安置乡或灌区确定了专管人员,使移民工作层层有人抓、事事有人管,从组织体制上保证了移民工作的组织领导,及时研究解决移民工作中的新问题。甘肃省在1985年的金塔会议解决了开发性建设和移民挂钩,实行对口县安置的问题;1989年的靖远会议解决了集中迁移,重点解决贫困带片群众温饱的问题;1990年还组织河西移民迁入地的领导,到东乡、永靖等贫困带片县现场考察,增进交往,提高接受移民的自觉性;1989年,各有关地、市、县(区)还普遍实行了移民承包责任制,并与"两西"指挥部签订了1990—1992年《移民迁移安置责任书》,使移民工作更加规范化和组织化。

三、扶贫开发型移民的综合效益

"三西"移民是一项新型的开拓性壮举,也是涉及各个方面的社会系统工程。它把几十万固守贫困的农民从"老天爷"的奴役中解放出来进入一个具有发展潜力的新天地去创造新的生活,从而引发了迁出地与迁往地之间的经济互补、社会互动,产生了包括经济、社会、生态等多方面的综合效益。

（一）经济效益

由于扶贫和开发的有机结合，"三西"移民大都迁入水灌区。这里既有生命之源——水，又有立家之本——土地。这两种基本条件的满足，使长期生活在干旱山区的辛勤农民如虎添翼，一般都能做到"一年搬迁、两年定居、三年解决温饱"。据 1990 年统计，"三西"地区定居的移民人均纯收入普遍达到 300 元以上，人均产粮 405 公斤，比甘肃中部和宁夏西海固原迁出地区人均产粮 277 公斤高 128 公斤。其中河西地区移民人均产粮 568 公斤，中部地区移民人均产粮 366 公斤，西海固地区移民人均产粮 410 公斤。甘肃移民最多的靖远、景泰、会宁三县，8 年移民 9 万人，其中有 8 万人人均实现了 300 元、300 公斤粮，稳定解决了温饱。有 1 万多人人均纯收入 500 元以上，人均产粮 400 公斤，开始走上了致富路。张掖地区 1 万多移民，人均纯收入达到 386 元，解决了温饱的人占 62.7%，33.2% 的人达到了当地农户收入 500~800 元的水平；有 4.1% 的农户人均收入 800 元以上，个别农户还实现了"双过万"（一万元钱，一万斤粮）。①

移民的经济效益，不仅表现在当年收入上，还体现在移民家庭资产积累，开发性建设和投资效益等多方面。

在移民家庭资产积累方面，绝大多数移民在原居住地属贫困户，生活资料和生产资料本就缺乏，迁往新地后只能随着经济实力的逐渐增强添置购买。因此，移民家庭资产的积累是衡量移民经济效益的一个重要指标。据宁夏西海固地区 3 个县的调查，南部山区户均固定资产分别为：固原县 1040 元，泾原县 760 元，隆德县 660 元。而同期

①《甘肃统计年鉴》1985、1992 年。

迁入移民户均固定资产分别为：固原县的大战场和马家梁为1724元，泾原县的芦草洼1873元，隆德县的潮湖2817元。

在移民区开发性建设上更是效益显著。未移民前，这30多万人是贫困地区的一大负担，缺吃、缺穿、缺烧、缺水、缺用，据计算，这部分农民正常年景每年要吃国家回销粮1000多万公斤、救济款600多万元。移民后这部分贫困人口从社会负担转化为国土开发的劳力资源，据统计，10年来这些移民共开发水地60多万亩，占"三西"地区新增水地的40%左右，年产粮食1.21亿公斤，还有大批的油、肉、瓜、果等产品，除自己消费外，还给国家一定数量的贡献。甘肃中部地区迁居河西的移民，大多数已成为余粮户。酒泉地区从1983年以来，共接受移民4.6万人，12年来开垦荒地4.86万亩，营造防风林56.6公里，植树242.78万株，建成支斗渠195.93公里，新修高低压农电线路126.21公里，产粮1.48亿公斤，给国家交售4391.1万公斤。1994年，全区移民人均纯收入625元，有83%的农户完全脱贫，其中20%的走上致富之路。

移民的投入与产出是衡量移民经济效益的又一重要指标。据国务院贫困地区经济开发领导小组办公室提供的资料："三西"移民的成本（投入）包括耕地开发配套费、公益事业费、迁移补助费、移民管理费等4项。提水灌区水利工程投资巨大，据对皋兰县西岔灌区的调查，每亩水地成本为682元（不含工程运行后国家每年每亩27元的水费补贴），加上耕地配套费，每亩约700元。据河西4个移民基地的投资情况，自流灌区每亩耕地开发配套费270元。再加上上述其他3项费用，平均每个移民的迁移成本为1288元（详见表1）。

表1 "三西"地区移民成本统计表

单位：元/人

项目 类型	开发耕地费	公益事业费	迁移补助费	移民管理费	合计	备注
提水罐区	□0×2	10	100	3.5	1513.5	补助费以后略有增加
自流罐区	□0×2	10	260	3.5	813.5	
分散安置	–	–	560	3.5	563.5	

由于"三西"建设机构中耕地开发资金分项管理，因此，移民的专项投资与实际成本有所不同，甘肃省的人均投资为252元，宁夏为752元，其中部分计入耕地开发配套费，部分未计入。

移民的产出，根据甘肃省的情况，移民在新地定居恢复生产后，年人均纯收入可达410元，以移民在原居住地年口粮450斤（1985年平均数）计算，合450斤×0.246元/斤=110元。根据1983年中部地区国家救济状况，每人需救济粮折价22元，救济款30元，合计的年收益为257元。由此计算的年收益率为45.8%，即迁移成本可在两年多收回，其投入与产出的比率既根本不同于以往单纯的救济性扶贫，也大大高于一般性的扶贫工程建设。

（二）社会效益

（1）通过迁移，稳定、彻底地解决了部分贫困群众的温饱问题，既减轻了国家的救济负担，又减少了贫困人口的盲目流动，增强了社会的安定团结。同时，又为搬迁群众的子孙后代创造了可持续发展的条件，从根本上消除了贫困。如高台县骆驼城和南华两个新开垦的移民基地，到1992年年底共安置中部地区定西、永靖、东乡、静宁、陇西等5县移民856户3697人，除1991年新迁移的少数户外，其余都解决了温饱,人均纯收入达 400 元以上,大部分农户建了新房,购置了农具和牲畜。在 1988—1991 年,三年累计给国家交售余粮 75 万公斤,人均 900 公斤。[①]

(2)降低了迁出地区的人口增长基数,缓解了人口压力。从贫困山区移民 32 万人,可以腾出约 120 万亩耕地,还有大量的荒地荒坡。按照典型调查"移出一人,可以宽松一人"的间接效益推算,通过移民,宏观上可以使另外 60 万人人均增加 2 亩左右耕地,亦即迁出地和迁入地两头都受益,波及过百万人。

在贫困连片的村、社,凡移出 1/3 到 1/2 人口,通过调整产业结构和增加投入,在 2~3 年内,农民的生产收入和生活水平都发生了很大变化。地处六盘山林缘地带的宁夏泾原县,全县近 9 万人口,到 1992 年移民 3 万人,人均耕地由原 3.4 亩增加到 4.8 亩,原 3 人的资源现供 2 人利用,人口压力大大缓解。会宁县新添乡王家山社,1985 年有 250 人,耕种 1090 亩旱地,人均 4.4 亩,大部分群众不得温饱。1985—1987 年向河西移民 7 户 89 人,占全社总人口的 36%,收回承包地 391 亩,使留居人均耕地由 4.4 亩增加到 6.8 亩。1990 年粮播面积 799 亩,单产 93 公斤,比移民前增加 43 公斤;总产 7.5 万公斤,人均产粮 385 公斤,比移民前的 183 公斤增加 1 倍。同时调整产业结构,经济作物面积由 1985 年的 100 亩扩大到 230 亩。畜牧业也有了较大的发展,1990 年全社养牛 46 头、羊 580 只、兔 312 只,分别比移民前增长 30%、50% 和 70%,生产和生活都发生了明显变化,温饱问题也因移民而获得解决。

(3)促进了地区开放和人口流动。数十万贫困山区的农民,移居黄河灌区和河西川水地区,其本身是加强"山川共济"、"水旱互补",

---

①甘肃省农业厅,《甘肃省农业大事记》。

促进东西文化交流的一支生力军。他们不但解决了温饱，摆脱了贫困，而且为国家作出了贡献，对山区和当地生产发展、经济文化交流起到了传播和推进作用。两西山区移民到新居地后，学习掌握了水灌区的耕作技术和生产技术，同时又把山区的养畜技术、惜水节粮、勤俭持家和传统文化传播到新居地，丰富了当地群众的经济生活和文化生活。

宁夏的许多移民吊庄，还起到了山区设在川区的经济窗口的作用，使川区大量的科技、经济信息通过吊庄传播到山区，山区的土特产品、剩余劳动力通过吊庄输送到川区，吊庄为山川之间开展社会交往和经济协作架设了桥梁，带动了山区的发展。

通过移民带来的生存环境变化，还对转变人的观念、提高移民素质和社会化程度产生深刻影响。广大移民由昔日封闭落后的贫困山区进入新居地，耕作方式变了，文化氛围变了，经济生活变了，促使他们不断接受新文化、新技术，精神面貌焕然一新，科技观念、商品观念、效益观念和竞争观念大大增强，逐渐改变了封闭守旧、听天由命、安于现状的传统观念。同时一批回族和东乡族农民从贫困山区来到川水区，使各民族共同开发新灌区走共同富裕的道路，对促进民族地区经济发展、加强民族团结都具有重要经济意义和社会效益。

（三）生态效益

恢复生态环境是"三西"移民的主旨之一。据调查，甘肃中部山区每个农户每年要铲掉约60亩荒山的草皮，以解决燃料、饲料不足的困难。迁出30万人以每户5口之家推算，可保护植被360万亩。又据对甘肃子午岭地区的实地观测，一般情况下，农地的土壤侵蚀量要大大高于其他类型的土地（详见表2）。从表2可以看出，通过人口迁移而使部分农耕地退耕还林还草，水土流失将会大大减缓，生态环境就会逐渐得到治理。

表 2　甘肃子午岭地区各类土地侵蚀量

土地利用方式	林地	草地	荒地	农地
侵蚀量(斤/亩)	0	2.0	24	1929

　　从迁往地来看,由于移民的开发性建设,使昔日连片的荒漠变成了片片绿洲,又改善了新居地的生态环境。过去,在河西和中部的黄河两岸有大片未开垦的荒滩旱原,水土资源丰富,开发条件较好,但由于缺乏劳力和必要的投入,千年沉睡在那里。"三西"移民后国家的投资加上中部的劳力很快把40多万亩荒滩旱原垦殖为新的绿洲。据1992年统计,中部的兴电、刘川、白草塬、景电二期、西岔等高扬程提水灌区和河西高台的骆驼滩等12个移民基地,8年来共植树1360万株,人均64株,种植经济林2.07万亩,每个移民村都是一个绿化点。从而唤醒了新灌区沉睡千年的国土资源,把昔日效益甚低的荒原生态系统改造成为高效益的农林生态系统。

　　宁夏隆德、彭阳、固原等县通过吊庄移民后,使高坡耕地退耕还林还牧,促进了产业结构调整,从而把山区过去竭泽而渔的掠夺式农业改造成为种地、养地相结合的生态型农业,使昔日的光山秃岭披上了绿装。甘肃省靖远县若笠乡双合行政村,移民前人均耕地6.95亩,人均产粮16.76公斤。移民后,人均耕地增加到12.4亩,人均产粮增加到177.9公斤。经济作物由移民前的70亩增加到1460亩。全村累计种草1025亩,人均1.3亩;造林1200亩,人均1.5亩;粮、经、林、草的比例由移民前的77:14:6:3,调整为59:16:14:11。生态环境逐步由掠夺型走向保护型,积蓄和扩张了可持续发展的能力。

(原载于《中国研究》(日本)1997年5月号)

人、陇人与陇人品格

据考古证实,距今约 20 万年前,华夏先民就在甘肃这片瑰丽的土地上活动。在此后漫长的沧桑岁月和历史演变中,这里的人们用自己的勤奋、智慧、宽厚和奉献精神为中华民族的繁衍、传承、进步和文明作出了积极贡献。并养育和塑造了以孔丘三位名徒、一批二十四史立传人物,西又"飞将军"李广、军事家赵充国,东汉哲学家王符、书法家张芝,三国蜀将姜维,魏晋医学家皇甫谧,北魏尚书仆射李冲,唐明君李世民等,以及近现代以来一大批名流志士为代表的陇人形象,形成了独具陇上文化个性的陇人品格。

一、人及其本质

人及其本质是品格形成的本源。那么,究竟"人是什么?""什么是人的本质特性?"应该说,在人类历史活动的早年,原始人并没有"自我意识",没有"个人"或"个体"这样的概念,还没有把自己从周围自然界中明确分离开来,还不会把自己的特性移入自然客体。他们之所以创造出纷繁多样的图腾崇拜偶像,把各种动植物奉为自己祖先的魂灵来仰拜,在这里所表达和标识的恰恰就是把自己与大自然视为一体的朦胧的原始思维形式及原始世界观。

人从原始的"人们"、"群体"的复数概念到"个体"、"人"的分离以及个人意识的生成是在人类文明的长河渐进中实现的。首先把人从自然界中分离出来的,当属古希腊哲学发展的"智者时代"及其古希腊哲人苏格拉底。是他真正创立了古希腊"人"的哲学,系统提出人的问题和个人意识问题。与西方相比,中国历史上关于人的学说有很大的不同。一方面,中国历史上缺乏产生浓郁的宗教氛围的社会土壤,这一点决定了宗教思想的淡薄状态。另一方面,大一统的封建集权以及内陆性地理环境等因素造成了中国思想的整体主义倾向,加之由于中国历史上既未对个人加以如中世纪那样残酷的压榨,也未如西方文艺复兴以来对人性那样的极度讴歌,使得中国的个人主义始终没有发展成熟起来。在整个古代,从孔子、孟子、荀子,直到王充、朱熹等,都把人的本质规定为"仁"、"义"、"爱人"等道德规范,由此衍生的修身、齐家、治国、平天下,几乎成为中国所有贤达志士的座右铭。

　　到近、现代以来,对人的本质,不同学科有着不同的界说。一般而言,生物学强调人的自然属性,即强调脑的神经反射功能,先天的遗传品质;社会学强调的是人的社会属性,即后天环境与教育的影响;而心理学则把人的自然属性与社会属性结合起来,强调心理是人脑对客观现实的主观能动的反映,人的自然发展和社会发展交融并进,其本质特征在于人具有高度发展的智能和高度发展的自我意识。整个近代,哲学是使人的学说大发展的时期,黑格尔在其逻辑学体系中,把人视为绝对精神的客观化,人的本质归结为人的劳动的本质;费尔巴哈在其创立的人本主义学说中,把人看成感性的自然存在,从人与自然的关系、人与人的关系中来定义人的本质。

　　总之,从原始人到现代人,从西方人到东方人,关乎人的问题,关乎个人的本质问题,总是随着时代的裂变而聚合出新的疑点,而最终破解这些疑点的正是马克思主义的历史唯物论。人的本质"不是胡子、血液、抽象的肉体的本性,而是人的社会特性"。(《马克思恩格斯选集》第 1 卷 220 页)"人的本质并不是单个人所固有的抽象物。在其现实性上,它是一切社会关系的总和。"(《马克思恩格斯选集》第 1 卷

第 18 页）

二、陇人及陇人品格

在确证了人历史的和社会的本质之后,便可由此出发,探讨在不同历史和社会环境下不同地域内的人及人的品格问题了。

(一)陇人是一个具有多元特质的人口群体

首先,陇人是一个多民族的人口群体。陇人亦即长期生活在甘肃(简称陇)境内的人口群体。甘肃省自古以来是一个多民族聚居地区,地域范围曾发生过多次变更。早在商周时期,境内有氐、羌、戎。秦汉时期,月氏、乌孙、匈奴曾在河西走廊居住。魏晋南北朝时,匈奴、氐、羌、鲜卑等先后建立了"五凉"政权。隋唐时期,突厥、回鹘、土蕃、吐谷浑曾在境内活动。宋代,党项、羌在今宁夏、河西及甘肃中部建立了西夏政权。至元代(公元 1281 年),设甘肃行中书省,为当时全国十二行省之一,多民族格局基本形成。由此可见,在历史上,陇人是一个由多民族组成的人口群体,民族性是陇人最显著的特征之一。

其次,陇人是一个动态变化的人口群体。现代甘肃的省境和人口格局是与历史上频繁发生的人口大迁徙和战乱相伴而生的。在这一历史性的社会变迁和重组过程中,全省地域范围和族群、人口数量都在不断发生着变化。据《甘肃省志》记载,公元前 280 年的周代始置我国最早的郡级政区陇西郡。西汉平帝元始二年(公元 2 年),全国人口 5959 万,甘肃约有 129 万人。在隋大业五年至金元光二年(公元 609 年至 1223 年)的数百年间人口在 189 万左右。公元 733 年的唐代始置我国最大的道级政区陇右道,下辖 21 州府,"陇"的简称便由此而来。元代置省时,省境除辖今甘肃大部分地区外,兼领今青海、宁夏、新疆、内蒙古的部分地区。从公元 1667 年到 1876 年,甘肃、陕西由合到分,但当时的省境总面积超过 300 万平方公里,是今甘肃国土面积的六倍多，人口曾达到 1229 万（1820 年），1873 年又减至 279 万。1925 年上升到 565 万人，1936 年为 640 万人。1949 年，全省人口为 968.4 万人。建国后，省境地域、人口、自然增长和迁入人口都在不断变化和较快增长。因此说，陇人是一个不断发展变化的人口群体，动态性是陇人的又一个显著特点。

最后，陇人是一个具有独特历史文化的人口群体。在甘肃这块广袤而多样的土地上，多民族文化相当发达。距今四千年以前的新石器时代，发育在黄河流域的仰韶文化和龙山文化两个系统，在省境多河谷阶地上皆有不少发现（如甘肃型仰韶文化、齐家文化、辛店文化等），但所不同的是甘肃的史前文化与黄河中下游相比，具有显著的特征和不同的系统。一般认为，黄河下游的中原远古文化在仰韶期后进入龙山期，龙山期后进入殷周期。范文澜则认为仰韶、龙山、殷周（或小屯）是一脉相传的华夏文化。而位处黄河上游及河西内流区的甘肃，早有和仰韶文化不全相同的马家窑文化，尤其在齐家文化后又出现各种不同的文化系统。丰富独特的陇文化是陇人创造的，文化又塑造了独特的陇上人。兰德曼曾说过：谁想知道什么是人，那么他也应该、而且首先应该知道什么是文化。也就是说，只有在文化的意义上才能认识人，才能理解人的品格。

（二）陇人品格是多元文化的综合体

（1）品格概念及其他。在现代汉语里，品是标准、等级的意思，格是量度、模框或一定的标准、式样，品和格组合而成的品格一词，主要指具有一定代表性（或模式化）的道德品质和品性风格。

与品格相近的还有品德、品质、品行、人格等概念。品德主要指道德的程度，品质指道德的质量，品行则指人们在活动中表现出的一贯性的道德和行为方式的总和。人格是一个同品格紧密相关而又相当复杂的概念。有的从道德、法律、心理等不同层面界定人格；有的从动态、静态的角度来界定人格概念。但到目前为止,学术界比较推崇杨国枢关于人格的定义,即:"人格是个体与其环境交互作用的过程中所形成的一个独特的身心组织,而此一变动缓慢的组织使个体适应环境时,在需要动机、兴趣、态度、价值观念、气质、性向、外形及生理等诸方面,各有其不同于其他个体之处"(陈仲庚等:《人格心理学》,辽宁人民出版社 1987 年第 48 页)。

人格同品格的区别在于,人格侧重于人的生理方面,品格更多地侧重于心理和行为方面,包括人的认知能力的特征、行为动机的特征、情绪反应的特征、人际交往的特征、信仰价值和道德体系的特征等。因而,品格也被认为是群体社会力量凝聚而成的文化精神和文明素质。

(2)文化 社会与人的品格。文化无疑是人的文化,社会当然是人的社会,世界上的万事万物,离开了人,离开了人的需要、欲求,什么也不可能创造出来。同样,人在创造社会、创造文化的过程中也创造了自己的品格。因而,文化、社会、人的品格是一种三位一体的关系:人及其品格总是一定社会环境和文化条件的产物,人既是社会和文化的主体,又是社会化的客体和文化客体的统一。社会作为一个体系,是多种人际关系的总和,单一的个人不可能组成社会,社会无论大小都表现为各种人与人、群体与群体关系的集合,表现出一定的社会结构体系。而社会成员的物质产品活动和精神产品活动,又无不打上文化的烙印。文化的传承使每一发展阶段的社会表现出一定的连续性,使一定地域的人及其品格凝聚出民族性或个体性。

陇文化、陇社会和陇人及其品格的关系,同样是纵横交错,互为一体的。我们探究陇人品格,有一个基本原则、基本立场是不能动摇的,这就是必须坚持以陇文化与陇社会为立足点和出发点。但探究陇文化,如果离开了甘肃特定的生态、经济、人口、法律、风俗等,离开甘肃人所创造和实践的物质财富与精神财富，就不可能掌握陇文化的真谛。我们探究陇社会，如果离开了从古至今几千年甘肃的文化积累，如"知识、信仰、艺术、道德、法律、风俗，以及人作为社会成员所习得的任何才能与习惯"（泰勒:《原始文化》第1卷第1页），也将一事无成。从这种意义上说，陇人品格就是陇文化和社会传承、凝聚而成的文化精神与文明素质。

（3）陇人品格的内容。既然陇人品格是文化精神与文明素质的结合体，那么，它就应该具有特定的内容和属性。陆浩同志在省志总序中曾对陇人精神和性格特征作过如下概括:淳朴敦厚、诚信友善和热情豪放的性格特征，不畏强暴、刚正尚武和勇于牺牲的爱国情操，百折不挠、坚韧不拔和"人一之我十之"的顽强毅力（《甘肃日报》2005年11月14日）。这一概括抓住了陇人的性格特征和人格特征，充分体现了陇人品格中最优秀的成分。

笔者在借鉴前人研究成果的基础上，从社会学的视角对陇人品格进行了新的梳理，认为陇人品格可概括为三句话、六个字，即:勤奋、坚韧、包容。这三句话涵盖了陇人三个方面的人生态度，一是对己。用什么样的态度对待自己，是人品之源，人品境界之本。陇人以勤为本，无论从工、从农，还是从学、从商，都认真努力，勤劳、勤俭、勤奋，乐于奉献，终生不倦;二是对事。如何对事、处事、成事是人之品格的主脉。陇人从古至今崇尚坚毅豁达，坚强处事，坚韧成事;三是对人（他）。任何人都是相对于他者而存在的，自古以来陇人总是宽容待人，兼容异己，包容他者。

对这三句话、六个字的内涵，如果结合甘肃传统文化特征进行再凝炼，便可概括为三个字，即勤、韧、容。甘肃地处内陆，从地理特征上讲，属于半封闭的大陆型文化，它对外封闭，对内求同，自我中心，乡土情结;从经济特征上讲，属于以自耕农为基础的小农经济文化，它崇尚一统,重农轻商,知足安乐;从社会组织特征上讲,属于以亲缘地缘关系为纽带的家族文化和社区文化,它崇尚家庭,仰仗权威,倡导团结责任感和集体事业心;从行为特征上讲,属于趋同从众的中庸文化,它注重人伦安稳,社会安定,人际和谐,不露锋芒,等等。

上述地理、经济、组织和行为等方面的文化特征,从四个方面对人的品格施加着影响:一是通过影响人的心理而影响品格;二是通过影响人的道德和行为规范而影响品格;三是通过影响人对自己身份、地位的认同而影响品格;四是通过影响人的知识、经验和技能而影响品格。在这种特定的文化环境下,勤、韧、容又被赋予更广博、更厚重的内容:

勤:"陇"是中华民族的发祥地之一,"勤"是中华民族最本质的特征。因此,"勤"是"陇"和中华民族共同的根,也是陇人最基本最可贵的品格。"陇"因勤而生而长,"陇人"因勤而千古留芳,这从远古人文始祖伏羲的结绳记事,一直到当今的玉门油田、镍都金昌、"两弹一星"等,都得到令人折服的印证。

韧:韧者柔软而又坚固,也可解释为内刚外柔等等。文明的兴衰更替造就了甘肃特殊的省史,也为陇人打上了"韧"的印记。远古至隋唐时期是甘肃历史上的黄金时代,然自宋以降,随着北方游牧民族的进逼,华夏民族经济、政治、文化中心的逐渐南移,甘肃被文明中心抛在了身后,变得落寞而惆怅,忧郁而孤寂。代之而起的是游牧诸族的轮番占领、中原兵锋与胡骑马刀的惨烈碰撞,甘肃几乎变成了一片大战场。明军逐蒙古人于漠北,以嘉峪关为象征的甘肃是抵御关外蒙军卷土重来的前沿军地;清廷收新疆于濒危,甘肃又成为左宗棠的大本营。近千年间,这块土地上真可谓烽火连天、兵燹不断、环境破坏,天灾频仍,经济萧条,生灵涂炭,昔日"天下称富庶者无如陇右"的甘肃,终成为"陇中苦瘠甲于天下"的不毛之地。按照联合国关于人口与资源、环境承载力的有关标准，有相当一部分地区根本不适宜人类居住和生存。但是，陇人并没有因此而遗弃自己的家园，而是靠勤劳和坚韧迎击困难，战胜困难，跨越困难，祖祖辈辈坚守着家园，改造着家园，不断创造着新的生活。这里贯穿着一种基本精神就是坚韧不拔的奋斗精神，正是靠这种精神，当今，在人类本来难以生存的沟岔梁塬，陇人创造了全国著名的"马铃薯之乡"、"全国梯田县"和"引大入秦工程"等奇迹，也正是靠这些奇迹的创造和延续，又不断锻造着陇人坚韧不拔、百折不挠的品行人格。

容：即宽容大度，善于接纳，求同存异等等，它是甘肃历史变迁、文化传承、民族共处和陇人品格本质最显著的标识之一。甘肃地处黄土高原地区，随着历史的变迁，昔日青翠葱郁的肥原沃土，日益成为哀怨绵绵的不尽黄土。在复杂多变的大自然和连绵不断的战火面前，黄土地不断承受着风雨雪霜无情的宰割和战剑刀斧的撕裂，黄土地上的人也同样遭受着自然灾害的袭击和战乱的洗礼。据记载，历史上甘肃包括西北曾发生过数次人口南移和民族大迁徙的过程，大多数少数民族是隋唐至元以后在各民族相互融合的基础上形成的。如：隋唐时进入青海、甘肃的以吐蕃人为主形成的藏族；元代以原吐谷浑人为主、融合羌、汉、蒙等民族成分形成的土族；以远回鹘人为主体、融合藏、蒙、汉族形成的裕固族；还有诸如保安族、东乡族、回族等，大都是因各种原因由其他地区迁入甘肃，并与陇上其他民族相互融合而形成的。应该说，甘肃的多民族共生共聚格局及之后多次人口大规模进入，既铸造了陇人海纳百川、有容乃大的品格，又不断成就着陇上民族兴旺和事业发展的辉煌。因此，"容"作为陇人品格的标识之一，有其深厚的历史基础和文化土壤。

（三）陇人品格的主要特点

以勤、韧、容为基本内容的陇人品格，是陇人在长期的生产实践

和社会实践中习得的,其主要特点:

一是整体性。陇人品格是陇人的一种价值观,它是由价值基础、价值核心和价值目标等要素组成的价值体系。同时,这一价值观包含了对己、对人、对事等完整的价值指向和目标指向。在这一体系中,"勤"为陇人品格的价值基础,它是陇人所有美德发育和生长的土壤;"韧"为陇人品格的价值核心,它像黄河水一样,既源源不断,又百折不回,是甘肃所有变迁和发展的动力之源;"容"为陇人品格的价值目标,它是古、近、今多族群共存共兴,社会历史文化绵延不断的"粘合剂"。千百年来,"陇"的盛衰演进,陇人的悲欢离合,都反复印证着陇人勤、韧、容的高尚品格。

二是稳定性。品格作为相互联系的各种要素的综合,具有相对的稳定性。品格的形成是一个由外到内的过程,即把外在的道德伦理规范内化为人的"第二天性",这是一个艰难而缓慢的过程。而外在的道德伦理规范一旦内化和固化为人的品格,就与人的气质、性格、观念等结合为一体,就具有了相对的稳定性。在社会不断变迁的实践中往往总要伴随着观念的更新,观念更新需要与规范的变化相互借助,而品格的更新却较观念、规范的变化更为滞后。

三是动态性。品格的稳定性是相对的,而动态性和可变性是绝对的。正是由于品格整体结构的动态性特点才使陇人品格在社会历史发展变化的新环境下,既承前启后,又吐故纳新,不断增加新的内容,转换存在方式,获取新的生命。与此同时,社会结构剧变和社会转型也会导致品格的变化,这种变化可以是渐变、量变,也有可能突变甚至在特殊条件下的部分质变。一般情况下,当社会结构处于渐变时,伦理道德关系系统仍处于相对稳定状态,而品格结构已开始局部的渐变,当社会结构开始剧变时,道德伦理关系系统处于调整状态,品格结构的整体也开始变化。

三、陇人品格的生成机制

品格作为伦理道德体系的重要组成部分,其生成机制主要指:品格虽然是社会历史和文化的产物,但作为一种美德,它又不会纯粹地自然地生长起来,需要随着经济社会的发展不断地培植和养育。

(一)社会生成机制

在马克思主义看来,陇人品格是甘肃社会历史的产物,是在广袤的甘肃大地上有了人类生息并组成社会以后,从人类社会物质生活条件发生并在长期的社会实践中逐步生成的。品格同道德一样,体现的是个人与整体、个人利益与整体利益的关系。同样,品格不是一成不变的,而是随着经济社会文化的变化不断发展变化的。陇人品格的发展变化,在不同时代、不同的社会历史条件下有着不同的内容和特点。我们所说的勤、韧、容,也随着时代的发展和进步,不断注入新的成分和养料。

(二)教育生成机制

品格在一定的历史条件下形成以后,就同时获得了相对独立的性质,也就需要相对独立的知识系统予以维护和支撑。从获得知识的来源讲,主要有直接知识和间接知识两个源头。直接知识是人们通过直接参与社会实践、生产实践而获得的知识,间接知识则是人们通过一定形式的教育、培养和学习而获得的。品格的教育生成机制即在于此,它既是一种外在的社会力量的作用过程,又是一个个体接受和内化的过程。

(三)习惯生成机制

积久成习,袭而惯之,就成为习惯。习惯一旦形成就成为规则,对人的行为具有了约束力。恩格斯在考究宪法的起源时曾说过:"在社会发展的某个很早的阶段,产生了这样一种需要:把每天重复着的生产、分配和交换用一个共同规则约束起来,借以使个人服从生产和交换的共同条件。这个规则首先表现为习惯。"(《马克思恩格斯选集》第3卷第211页,人民出版社1995年版)这里,恩格斯揭示了习惯的全部秘密。第一,习惯是人们在千百次重复着的社会生活交往中得到的感性经验的积淀或约定俗成,它可以使人们的社会交往规范化、秩序化。第二,习惯是一种外在强制性与非强制性的统一,在形成之初必然带有强制性,但一经形成,便成为一种非强制性力量。

品格习惯是人的道德和文化精神力量的结晶,它可以化解个性与道德之间的冲突,使二者融为一体,并升华着品格的品味和质量。记得黑格尔曾经说过:"对伦理事物的习惯,成为取代最初纯粹自然意志的第二天性","在习惯中,自然意志和主观意志之间的对立消失了,主体内部的斗争平息了,于是习惯成为伦理的一部分。"(《法哲学原理》,商务印书馆1936年版,第170~171页)正因为如此,陇人品格的生成,实际上最初是从道德行为转化为品格习惯开始的,也就是说,品格习惯是道德行为通向高尚品格的桥梁和中介。品格由行为至习惯,大大简化了品格判断、选择等活动过程,使作为行为主体的人在面临品格选择的情景下不假思索地完成符合普适原则基本规范的行为。正因为如此,陇人品格就存在一个再塑的问题,存在不断把民众日常生活中的道德行为转化为品格习惯的问题。

参考文献:

[1]刑建国.秩序论[M].北京:人民出版社,1993.

[2]王伟.行政伦理概述[M].北京:人民出版社,2001.

[3]佐斌.中国人的脸与面子[M].武汉:华中师大出版社,1997.

[4]武文.文化学论纲[M].兰州:兰州大学出版社,2001.

[5]董鸿杨.黑土魂与现代城市[M].西苑出版社,2000.

[6]刘敏.山村社会[M].兰州:甘肃人民出版社,2000.

[7]刘玛莉.天水史话[M].兰州:甘肃文化出版社,2004.

（原载于《甘肃社会科学》2007 年第 1 期）

四、社会发展理论研究

社会发展理论的演变走向及其特征

从一般意义上讲,人类自产生以来就面临着两种发展问题,一是"物"的发展,亦即经济发展;一是"人"的发展,亦即社会发展。但真正意义上的社会发展理论却产生于 1838 年奥古斯特·孔德提出社会学这一新的学科概念之后,包括马克思主义的社会发展理论。我们所说的社会发展理论是指对社会发展过程和规律系统化、规范化了的理性认识和抽象概括,它的形成和发展经历了漫长的演进过程。

作为研究现实社会生活、社会关系、社会现象和社会发展的社会学,最早是在哲学中孕育起来的。长期以来,关于社会发展的思想与其他许多知识一起以统一的形式包容于"大哲学"之中。16、17 世纪在实证科学浪潮的冲击下,首先使天文学、力学等自然科学从哲学中分化出来。19 世纪上半叶,法国的昂利·圣西门促进了社会发展思想与"大哲学"的分离。他提出,关于人类社会的研究至今还是"臆测性的",应建立一门"实证科学"[1]。1838 年,他的秘书孔德在出版《实证哲学教程》第四卷时,终将"社会物理学"改为"社会学",并指出采用新术语并非喜欢创造新词,而是有必要建立一门以实证方法来研究社会现象的独立学科。[2]

---

[1]《圣西门选集》第 1 卷、第 44、48 页。
[2]夏基松:《现代西方社会思潮》,1987 年,第 122 页。

在这一点上,马克思、恩格斯与孔德持有相近的观点。在 1844 年他们写作的《神圣家族》中,就把"社会学"与"现代哲学"区分开来。这标志着伴随社会学新学科的形成,真正意义上的社会发展理论也随着孔德的社会动力学和社会静力学而发轫了。自此之后,它经历了两大发展阶段:从 19 世纪 30—40 年代到 20 世纪 40 年代为第一阶段,这一阶段的特点是把社会作为一个有机整体加以研究;从 20 世纪 50 年代以来,社会发展理论进入第二个发展阶段,其特点是用各种不同的理论解释现实社会的发达与不发达、先发展与后发展的现象,以及落后地区如何发展、实现现代化的问题。

在两个阶段的发展过程中,又演变出特征各异的四种类型理论,即:经典社会发展理论、发展理论、经济社会协调发展理论、社会可持续发展理论。其演变的基本走向是:由重物到人、物并重,再到以人的永续需要为中心。

一、经典社会发展理论

相对于现代的社会发展理论,我们将最早形成的、带有奠基性的理论和学派称之为经典社会发展理论。在社会发展理论体系中,一般是由社会理论和发展理论两部分构成的,因而要正确认识和界定社会发展,并由此抽象概括出社会发展的基本理论,首先应从科学解释"发展"开始。

"发展"概念源于欧洲,最初是从生物学借用来的。这一概念的核心内容是指有机体内在的、定向的、渐进的、不可逆转的和有目的的变化过程。后来,随着欧洲文明的演进,"发展"概念逐渐被引入社会科学领域。在哲学领域,"发展"是指事物由小到大、由简到繁、由低级到高级、由旧质到新质的运动演进过程;在 19 世纪,社会学的奠基者将"发展"概念应用于研究社会过程,由此产生了以社会进化论为特征的社会理论;在发展理论中,"发展"被看做是一个国家或社会由落后的不发达状态向先进的发达状态的过渡和转化;在直接研究社会发展的发展社会学中,认为"发展"是社会有意识地逐渐向科学化和成熟变化的过程,目的是实现预定的、估计可行的社会和经济进步。

从上述引证中看出,"发展"是一个宽泛的概念。即使在社会发展理论中,"发展"、"进步"、"增长"、"变迁"也常常被当成含义相近的术语使用。一般说来,经济学家笔下的"发展"指的是"经济增长",社会学家则用"社会变迁"来说明"社会发展",其他各门学科也有自己的"发展"范畴。

在西方的社会发展研究中,普遍采用"现代化"概念来具体表述近、现代社会发展的历史与现实。这一概念把经济、社会、政治、文化的进步和人自身的发展等含义融合在一起,把工业化、人口增长、科学技术进步、文明类型的演进乃至社会形态的更迭等囊括无遗。因此,社会发展理论在一定的时段下,多半是现代化理论的同义语。

正是由于对"发展"的不同解释,即使在社会发展理论形成之初的经典社会发展理论体系中,也表现出多种学派、多元理论纷争的特点:

结构功能主义认为,社会发展主要指社会结构的进化以及由此导致的社会适应能力的提高。这一理论由美国社会学家 T.帕森斯创立,其代表人物有斯宾塞、默顿等。

在结构功能主义中,传播最广并受到广泛承认的是帕森斯的"均衡论模式"和"均衡四法则"他认为社会系统具有四种基本功能:A——适应功能,G——目标实现功能,I——整合功能,L——模式维持功能。这四种功能分别由行为有机体系统、人格系统、社会系统、文化系统 4 个子系统来执行,从而实现社会结构各个要素系统之间的稳定。与此相适应,帕森斯又与贝尔斯提出了"均衡四法则",即惯性原则、行为和反应原则、力的加强原则、体系一体化原则；并用这些法则保持社会本系的均衡。

冲突理仑认为，社会发展主要指社会冲突调节机制的进步以及由此导致的调节能力的提高。这一理论的代表人物有德国的达伦多夫和科塞等 基本理论有三个主题：一是冲突在社会结构中是如何出现的；二是冲突的方式；三是冲突是如何影响社会发展的。认为任何社会结构都包含有合作与冲突，其原因一是价值观念的分歧与对立，二是权力、地位、资源分配的不均。冲突可以增进而不是降低社会调节，由此又提出了调节冲突的"安全阀定律"用以人们发泄对抗情绪，提供警报信息与化解社会矛盾，促进社会发展。

社会交换理论认为，社会发展是通过人与人的对等性交换行为形成的。代表人物有美国的社会学家乔治·霍曼斯和彼得·布劳。他们把经济学的功利原理运用到社会行为的研究中，提出了构成社会行为的五个命题，即刺激命题、成功命题、价值命题、丧失与满足命题、攻击与赞同命题。①

符号互动论认为，社会发展是指人们之间沟通方式的进化以及相应产生的各种交往能力的增强，代表人物有美国的乔·赫·米德和H.布鲁默。他们认为社会交往至少有两个个体，是一种符号性的(例如字母、语言、电码、动作、数学符号和化学符号等)相互交往。由交往产生理解和沟通导致交往主体的相互适应和发展能力的提高。

法兰克福学派认为，社会发展主要指社会制度的进步以及由此带来的人们束缚的减弱、人的解放和自由程度的提高，代表人物主要有霍克海默、马尔库塞等。

---

① G.苏曼斯《社会计为》，第 53 页。

马克思主义认为，社会发展是生产关系和与生产关系相适应的各种上层建筑的进步以及由此导致的社会生产力的提高。

另外，还有需要层次论（美国，马斯洛等）、法国社会年鉴派（又称杜尔凯姆学派）、分析学派（美、法，鲍顿等）、文化历史学派（德、英、美，格雷布内尔等）、制度学派（美，凡勃伦等）等，都从不同角度、不同层次上研究社会发展，提出了各自不同的理论和观点，丰富和完善了社会发展理论的经典宝库。

二、发展理论

发展理论是随着 20 世纪 50 年代兴起的发展研究而形成的。在此之前，经典社会发展理论研究涉及的多半是西方社会自身的问题。如果我们追溯到历史上孔德、斯宾塞、涂尔干、帕森斯、韦伯、迪尔凯姆等伟大学者在社会研究方面的著作，我们就会看到，他们所阐述的观点，既涉及工业化以前的社会，又涉及工业社会。他们的社会发展理论可归纳为两类范式，一类是注意社会演进过程的进化论范式，一类是寻求社会平衡发展的均衡论范式。这些实际上是建立在关于社会起源、发展演变过程及社会未来的一系列假设的基础之上。虽然经典社会发展理论为后来的研究奠定了基础，但这些理论很大程度上是以 19 世纪关于社会进化过程理论为依据的。而这种"依据"与第二次世界大战后大多数的第三世界国家面对的"不发达"现实毫无共同之处。因而，以专门研究第三世界发展中国家发展问题的发展研究和发展理论蓬勃兴起，相继创立了发展经济学、发展政治学、发展社会学、新发展哲学等学派；经济增长战略、进口替代战略、基本需求战略、经济社会综合发展战略、人力资本投资战略等频频问世；哈罗德——多马增长模式、刘易斯二元结构模式、罗斯托六阶段发展世界模式、巴里洛克模式等流行一时。

发展研究从兴起之时就涉足两方面的领域，一是以第三世界发展中国家政治、经济、社会、文化的发展对象，研究这些国家现代化的理论、模式、战略乃至具体政策，可称之为狭义的发展研究；二是探讨社会发展的一般规律，从全球的背景上阐明各地区和各国社会经济发展的现状与未来，可称之为广义的发展研究。

在发展研究及其理论中，同样存在着各种不同的学派，就其主要观点和方法论而言，大致可分为三种学派：

一是"现代化理论"学派。代表人物有 P.鲍尔、W.罗斯托、N.艾森斯塔德、D.贝尔、A.英克尔斯等。实际上，对现代化的研究早在社会学的奠基人那里就开始了。帕森斯在《现代社会体系》一书中就提出了现代化问题，并将世界现代化划分为三个阶段。据此，我们可以把西方社会发展理论中的"现代化理论"也分为以下三个阶段：

第一阶段为 17 世纪到 19 世纪末，与以英法为代表的西欧社会的现代化相对应，包括洛克的古典市民社会论，斯密和李嘉图的古典经济学，圣西门、孔德、斯宾塞等人的实证主义产业社会论等。

第二阶段为 20 世纪前半叶，它与以德国和北欧为主导的第二阶段的现代化相对应，包括迪尔凯姆的从机械连带到有机连带的理论，滕尼斯的从礼俗社会到法理社会的理论，韦伯的从传统社会到近代社会的理论等。

第三阶段从 20 世纪 50 年代开始，与第三世界发展中国家的现代化相对应，也就是本文所说的"现代化理论学派"。他们认为，现代化就是落后的专统社会发展成工业化的西方社会模式。后来，英克尔斯等又提出"社会技术"性的现代化理论，即从教育、服务、保健、生活方式和政治等社会层次实现现代化；从组织结构、权威改造、社会流动、社会调控等制度层次实现现代化。

二是"依附论"学派。这种理论是从西方发达国家与非西方不发达国家之间的关系上论述不发达国家之所以不发达的原因的，以普雷维什、弗兰克、桑托斯、卡托索、伊文思等为代表。他们将依附形式分为三类：一是殖民地型依附，二是进口替代型依附，三是跨国公司型依附。先后提出了"不发达的发展"、"依附的发展"等观点。

三是"世界体系论"学派。这种理论是依附论的提高和发展，主要代表人物是沃勒斯坦。他认为世界是一个统一的整体，在这个体系内少数国家处于"核心"，其他国家分别处于半边陲和边陲地位。发展的主要意义就在于如何改变在世界体系结构中的位置，即从边陲晋升到半边陲。

上述三个学派分别代表着发展理论研究的三个阶段，从强调文化价值与意识形态决定经济增长的现代化理论到从历史整体的角度探索发展规律的世界体系论是发展理论研究的深入和进步过程，它们提供的理论和分析框架颇具参考价值。但是，发展研究及其理论也存在明显的缺陷。总的说来，在 50 年代、60 年代，"发展"几乎总是被看做一种经济现象，不论哪种学派都把"发展"的定义局限于狭隘的经济增长中，因而我们又把具有这种倾向的发展理论称之为传统社会发展理论，与这种理论相伴而生的便是传统发展战略，它的基本点是把经济增长，具体而言就是把人均国民生产总值的增长作为社会发展首要的甚至是唯一的目标。因此，通常又将其称之为"增长第一战略"。1969 年应世界银行要求所提出的皮尔逊报告和联合国第一个发展 10 年计划，便是传统发展战略的典型例证。

传统发展理论及其战略的弊端是极为明显的。首先，这种战略是以资源可以无限制开发的假设为前提，几乎不考虑经济增长对环境和生态系统的破坏性影响；其次，经济的增长并不能自动实现公平分配、充分就业、消除贫困等社会发展目标；再次，以传统发展理论为指导的经济增长偏离了社会主体——人的精本生活需求。

在第三世界国家发展的实践中,虽然经过数十年的艰苦努力,一些国家取得了较高的经济增长率,达到甚至超过了联合国两个"发展的 10 年"提出的增长指标。可遗憾的是,单一的经济增长并没有使社会发展同步。相反,贫富两极分化、食品短缺、通货膨胀、贪污腐败、政治冲突、社会动荡等日益加剧,大多数发展中国家陷入内部问题的严重困扰之中。

面对传统发展理论及其战略造成的恶果,人们对这一理论的怀疑失望急剧增长,称过去 20 年的历程为"有增长而无发展"、"无发展的增长"、"以人的剥夺为代价的发展"。因此,从 70 年代开始,发展研究及其理论出现了从经济层面向社会层面的转变,亦即由重物到物、人并重的转变,由此又促动了协调发展理论的形成。

三、协调发展理论

从传统社会发展理论到协调发展理论的转变是从对于人的关注开始的,是由"基本需求理论"及其战略引发的。1976 年,国际劳工组织在日内瓦召开的世界就业大会上提出了"基本需求战略",强调个人和整个人类的全面发展,以全体人民的基本需求来安排整个社会的发展。其目标不是增长,而是发展,除了国民生产总值的增长之外,还包括消灭贫困、充分就业、公正分配、公民参与等重要的社会目标。

对人的基本需求的关注,经典社会发展理论早就涉足过。社会人类学家马林诺夫斯基曾提出人的需要的三种类型:第一类是生物性的基本需要,如营养、生殖、安全等;第二类是手段性的需要,如生产技术、社会组织等;第三类是维持性的需要,如知识的积累和传播、道德和文化的维持。①

---

① B.马林诺斯基:《野蛮人的性生活》,第 36 页。

20 世纪 50 年代,马斯洛学派提出了人的需要的五个层次理论:第一层次为生理需要,包括饮食、睡眠、性欲、活动能力等最基本的个体需要;第二个层次是安全需要,包括安全感、社会秩序的安定、生命和财产的保障等;第三层次是社交需要,也称爱和归属的需要,包括对爱情、友谊、情感交流、社交活动等;第四层次是尊重需要,包括自我尊重和受他人尊重两个方面;第五层次是自我实现需要,包括实现个人理想、充分发挥个人才能和潜力的需要。

在马克思主义社会发展理论中,需要理论占有很重要的地位。他们把人的需要划分为物质需要、社会需要、政治需要、精神需要;认为需要是生产发展的内在的动机、现实行动的推动力,"没有需要,就没有生产"①。"已经得到满足的第一个需要……又引起新的需要"②。后来,列宁据此概括出了"需要的上升规律",并把这一规律同社会生产增长过程和社会发展过程直接联系起来。

此后,随着以微电子技术和空间技术为代表的新技术革命的冲击,经济活动的范围极大地扩展了,经济本身已经深深地渗透到社会领域,与社会相互交叉、相互兼容。与此同时,一些新的社会性障碍和社会问题成为经济发展的阻力,如人口因素、人的素质因素、体制因素,以及犯罪问题、资源问题、生态问题等。因此,无论发达国家还是发展中国家,都面临经济与社会协调发展的问题。

有鉴于此,从 70 年代以来,在西方出现了一批有关论述协调发展的论著。1972 年著名的罗马俱乐部发表了《增长极限》的研究报告,对传统的"增长第一"战略进行了强烈的批评,认为地球是个有限的系统,这种有限性决定了人口和经济的增长必然有一定限度,对增

---

① 《马克思恩格斯选集》,第 2 卷,第 94 页。
② 《马克思恩格斯选集》,第 3 卷,第 31、34 页。

长的陶醉于崇拜势必导致世界体系的崩溃。人类明智的选择是从过度增长转向均衡增长,即经济和社会的协调发展。

法国学者佩鲁在《新发展观》一书中指出,经济增长并不等于发展,没有发展的经济增长是危险的,必须从经济增长与社会发展的协调性上全面平价发展的内容和实质,提出了"发展=经济增长+社会进步"的公式。

另外,法国巴黎的未来研究世界联合会、瑞士的日内瓦社会远景世界协会等国际组织也提出了经济和社会协调发展的观点,指出当今世界经济与社会问题相互纠缠,难解难分,如大量的人口增长,现实和潜在的资源匮乏,罪恶和毒品泛滥,恐怖主义肆虐,生态环境恶化,道德价值沦丧等。在这种情况下,已很难对个别问题提出个别的解决办法,而要用系统的方法解决经济、社会的协调发展问题。

全球性的问题终于引起了全球性的关注。在联合国通过第二个发展 10 年(1970—1980 年)计划的决议中,明确提出了满足个人福利问题,并将经济和社会并举,同等关注。决议中写道:"发展的最终目标是为了使个人的福利持续得到改进,并使所有的人都得到好处。如果不正当的特权、贫富悬殊和社会不正义继续存在下去,那就其基本目的来说,发展就是失败的。这就要求有一个以发展中国家和发达国家在经济与社会生活的一切领域中——采取以共同和集中行动为基础的全球性发展战略。"①这个战略就是"经济发展与社会发展协调"(均衡)的发展战略。

至此,可以认为从传统社会发展理论到经济、社会协调发展理论的转变已经完成,这一理论的基本内容可以概括为五个方面:一是目

---

① 潘允康:《经济改革的社会观》,第 7 页。

标协同,就是经济、社会发展子目标之间与它们协调发展的总目标协调;二是功能齐备,就是经济发展是社会发展的基础和动力,社会发展是经济发展的目的和保障,二者相互促进,共同发展;三是结构合理,指经济结构和社会结构要同步优化,相互适应;四是效益统筹,指既关注经济效益,又要关注社会效益;五是利益兼顾,指在发展中既要兼顾个体利益,又要兼顾群体利益,同时要在多层次上满足社会成员的各种基本需要。

四、以人的永续需要为中心的社会可持续发展理论

经济、社会协调发展理论自 70 年代形成到 80 年代以来,虽然表现出了强有力的理论导向作用,对传统发展理论造成的"增长第一"、"有增长而无发展"、忽视人的当代需要的倾向有所遏阻,但并没有根本扭转全球性的生态恶化、资源浪费、环境污染、能源危机等危害当代人类利益、又威胁子孙后代长远利益的问题。而且这些危害大有日趋加剧之势,迫使人类不得不进一步探索更符合现实的社会发展理论。"可持续发展"概念最早提出于 1972 年斯德哥尔摩的世界环境大会。

1981 年,美国世界观察研究所所长莱·布朗博士出版了《建设一个可持续发展的社会》一书,可以认为是可持续发展理论的代表作。它一方面扬弃了罗马俱乐部"增长极限"论的悲观取向,另一方面又重申了罗马俱乐部对全球问题的关注,以大量系统、翔实的统计资料,阐述了这些问题的严重程度、明确提出:人类社会发展必须严肃面对这些问题,以可持续发展为唯一选择,其中包括力求人口稳定、保护资源、开发和利用可再生能源以及改变人们的既有价值观念等。

值得注意的是"可持续发展"概念提出之后,不仅很快成为学术界研究的热门话题,而且日益成为联合国活动的主题之一,1987 年,

世界环境与发展委员会发表了著名的学术报告——《我们共同的未来》,指出环境问题从根本上说是人类对资源的不合理使用和浪费造成的,而且,由于人类活动对环境所造成的危害已经超出了一个部门、一个国家的限制,并进而发展成为全球性的问题,为此,"需要一条新的发展道路"——可持续的发展。①接着,在 1992 年的联合国环境和发展国际大会、1994 年联合国人口与发展国际大会、1995 年的世界发展首脑会议、第四次世界妇女大会等都使社会可持续发展理论及战略的正确性和可行性进一步得到论证和肯定。尤为引人注目的是,1995 年的世界发展首脑会议,在可持续发展的总框架下,还把"以人为中心"的内容,用《行动纲领》和《宣言》的形式确立了下来。

作为一种新的社会发展观,"可持续发展"概念的提出,不仅唤起了人类对自己生存环境的关注,更为重要的是,它更新了人类对"发展"的认识。从传统社会发展理论忽视人的单纯经济增长倾向到经济、社会协调发展的人、物并重,再到可持续发展的以人的永续需要为中心的演变,标志着人类认识和发展理念的日益成熟和理智。这已经远远超出了一种理念所具有的单纯含义,而是触及人类社会更为广泛和深入的层面,迫使人们不仅从当前而且从未来的角度,既控制自己的行为方式,使社会持续发展,又提高持续能力,使社会可持续发展。

从可持续发展理论及战略的形成和发展中可以看出,这一理论蕴涵着发展主体之间的平等原则和发展要素之间的协调原则。这一理论的基本内容可概括为:一是发展状态的持续性,即坚持不间断的、持久的发展;二是发展能力的可持续性,即今天的发展既要满足

①杨恂:《可持续发展浅议》,(中国人口报),199 年 8 月 23 日。

当代人的需要，又要积蓄和增强可持续发展的能力，顾及后代人的需要；三是空间发展的合理性，即局部的发展要服务于整体的发展，小区域的发展要服务于大区域的发展；四是时间发展的有序性，即今天的发展为明天的发展创造更好的条件，当代的发展施惠于后代的发展。它的理论贡献集中表现为，把经济、社会的协调发展，扩展到资源、环境、生态等人的生存环境领域，把满足人的需要由当代延伸到后代，把以人为中心的内涵由关注人、发展人推广到与人自身的行为约束、自我控制和与自然和谐共处等更广泛的领域。因而，正如和平与发展是当今时代全球的主题一样，人与生态环境和谐的可持续发展也是一个已基本取得全球化共识的当代人类社会的主题。这是 20世纪人类探索社会发展道路的最高智慧结晶，也是本世纪人类社会继续发展的基本选择。

（原载于《甘肃社会科学》1999 年第 3 期）

建立具有中国特色的社会发展理论体系

社会发展理论是对社会发展问题系统化了的理性认识。到目前为止,对社会发展既不乏广义的解释,又多见狭义的诠释。但一般来说,它必将涉及经济、政治、文化、科技、伦理、精神以及人的发展和需要满足等方面的内容。因此,可以认为,凡与上述有关的理论、观点、方法和发展模式、战略、政策及操作技术等要素均属于社会发展理论体系的范畴。而且这些要素在客观上形成一个组合有序、层次分明、相互关联的统一体:即宏观层次到中观层次,再到微观层次的三元递进、双向循环的结构体系。

一、宏观层次——社会发展理论的构架及支点

(一)社会发展的理论界定

笔者认为,要正确界定社会发展,理应从科学解释"发展"开始。"发展"作为哲学名词,是指事物由小到大、由简到繁、由低级到高级、由旧质到新质的运动变化过程。在发展理论中,发展(derelopment)指一个国家或社会由落后的不发达状态向先进的发达状态的过渡和转化。在发展社会学中对"发展"的争论颇多,英国学者布兰特综合各家之说后认为:"发展"是社会有意识地逐渐向科学化和成熟变化的过程,目的是实现预定的、估计可行的社会和经济的进步。

由于对"发展"一词的不同解释,一旦将"社会"与"发展"联系起来时,也不可避免地出现了学派之争。结构功能论认为,社会发展主

要指社会结构的进化以及由此导致的社会适应能力的提高；冲突学
派认为，社会发展主要指社会冲突调节机制的进步以及由此导致的
冲突调节能力的提高；符号互动论认为，社会发展是指人们之间沟通
方式的进化以及相应而来的各种交往能力的增强；法兰克福学派认
为，社会发展主要指社会制度的进步以及由此带来的人们束缚的减
弱、人的解放或自由程度的提高；马克思认为，社会发展是生产关系
和与生产关系相应的各种"上层建筑"的进步以及由此导致的社会生
产力的提高。

透过众说纷纭的不同定义，我们将会发现社会发展主要涉及两
个方面：一是社会本体包括社会结构、社会制度、社会关系和社会机
制等。二是社会主体，即作为人的社会个体和社会群体。由此引申下
去，社会发展的内涵就明晰可见了：即社会发展主要是指社会本体的
变革、进步，以及社会主体的解放、需要满足和各种能力提高的动态
变化过程。

（二）社会发展的理论构架

最早的社会发展观是理性主义的，主要由以下理论构成：（1）理
性先定论。认为社会发展的依据和尺度是理性预先决定的，理性是外
在于人先与人而存在的永恒原则。（2）本体还原论。认为理性作为先
天的力量是一切存在的本体属性，依据理性的发展是一种向本体复
归的过程。（3）单一模式论。认为从理性出发，社会发展的过程是既定
的、单一的、无可选择的。（4）世界至善论。认为从理性出发，社会发展
向越来越符合理性的趋势前进，最终达到至善至美的终极境界。[1]

---

[1]吴忠民："改革开放与社会发展理论讨论会"纪要，《社会学研究》1993年第
一期。

现代的社会发展观是随着"发展"研究的兴起而形成的。其主要理论是：(1)社会发展决定论。这种理论认为社会发展的过程不以人们的意志为转移,物质因素、技术、信仰和政治体系只决定着社会的特征和发展程度。(2)现代化理论。西方社会学家探索现代化问题者甚多,如 P·鲍尔、W−罗斯托、N−艾森斯塔德、D·贝尔、A·英克尔斯等。起初,西方学者认为,现代化就是落后的传统社会发展成工业化的西方社会模式。后来,以英克尔斯为代表的现代化学派又提出"社会技术"性的现代化理论,即从教育、服务、保健、生活方式和政治等社会层次实现现代化;从组织结构、权威改造、劳动报偿、社会流动、社会调控等制度层次实现现代化以及实现人的现代化。(3)国际结构理论。这种理论由西方学者保尔·巴兰、T·黑特尔和布兰特等人提出,他们依据人口学理论,认为由于发达国家和落后国家的人口数量、质量和生活水平的巨大差异形成了世界经济难以平衡的结构状态,主张发达国家和不发达国家合作互利,共存共荣。(4)依附理论。这种理论是从西方发达国家与非西方不发达国家之间的关系上论述不发达国家之所以不发达原因的。代表人物有普雷维什、弗兰克、桑托斯、卡托索、伊文思等。他们将依附形式分为三类,一是殖民地型的依附,二是进口替代的依附,三是跨国公司的依附。先后提出了"不发达的发展"、"依附的发展"等观点。(5)世界体系理论。这种理论是对依附论的提高和发展,代表人物是沃勒斯坦,他认为世界是一个统一的整体,分析总体的发展规律并从总体发展过程中窥视作为部分的国家和社会的发展现象。

在国外的社会发展理论中除上述外,还有内发性发展论、生态学警告论、人的基本需求论等都从不同角度对社会发展的动力、目标、途径等进行了有益的论证,形成了以对象—目标—手段—作用为逻辑模式的理论构架。

（三）中国的社会发展实践及理论探索

中华人民共和国从 1949 年建立以来,对社会发展从理论到实践的探索经历了四个阶段:一是 1949 年至 1956 年,实现了独立、统一、社会平等和经济复兴,从制度上消除了阻碍社会发展的根源,从物质上为社会发展奠定了基础。并在理论上进行了初步探索的尝试,其标志是毛泽东的《论十大关系》,提出了我国经济和社会发展的基本原则;二是 1957 年至 1965 年,社会在总体的发展中又有曲折,理论探索有新的进展。以毛泽东的《关于正确处理人民内部矛盾的问题》和"造成一个既有集中又有民主,既有纪律又有自由,既有统一意志、又有个人心情舒畅、生动活泼,那样一种政治局面"的讲话为代表,从哲学层次和人的解放上提出了社会发展的战略思路; 三是 1966 年至 1976 年,社会发展从理论上离轨,实践上失控,遭受严重挫折;四是 1977 年至今,社会发展的理论和实践获得质的飞跃,其标志是邓小平社会发展理论的逐步形成。

其基本观点有:(1)经济与社会统一观。社会发展应该是经济发展和社会的全面进步。经济发展和社会发展是相互依存、相互促进的,经济发展是社会发展的前提和基础,社会发展是经济发展的结果和目的。(2)稳定与发展协调观。在保持国民经济持续、快速、健康发展的同时, 要把促进社会的全面进步和稳定摆在重要的战略位置来考虑,把速度与效益、效率与公平、先富与共富结合起来,实现社会的稳定与协调发展。(3)"两个文明"并举观。坚持物质文明建设和精神文明建设并举的方针,将世界现代文明和中国优秀传统结合起来,既充分接受和应用现代文明的一切合理内容, 又弘扬中华民族优良传统,走有中国特色的发展道路。(4)社会发展的宗旨,是促进人民生活质量、人口素质和社会文明程度的普遍提高。(5)社会发展的途径,是以各项社会事业建设为载体,通过有力的政府行为、人民大众的积极参与有效的管理运行机制,实施一系列的社会政策来实现。

其理论支点是:(1)生产力基础论。邓小平反复强调:"马克思主义的基本原则就是要发展生产力","社会主义的首要任务是发展生产力","并且在发展生产力的基础上不断改善人民的物质文化生活"。为实现社会发展"创造物质基础"。①(2)改革动力论。邓小平首次提出了在社会发展过程中"把改革当作一种革命","改革也是解放生产力"的思想,认为改革"引起了经济生活、社会生活、工作方式和精神状态的一系列深刻变化"。②(3)分段发展论。邓小平把社会主义分为不同的历史阶段,又把社会主义初级阶段分解为温饱社会、小康社会和现代化社会三种发展形态,提出"分三步走"战略。"本世纪走两步,达到温饱和小康,下世纪用三十年到五十年时间再走一步,达到中等发达国家水平"。③亦即在90年代建立起新的经济体制,到建党一百周年的时候(2021年),将在各方面形成一套更加成熟的定型的制度,到建国一百周年时(2049年),基本实现现代化。(4)共同富裕论。这是中国现代化与西方现代化的根本区别。邓小平提出:"社会主义原则,第一是发展生产,第二是共同致富"。社会发展的目标,就是"最终达到共同富裕"。④

二、中观层次——社会发展模式和战略

社会发展模式和社会发展战略是社会发展理论的延伸及其具体化,是构成社会发展理论体系中介层次的两大支柱。

---

①《邓小平文选》第3卷第116页、63页、137页。
②《同上》第142页、370页。
③《同上》第251页。
④《同上》第172页、373页。

（一）社会发展模式

社会发展模式是社会发展理论的实践形式。在人类社会发展的历史长河中，曾出现过多种不同的发展模式。从世界范围看，由于历史传统与文化等方面的原因，各国采取的发展模式各具特色。现代社会大体上可分为西方模式与发展中国家模式。

在西方模式中有德国的"社会市场经济模式"、英美的"自由竞争市场经济模式"、日本的"政府指导型市场经济模式"和原苏联的"高度集中的计划经济模式"以及瑞典等国的"福利国家模式"等。在发展中国家中，发展模式更趋多元化。从政治发展模式看，就曾有西方民主型、军人集权型、君主白色革命型、激进革命型、伊斯兰社会主义型等；从经济发展模式看，有进口替代型、出口导向型、优先发展重工业型和优先发展轻工业型等；从文化模式看，又有拉美地区的新土著主义民族文化、东亚的儒家资本主义文化、中东的伊斯兰改革主义文化、非洲的"黑人传统精神"文化等。

在亚洲，经济发展模式的趋同点是，以政府为主导的经济发展体制，即政府在经济决策和经济决策的实施过程中起着举足轻重的作用。美国学者詹姆斯·费勒思在分析亚洲模式与欧美模式的社会性区别时曾指出：亚洲模式强调集体性，把经济生活中的民族性与疆域性视为一种本性，[①]此语道出了亚洲模式独特的社会特征。亚洲的现代化发展模式是在经济发展模式的基础上形成的，从本世纪下期开始，正在明显地经历着由 "国富主导型"、"国民国家型"、"工业化型"向"民富主导型"、"地区圈型"、"后工业化型"、"共存型"转变，形成了转型现代化的新模式。

①参见：《大西洋月刊》1994 年 2 月号。

纵观上述如此纷繁的"多模式现象",足以说明一个真理,即任何模式在本质上是多元化的,从来不会有也不可能有单一化的一成不变的发展模式。这一具有历史和现实意义的启迪正好为建立中国特色的社会发展模式构建了理论起点和实践基础。

邓小平社会发展模式包括三个层次:一是解放和发展生产力,打破普遍贫穷的落后状态,消除贫困,满足人们生存的基本需求,进入温饱型社会;二是在实现温饱的基础上,使全体社会成员的生活水平达到丰衣足食,消费水平和质量进一步提高,享受需要充分满足,社会内部关系和谐,社会系统运行协调,使整个社会进入文明、有序、进步的小康型社会;三是继续坚持以经济建设为中心不动摇,全面发展科技、教育、文化和社会保障、服务、管理等各项社会事业,不断满足社会成员的享受需要和发展需要,在下世纪中叶使中国进入"中等发达国家水平"的现代化社会。

从世界性现代化的时序系统来看,中国真正意义上的现代化起步于世界现代化进程的第四阶段,其发展模式的前提明显带有"后发外生型"的性质。从推进社会向现代化发展的力量来看,主要由国家或政府自上而下地发动和组织;从现代化的起点来看,起步于国家统一和民族独立之后。因此,邓小平的"分段推进社会发展的模式"完全符合中国"后发展"的实际,既注重了利用"后发优势",又关注到"后发展效应"的消极方面。

(二)社会发展战略

所谓战略,就是对全局的整体筹划和谋略。社会发展战略,亦即社会发展理论的实践形式在社会全局的具体体现。由于社会发展模式的多元化必然造成社会发展战略的多样性。邓小平在领导中国改革开放和社会主义现代化建设过程中,果敢地摒弃了"传统发展战略"、"变通发展战略"、"替代发展战略"的消极影响,提出并逐步形成了"协调发展"的战略思想。他早在 1979 年就指出："我们要在大幅度提高社会生产力的同时，改革和完善社会主义的经济制度和政治制度，发展高度的社会主义民主和完备的社会主义法制。我们要在建设高度物质文明的同时，提高全民族的科学文化水平，发展高尚的丰富多彩的文化生活，建设高度的社会主义精神文明。"

后来，中共十二届六中全会根据邓小平"两个同时"的战略思想提出了现代化建设的总体布局：即以经济建设为中心，坚定不移地进行经济体制改革，坚定不移地进行政治体制改革，坚定不移地加强精神文明建设，并且使这几个方面相互配合，互相促进，协调发展。

进入 90 年代，随着改革进程向更深层次推进，社会本体的内在矛盾不断显露，各种社会问题异峰迭起，迫使人们重新认识"协调发展"的重要性和必然性。到 1994 年的全国首次社会发展工作会议，可以说基本完成了对社会发展战略的探索，使"协调发展战略"在全国形成了共识。会议将"促进经济与社会协调发展"确定为《全国社会发展纲要》(1996—2010)的指导思想，并号召"各级政府要认真搞好经济政策与社会政策以及各项社会政策之间的相互协调，使经济发展与社会发展之间和各项社会发展事业之间协调发展"，国务院副总理邹家华在代表政府的总结讲话中进一步强调指出："我们在任何时候都应当坚持经济与社会协调发展这个基本观点。"①

三、微观层次——社会政策和社会工作

社会政策和社会工作，是社会发展理论和模式的具体反映，是完成特定战略任务的行动准则和操作化过程，在社会发展理论体系中处于基础地位。

①邹家华：在全国社会发展工作会议上的讲话(1994 年 10 月 20 日)。

（一）社会政策

我国的社会政策是党和国家总体政策的一部分，是根据社会发展和社会事业的范围和内容制定的。社会发展的内容和范围主要包括：(1)人口控制与计划生育。(2)科学教育事业。(3)社会保障事业。(4)缩减贫困。(5)就业与人力资源开发利用。(6)城市化与农村劳动力转移。(7)生态环境与资源保护。(8)卫生保健事业。(9)文化艺术、广播影视、新闻出版、体育娱乐事业。(10)城乡公共设施建设。(11)社会参与社区建设。(12)民主与法制建设。(13)公共安全与预防犯罪。(14)妇女、儿童、老年人、残疾人等社会群体的保护。等等。我国的社会政策几乎涵盖了上述所有领域，主要包括：(1)关系整合政策。(2)利益协调政策。(3)冲突调适政策。(4)事件防范政策。(5)失范行为控制政策。(6)社会安全政策。(7)社区管理政策等。

目前，在社会政策问题上，世界各国大致有"经济本位"、"政治本位"和"社会政策综合推行模式"等三种倾向。我国的社会政策在本质上更接近后者，具有以下一些基本特征：一是社会政策具有系统性，由解决不同层次、不同范围、不同群体社会需要的政策组成一个互相支撑、互相制约的完整政策系统。二是社会政策具有广泛性，涉及到社会各个领域及全体社会成员。三是社会政策具有继承性和创新性，有的是以往政策的延续和升华，继承和弘扬了过去政策的精华，有的是改革的产物。是在借鉴国内外成功政策的基础上创造性地运用于国内社会实践的。四是社会政策具有阶段性，根据不同时期的不同需要将社会政策目标分解为若干阶段性目标去逐步实现。五是社会政策具有协调性，与社会领域内部的部门政策、行业政策、区域政策，以及与经济领域经济政策相互协调、相互补充。

（二）社会工作

社会工作又称社会事业。在西方，一般认为是指一个有组织的机关或社团为解决个人所遭遇的困难问题而实行的一种援助以及配合社会需要调整社会关系和改善生活的各种服务。在学术上,它被认为是应用社会学中一门独立的学科。在我国,社会工作是一种助人自助的工作,表现为各项社会政策的操作化过程。其目的在于预防和解决阻碍社会协调发展的各种社会问题。工作对象是全体社会成员,侧重于社会弱者。因此,社会工作是社会发展理论体系中不可缺少的一部分。

在现阶段,我国社会工作的主要任务是根据社会发展总方向和国家总政策,解决社会矛盾,满足社会需要,帮助个人适应社会环境,防范社会问题产生,促进社会全面迅步。它的范围包括:(1)社会发展政策的执行与管理。(2)社会发展规划、方案的制订与实施。(3)社会发展工程的设计与操作。(4)社会工作专业化方法的运用与推广。(5)社区工作、社会福利、社会救助、社会保护与保险以及其他领域中的建设性工作。

与西方国家相比,我国的社会工作具有以下特点:第一,西方社会工作的主体主要是机关或社团组织,而我国社会工作的主体,既包括党和国家政府、基层政府部门、企业,又包括工会、共青团、妇联和街道居委会、村委会以及其它群众社团组织。第二,西方社会工作的对象主要是社会弱者,而我国社会工作的对象是全体社会成员,侧重于弱者。第三,西方的社会工作方法主要是传统的个案工作、团体工作、社区工作等三大工作方法,而我国除借鉴以上三种方法外,还形成了一系列独具特色的工作作风和工作方法。如:实事求是,从实际出发,密切联系群众,从群众中来到群众中去的方法;先实验、后推广和典型引路的方法;社会问题综合治理方法;个人、单位和区域三结合的扶贫方法;各界广泛参与的资金筹措方法等。

综上所述,我们不难发现,在我国社会发展理论体系中,宏观层次的社会发展理论居于这一体系的核心地位,起着主导作用。微观层次的社会政策和社会工作既是这一体系的客观反映，又是支撑这一体系的实践基础。而中观层次的社会发展模式和社会发展战略则发挥着中介作用。只有它们三者之间的有机组合和双向作用，才有可能实现理论与实践的统一，使社会发展理论体系具有完整性和科学性。

（原载于《甘肃社会科学》1996 年第 2 期）

邓小平社会发展理论初探

社会发展理论作为时代的产物,它在不同地域、不同民族和不同国家具有广泛的意义。但任何理论只有当它与具体的、生动的、千变万化的社会实践相结合时才具有直接的、功能性的意义。邓小平的社会发展理论是在总结新中国建立以来社会发展经验教训的基础上,既借鉴国外社会发展理论, 又把马克思主义的社会发展理论同中国改革、开放和现代化建设实践相结合的产物,是中国人民长期探索和本土化再造的结果。

一、新中国建立以来社会发展理论的探索过程

中华人民共和国从 1949 年建立以来,对社会发展从理论到实践的探索经过了四个阶段:

一是 1949 年至 1956 年,实现了独立、统一、社会平等和经济复兴,从制度上消除了阻碍社会发展的根源,从物质上为社会发展奠定了基础,并在理论上进行了初步探索,其标志是毛泽东的《论十大关系》,提出了我国经济社会发展的基本原则。二是 1957 年至 1965 年,社会在总体的发展中又有曲折,理论探索有了新的进展,以毛泽东的《关于正确处理人民内部矛盾的问题》和"造成一个既有集中又有民主,既有纪律又有自由,既有统一意志,又有个人心情舒畅,生动活泼,那样一种政治局面"的讲话为代表,从哲学层次和人的发展上提出了社会发展的战略思路。三是 1966 年至 1976 年,社会发展从理论

上严重偏离了马克思主义的社会发展观,实践上背离了中国国情,用主观臆造的政治冲突,彻底打乱了原来较为有序的社会结构和社会关系,破坏了人的基本需要和社会安全,使整个社会处于结构失调、功能脆弱、秩序紊乱、主体变异的无序状态和恶性运行之中,也使已经萌芽的社会发展理论探索重新回到教条主义和僵化模式的禁锢之中。四是1978年至今,在以邓小平为首的中国共产党第二代领导集体的领导下,把马克思主义和国外的社会发展理论同我国改革开放的伟大实践紧密结合,以"真理标准"讨论为发端,开始了对社会发展理论的实践和探索。

在80年代初邓小平就提出了经济社会协调发展问题,既对以往过分夸大生产关系而忽视生产力发展的问题进行了拨乱反正,又充分关注了"传统发展理论"对不发达国家的消极影响。随后,在1981年党中央和国务院批准的《关于我国科技发展方针的汇报提纲》中明确指出,科技与经济、社会应当协调发展。1982年12月,在全国人大五届五次会议上,把我国国民经济发展五年计划正式改名为"国民经济与社会发展规划",增加了社会发展的内容和指标。1987年,党的十三大报告进一步指出:"必须坚定不移地贯彻执行注意效益、提高质量、协调发展、稳定增长"的方针。1990年,全国人大七届四次会议通过的《关于国民经济和社会发展十年规划和第八个五年计划纲要》,强调要使国民经济和社会事业协调发展,"既要考虑经济的发展,又要考虑社会的全面进步。"

从80年代初到90年代初,虽然我国以协调发展理论为指导,在坚持把经济发展放在第一位的同时,十分关注经济和社会的协调发展。但在改革开放初期,仍然受到传统发展理论和"增长第一"战略的影响,在一些领域和一些问题上,过分强调经济量的增长,忽视社会的文明进步,以致造成"一手硬一手软"以及通货膨胀、贪污腐败、道德伦丧、毒品泛滥、资源浪费、环境恶化等社会问题。因此,从 1994 年开始,我国又实现了由协调发展理论及其战略向可持续发展理论及其战略的转变。其标志是 1994 年我国政府发表的《中国 21 世纪议程》和全国首次社会发展工作会议通过的《全国社会发展纲要(1996—2010)》,明确提出了实施可持续发展战略问题,并确定了发展目标,即:"建立可持续发展经济体系、社会体系和保持与之相适应的可持续利用的资源和环境基础。"

后来,党的十四届五中全会和八届全国人大四次会议对这一理论和战略进一步予以确认,在《中华人民共和国国民经济和社会发展"九五"计划和 2010 年远景目标纲要》中得到充分体现。在 1997 年党的十五大和今年召开的九届人大上,又进一步重申了党和政府实施可持续发展战略的决心。这表明我国在社会发展的方针大计上。思路更加清晰,战略更加明确。

二、邓小平社会发展理论的科学体系

在我国对社会发展理论的探索实践中,作为改革开放的"总设计师"和党的第二代领导集体核心的邓小平做出了卓越贡献。其标志是由他创立了具有中国特色的社会发展理论,并在发展实践中逐步形成了一个完整的科学体系。具体包括:

(一)基本理论

邓小平社会发展理论涉及领域广泛,内容极其丰富,但概括起来,其基本理论主要有四个方面:

一是生产力基础论。人类社会发展的历史,首先是生产力发展的历史。同时,生产力又具有不以社会经济制度为转移的自身发展规律,即生产力加速发展规律。1978 年以来,邓小平以巨大的理论勇气和远见卓识冲破了以往过度强调生产关系和上层建筑而忽视生产力发展的理论误区，果断提出："社会主义的首要任务是发展生产力"，要"以经济建设为中心"，"并且在发展生产力的基础上，不断改善人民的物质文化生活"，为社会的全面发展"创造物质基础"。以生产力发展为社会发展的基础，这充分揭示了人类社会发展的本质，也使我国社会发展重新进入正确发展的轨道。

二是改革动力论。如果说生产力发展是社会发展的基础和内在动力，那么，它的发展还有待于生产关系和上层建筑的协调和互动，而解决这一问题的外在动力和有效手段就是改革。因此，邓小平提出了"改革也是解放生产力"的著名论断，掀起了全国由农村到城市、由经济体制到政治体制、由单项突进到综合配套的全面改革，极大地促进了生产力的发展。"引起了经济生活、社会生活、工作方式和精神状态的一系列深刻变化"，使我国社会发展进入前所未有的崭新阶段。

三是发展阶段论，在邓小平的社会发展理论中，它把社会主义分为不同的历史阶段，从而提出了"社会主义初级阶段"的理论。同时，又把初级阶段分解为三种发展状态，即温饱社会、小康社会和现代社会，建立起了中国化的"分阶段推进社会发展"的理论构架。

四是共同富裕论。不断满足全体社会成员日益增长的物质生活和精神文化生活的需要，实现共同富裕，既是社会主义的本质规定，也是中国现代化与西方现代化的根本区别。早在1986年邓小平就提出："社会主义的原则，第一是发展生产，第二是共同致富。"1992年他又一次强调："社会主义的本质，是解放生产力，发展生产力，消灭剥削，消除两级分化，最终达到共同富裕。""共同富裕"一词，贴近中国现实，通俗易懂，不仅代表了劳动人民的根本利益，而且反映了社会发展现律的内在要求，是邓小平社会发展理论最有力的支撑点。

(二)基本战略

在邓小平的社会发展理论中果敢地摒弃了"传统发展战略"和

"替代发展战略"的消极影响,率先提出并逐步形成"协调发展"的战略思想,为向可持续发展战略转变奠定了基础,其内容主要有:(1)战略目标理论,即在经济上,到下个世纪中叶达到中等发达国家水平,初步实现现代化;在政治上,建立高度的社会主义民主;在文化上,建立高度的社会主义精神文明。(2)战略步骤理论,即"分三步走"的战略步骤:在 90 年代,初步建立起新的经济体制;到建党一百周年的时候,将在各方面形成一套更加成熟和定型的制度;到建国一百周年时,基本实现社会主义现代化。(3)战略布局理论。即坚持一个中心、两个基本点的基本路线。邓小平反复强调这个战略布局要长期坚持下去。(4)战略重点理论。即以农业、交通能源、科技和教育为重点,促进经济、社会、科技、资源和环境的协调发展。(5)战略方针理论。即抓住机遇,加快发展,隔几年上一个台阶,保持发展的持续性。(6)战略政策理论。即允许一部分地区、一部分人先富起来,打破旧的均衡,然后起带动作用,实现共同富裕,达到新的均衡。

(三)基本方法

从方法论上讲,邓小平社会发展理论的基本要点:(1)经济与社会协调观。他认为社会发展是经济发展和社会的全面进步。经济发展是社会发展的前提和基础,社会发展是经济发展的结果和目的,二者是相互依存、相互促进的统一辩证关系;(2)稳定与发展统一观。发展是硬道理,但要以稳定为条件。在保持国民经济持续、快速、健康发展的同时,要把促进社会稳定和进步摆在重要位置来考虑,把速度与效益、效率与公平、先富与共富有机结合起来,实现改革、发展、稳定三者之间的相互协调。(3)"两个文明"并举观。邓小平多次强调,要两手抓,两手都要硬。坚持物质文明和精神文明并举的方针,将世界现代文明和中国优秀文化传统结合起来,既充分吸收和借鉴现代文明的一切合理内容,又弘扬中华民族的优良传统,在促进人民生活质量提高的同时,促进人口质量和社会文明程度的普遍提高。(4)宗旨与途径协同观。社会发展的宗旨是实现现代化,最大限度地满足人的多层次需要。发展途径是以各项社会事业为载体,通过有力的政府行为,动员社会成员的广泛参与,实施一系列社会政策来实现。

(四)基本模式

社会发展模式是社会发展理论的延伸与实践形式。在人类社会发展的历史长河中,曾出现过多种不同的发展模式。邓小平的社会发展模式是中国国情与发展实践相结合的产物,可以概括为"分段推进模式"。

第一阶段为温饱型社会。"解决温饱"是邓小平社会发展分段推进模式的第一个层面。其内涵是打破积久成习的普遍贫穷状态,消除百分之八十的人口的贫困,尤其是大多数农民处在非常贫困的状况。因此,他发出了"贫穷不是社会主义"的呐喊,并首先发起了农村的改革,成功地领导了本世纪最浩大最富成效的反贫困斗争,从而赢得了中国社会大跨度的进步和发展。据国家统计局测算,1978 年全国农村人均纯收入低于 100 元的贫困人口有 2.5 亿人,贫困发生率为 30%。到 1995 年,贫困发生率(人均纯收入低于 530 元)降为 7.1%,贫困规模降为 6500 万人。

第二阶段为小康型社会。邓小平曾提出三个全新的概念,一个是"小康",一个是"小康水平",一个是"小康社会"。按他的解释,小康社会首先是指经济状况,即从国民生产总值来说,人均达到一千美元,"实现这个目标意味着我们进入"小康社会";其次是指社会状况,即"国家总的力量大了",就有能力"办教育"、"搞国防"、"改善人民生活";再次是指由温饱型社会向现代化社会的一种过渡状态,即"所谓小康社会,就是虽不富裕,但日子好过"。

小康社会模式提出之后,对全国的社会发展产生了广泛而深远的影响，国家权威机构为此拟定了由 15 项指标构成的指标体系，为全国人民具体描述了小康社会的真实图景。这些指标是：(1)人均国民生产总值达到 2400 美元；(2) 城镇居民人均生活费收入 2380 元，农民人均纯收入 1100 元；(3)第三产业比重为 36%；(4)恩格尔系数（食物支出占消费总支出的比重）为 50%；(5)城镇和农村住房人均使用面积分别达到 12 和 20 平方米；(6) 人均日摄取热量 2600 大卡；(7)人均日摄取蛋白质 75 克；(8)每百户拥有电视机 100 台；(9)每百人拥有电话 4 台；(10)人均订报刊 0.11 份；(11)成人识字率达到90%；(12)每千人拥有病床 6.4 张，人均预期寿命 72 岁；(13)享受社会保障人口占常住人口比重的 40%；(14)森林覆盖率为 15%；(15)城镇人均绿地面积 7 平方米。

第三阶段为现代化社会。现代化社会是就社会的文明、进步状态和发达程度而言的，实质上是一种发达型社会，它包括经济、政治、军事、文化、伦理、生活方式、生活质量和环境等多方面的发展水平。邓小平在解释这一模式时借用了"中等发达国家水平"的词语，也就是说，到 21 世纪中叶我们所实现的现代化，还只是初步的，与高度发达国家还有一定的距离，中国社会发展将进入一个新的发展阶段。

英克尔斯的 10 条标准是现代化社会的基本标准，也是最低标准。即使用这个低标准衡量我国目前的社会发展程度，除人均预期寿命外，其余指标均相距甚远。这说明实现现代化是一个漫长的社会过程，邓小平的"分段推进模式"在理论是实事求是的，实践上是符合中国社会发展实际的。

三、邓小平社会发展理论的历史传承和本土化再造

毫无疑问，邓小平的社会发展理论源于中国现代化建设的伟大实践。然而，任何一种理论的形成总是离不开对前人文化遗产的吸

纳、继承和弘扬。如果把邓小平的社会发展理论置于人类社会发展实践及其理论的大背景中去考察，就不难发现，这一理论实质上是在继承马克思主义社会发展理论、借鉴西方社会发展理论的优秀成果和吸纳我国社会思想优良传统基础上的一种再创造。

（一）继承和发展马克思主义的社会发展理论

作为我国社会主义理论基础的马克思主义，曾对社会主义必然代替资本主义这一社会发展总规律从理论上给予充分的论证，并对社会发展的原因、目标、动力、主体、形式、阶段等作了具体论述，从而形成了马克思主义的社会发展理论。其基本观点有：生产力和生产关系的矛盾运动是社会发展的终极原因；社会发展的最终目标是解放全人类，建立一个"自由人的联合体"的理想社会，阶级斗争是阶级社会发展的直接动力，社会革命是社会发展的主要形式，社会发展的主体是人及其需要，社会主义发展的途径是不断自我完善和改革等。

但在过去相当长的时间里，我们对马克思主义包括它的社会发展理论的理解是不全面不准确的。如过去只强调"阶级斗争"、"暴力革命"，实际上从马克思主义整个思想体系来看，这只不过是一定历史时期的革命手段，并不是目的。其目的是建立一个自由的、民主的、平等的、福利的社会，也就是马克思在《共产党宣言》中提出的"自由人的联合体"。因此，可以认为马克思主义的社会发展理论本质上就是以人为中心的社会发展理论。

邓小平在倡导实事求是的同时，首先在马克思主义的社会发展理论上进行了拨乱反正。他的解放和发展生产力的理论、改革理论和不断满足人的需要的理论，都与马克思主义的这一理论本质一脉相承。只不过由于马克思所处的时代不同，他只能以资本主义社会经济形态为模型，从一般意义上论证人的解放，论证生产力状况决定生产关系的性质、生产力发展决定生产关系的变革以及社会主义是"经常变化和改革的社会"等问题。而邓小平则面对的是活生生的社会主义实践,一个被教条主义禁锢多年又亟待发展的社会。因此,邓小平在坚持马克思社会发展理论基本原则的基础上,结合中国现代化建设的实际,以全国人民的现实需要和未来需要为目标,创造性地提出了"社会主义的首要任务是发展生产力"、"改革也是一场革命"、"改革也是解放生产力"等著名论断,从而形成了他的"两种革命"和"两种手段"的思想,即一种是通过政治革命(或暴力革命)的手段解放和发展生产力;另一种是通过社会主义自我改革的革命性手段,解放和发展生产力,两种革命手段的目的是相同的,都是为了解决社会基本矛盾,推动人类社会发展。由此,邓小平把马克思主义的社会发展理论提高到一个新的阶段。

(二)吸收国外社会发展理论的优秀成果

邓小平的社会发展理论是一种开放型的理论。早在改革初期,他就提出要学习和借鉴国外包括资本主义国家的一切先进经验、科学技术和优秀文化遗产,并首先在他的社会发展理论中得到体现。

他博采众长,兼容并包地吸收了国外各种社会发展理论中合理的适合中国实际的成果。借鉴以孔德、斯宾塞、韦伯为代表的社会发展进化论以及以帕森斯、帕累托为代表的社会发展均衡论的积极成份创造了适合中国国情的社会稳定理论和协调发展理论;借鉴马斯洛的层次需要理论和巴里洛克的"基本需求论"的有关观点创造了我国以不断满足人的物质生活和精神文化生活需要为目标的分段推进现代化模式。

尤其在农村改革方而,他批判地吸收了列维关于"中国家庭制度不利于社会变革"、中国社会的阶级制度具有"轻商"倾向等思想以及各种替代发展战略共同倡导的"土地制度改革"等观点,率先在农村进行体制改革,推行家庭经营联产承包制,还土地于农民家庭,增强农民家庭的经济功能以及与社会的广泛联系,促进商品经济发展,改变中国社会传统的"轻商"倾向,由此带动了全国其它领域的改革,卓有成效地解决了农村人口的贫困问题,并为在全国推行社会主义市场经济打下了基础。

(三)弘扬中国古代社会思想的优良传统

在我国古代形成的儒学、经学、理学等学说中都包含有极其丰富的思辨哲学、社会学和社会伦理学等多方面的内容,为我们研究当代社会发展提供了丰厚的文化积淀。在邓小平的社会发展理论中,不仅在理论思辨和逻辑思辨上借鉴了古代哲学的合理内容,而且将"小康社会"这一古代社会思想及其概念移植于现代社会,赋予其新的含义和内容。

小康一词最早出于《礼记》中的《礼运》篇,是相对于"大同"而言的社会状态。孔子曾将社会发展分为乱世、小康和大同等"三世",认为小康是"天下为家"的社会,靠礼义来统治人民,如"禹、汤、文、武、成王、周公之治,皆谓之小康"。《诗经》上也有记载,称"少有资产足以自安者谓之小康"。

后来,研究《春秋公羊传》的今文经学家中,又有人提出"三世"之说,即据乱世、升平世、太平世,认为人类社会的进化应该从据乱世进化为升平世(小康社会),再从升平世更进为太平世(大同社会)。西方经典社会进化论传入中国后,康有为为了托古改制,极力宣传社会进化论思想,并声称在孔子的《春秋》中发现了"微言大义",说:"大道看何? 人理至公,太平世大同之道也。三代之英,升平世小康之道也。"随着时代的演进,"小康"概念流传至今,在民间和一些著书中,常习惯于把那种薄有资财、康泰祥和,安然度日的人家称为"小康之家";把人民安居乐业的社会称为"小康社会"。

邓小平在借用这一古代传统社会思想时,曾提出过三个相关概念,即小康、小康水平和小康社会,但从其实质来看,主要赋予它"社会"内涵用以表达我国社会主义初级阶段社会发展的特定时段模式,即指在社会生产力解放和发展的基础上,全体社会成员达到丰衣足食,生活水平和质量不断提高,社会安定祥和,各阶层居民和睦相处,整个社会处于文明、健康、进步的状态之中。对此,在党的十三届八中全会《关于进一步加强农业和农村工作的决定》中得以确认,指出:"总的目标是在全面发展农村经济的基础上,使广大农民的生活从温饱达到小康水平,逐步实现物质生活比较丰裕,精神生活比较充实,居住环境改善,健康水平提高,公益事业发展,社会治安良好"。

上述可见,邓小平的社会发展理论,是集古今中外一切社会发展理论之大成的本土化创造,不仅继承和发展了马克思主义的社会发展理论,而且将国内外的优秀文化遗产创造性地运用于我国社会发展的实践,从根本上解决了我国现代化建设的重大理论问题和实践问题。

(原载于《特区理论与实践》1998 年第 12 期)

试论邓小平的社会发展思想及其特点

本世纪 70 年代以来,以邓小平为核心的中共第二代领导集体率领全国各族人民进行了伟大的社会主义探索,几经艰辛,终于创建了建设有中国特色的社会主义理论体系,开创了改革、开放、发展、稳定的历史新阶段。这一理论体系,不仅解决了坚持和发展社会主义的方向、动力、目标、战略和途径等问题,而且继承和发展了马克思主义的社会发展观,创造了具有中国特色的社会发展理论。

一、邓小平社会发展思想的理论支点

自从马克思主义诞生以来, 彻底拨开了几千年来唯心史观的迷雾,给人类社会发展以真正科学的解释。揭示了人类社会由于自身矛盾的运动由低级向高级发展的规律, 同时阐明了人类社会发展的本源论、主体论、实践论、创造论等基本理论。邓小平的社会发展思想继承了马克思主义社会发展的基本理论, 并结合中国国情进行了新的探索和发展,提出并解决了当代中国社会发展的基础(基本动力)、手段、战略步骤和最终目标等一系列理论和实践问题,从而构筑了其坚实的理论支点。

(一)生产力基础论

人类社会发展的历史,首先是生产力发展的历史。在社会发展的三大要素中,生产力的发展是最基本的要素,是社会其他多方面的发展,乃至社会形态更迭的基础。然而,马克思主义的这一基本理论却被误解甚至歪曲,造成了我国社会发展的乏力和滞缓。

十一届三中全会以后,邓小平以巨大的马克思主义勇气和远见卓识,冲破了社会发展的理论误区,果断地提出"马克思主义的基本原则就是要发展生产力"(《邓小平文选》第 3 卷第 116 页)"社会主义的首要任务是发展生产力"(《同上》)"科学技术是生产力"。从而为我国的社会发展指明了前进的方向。

在人类社会发展的长河中,生产力有不以社会经济制度为转移的自身发展规律,即生产力加速发展规律。在构成社会三大要素的生产力、生产关系和上层建筑中,不论生产关系和上层建筑如何变更,都不会摧毁或消灭包括科学技术在内的现存生产力,相反,任何社会制度都必须继承和保护生产力,把它作为前进的出发点和发展的基础。邓小平同志正是从生产力的自身发展规律出发,以中国社会的快速发展和全面进步为基本目标,反复强调社会主义的"根本任务"、"首要任务"是发展生产力。

同时,他还总结了我国长期以来过分强调生产关系的反作用,把经济规律曲解为生产关系的规律和忽视发展生产力的沉痛教训,多次强调指出了生产力在社会发展中的决定作用和基础作用。他说:"马克思主义最注重发展生产力。我们讲社会主义是共产主义的初级阶段,共产主义的高级阶段要实行各尽所能、按需分配,这就要求社会生产力高度发展,社会物质财富极大丰富。所以社会主义阶段的最根本任务就是发展生产力。……并且在发展生产力的基础上不断改善人民的物质文化生活",(《同上》第 63 页)"为实现共产主义创造物质基础。"(《同上》第 137 页)以生产力的发展为社会发展的基础,这充分揭示了人类社会发展的本质,不仅在理论上继承和发展了马克思主义,而且在实践上解决了我国社会发展的根本途径问题。

（二）改革动力论

如果说生产力的发展是社会发展的基础和内在动力，那么，它的发展还有待于与生产关系、上层建筑的协调和互动，解决这一问题的外在动力和有效手段就是改革。如果不及时改革不适应生产力发展的生产关系和上层建筑就会束缚甚至扼杀生产力发展。因此，邓小平首先提出了改革的主张，设计了改革的蓝图，带领全党和全国人民，由农村到城市、由经济体制到政治体制、由单项突进到综合配套，使改革不断深入，生产力大幅度提高，社会全面进步。正如他指出的那样："改革促进了生产力的发展，引起了经济生活、社会生活、工作方式和精神状态的一系列深刻变化"。（《同上》第 142 页）

随着改革的深化和经济社会的全面发展，邓小平对改革的内涵不断作出新的论证和解释。1984 年他提出"我们把改革当作一种革命"。在 1992 年的南巡谈话中，又进一步论述了改革的革命性意义。指出："革命是解放生产力，改革也是解放生产力"。"社会主义基本制度确立以后还要从根本上改变束缚生产力发展的经济体制，建立起充满生机和活力的社会主义经济体制，促进生产力的发展，这是改革，所以改革也是解放生产力。过去，只讲在社会主义条件下发展生产力，没有讲还要通过改革解放生产力，不完全。应该把解放生产力和发展生产力两个讲全了。"（《同上》第 370 页）这些著名论断，首次提出了在社会发展过程中"两种革命"和"两种手段"的思想，即一种是通过社会政治革命的手段，建立新的生产关系和上层建筑，解放和发展生产力；另一种是通过社会主义自我改革的革命性手段，变革不适应生产力发展的生产关系和上层建筑，解放和发展生产力。两种革命手段的本质和终极目的是相同的，都是为了解决社会基本矛盾，推动人类社会的发展。

（三）发展阶段论

在社会主义的发展实践中，一直没有解决如何建设社会主义和实现共产主义的战略问题和战略步骤问题。邓小平正确总结了迄今为止的国际共产主义运动的经验教训，首先把社会主义划分为不同的历史阶段，提出了社会主义初级阶段理论，为我们党制定路线、方针政策，提供了理论基础和指导思想。接着，他又把社会主义初级阶段划分成三种发展阶段和发展形态，全面阐述了"分三步走"的战略步骤："我国经济发展分三步走，本世纪走两步，达到温饱和小康，下世纪用三十年到五十年时间再走一步，达到中等发达国家的水平"。（《同上》第 251 页）

党的十四大再次肯定了我国现代化必须分三步走的战略决策，并在此基础上进一步提出了近期目标和长远的三个社会发展目标。即在 90 年代，初步建立起新的经济体制，到建党一百周年的时候，将在各方面形成一套更加成熟和定型的制度，到建国一百周年时，基本实现社会主义现代化。

这一分阶段发展、分三步实现现代化的发展战略和战略步骤，把经济和社会发展目标有机统一起来，使经济发展目标的实现同社会发展的目标相辅相成、同步发展，标志着我们党对社会主义认识的日益深化和社会发展理论的不断成熟。

（四）共同富裕论

共同富裕是社会主义制度的本质规定，也是中国共产党人孜孜以求的基本目标。早在 1986 年，邓小平就郑重地指出："社会主义原则，第一是发展生产，第二是共同致富"。（《同上》第 172 页）1990 年，他进一步指出："共同致富，我们从改革一开始就讲，将来总有一天要成为中心课题。"（《同上》第 364 页）1992 年，在南巡谈话中，他又一次强调："社会主义的本质，是解放生产力，发展生产力，消灭剥削，消

除两极分化,最终达到共同富裕。"(《同上》第 373 页)

这些极其精辟的论述,提出并解决了社会主义条件下社会发展的三个基本理论问题:一是解放和发展生产力问题,二是坚持排除剥削和两极分化的生产关系问题,三是达到共同富裕这个社会发展的最终目的问题。特别是"共同富裕"四个字,通俗易懂,贴近生活,既体现了社会主义的目的、本质、基本原则和发展方向,反映了社会发展客观规律的要求,又集中代表了劳动人民的根本利益,具有巨大的号召力和感染力。

十五年来的实践也证明,我国社会发展始终是朝着共同富裕的目标前进的 尽管在发展过程中出现了先富与后富、大富与小富、快富与慢富的不平衡,以及地区之间、阶层之间、行业之间差距拉大的现象。但我们基本解决了全国人民的温饱,摆脱了普遍贫穷的状态,正在向小康社会发展。

二、邓小平社会发展思想的实践模式

(一)温饱型社会

"解决温饱"是邓小平社会发展实践模式的第一个层次。它的内涵是打破普遍贫穷状态,消除贫困,满足人们生存的基本需求,实现社会的安宁与祥和,并为向另一个层次发展创造最基本的条件。

在过去的传统体制和极左路线的束缚下,勤劳的中国人民没有摆脱贫穷的缠扰。面对中国贫穷落后的社会现实,邓小平以极大的政治胆略,向全党全国人民大声疾呼:"大多数农民处在非常贫困的状况,衣食住行都非常困难",因此,"改革首先要从农村开始",解决"百分之八十的人口的贫困"。"贫穷不是社会主义,社会主义要消灭贫穷,要鼓励一部分地区、一部分人先富起来,最终达到共同富裕"。在他的消灭贫穷、解决温饱的号召下,中国大地上俯拾即是的怕致富、患均贫的精神桎梏土崩瓦解，人们怀着强烈的生存欲望向贫穷宣战，赢得了整个社会的进步和发展。

贫穷首先是个经济问题。按照国家统计局拟定解决温饱的量化指标，目前农村人均纯收入在 300 元以下为贫困，200 元以下为特困。温饱又分为三种形态：①温饱初期，人均纯收入约在 300 至 500 元；②温饱中期，人均纯收入约在 500 元至 1000 元；③温饱后期，人均纯收入约在 1000 元至 1100 元。根据这个指标，1993 年年全国农民人均纯收入达到 920 元，已进入温饱中上期。但就地区来讲，西部大多数地区刚进入温饱中期。甘肃 1993 年，农民人均纯收入为 563 元，处于温饱阶段的中下期。

贫穷更重要的是一个综合性的社会问题。只不过它的外层表现是生产力落后、收入微薄、人民生活困难等，而其深层表现则是生产工具简单、生产方式落后，社区间的逾越互动能力脆弱，社区文化隔离机制过强，劳动群体素质差，以及思想、观念、道德和习俗的传统性与时代相抵触的精神型贫困。因此，消除贫困，解决温饱，是一个包括发展经济、社会、科技文化的社会工程。邓小平之所以一再倡导重视和发展教育，一手抓物质文明、一手抓精神文明，培养"四有"新人等，其着眼点和立足点全在于此。

(二)小康型社会

邓小平在他多次讲话中首次提出了三个全新的概念，一个是"小康"，一个是"小康水平"，一个是"小康社会"。他说："我们提出四个现代化的最低目标，是到本世纪末达到小康水平。这是 1979 年 12 月日本前首相大平正芳来访时我同他首次谈到的。所谓小康，从国民生产总值来说，就是年人均达到 800 美元。"(《邓选三卷》第 64 页)后来，他又说："第二步是到本世纪末，再翻一番，人均达到一千美元。实现这个目标意味着我们进入小康社会。"(《同上》第 226 页)"所谓小康社会,就是"不富裕,但日子好过","国家总的力量大了",就有能力"办教育"、"高国防"、"改善人民生活"。(《同上》第 161 页)还可以进行"智力投资",增加"科研经费"。(《同上》第 88 页)他强调指出:"不坚持社会主义,中国的小康社会形成不了"。(《同上》第 64 页)

①根据邓小平的论述,小康型社会应包括以下含义:

第一,小康是一个古老而又全新的概念。说其古老是因为小康一词源于我国古代,一是指居民家庭的经济状况。早在《诗经》上就有记载:"民亦劳止,讫可小康","少有资产足以自安者谓之小康。"所以小康即是小安;二是指社会状况,《礼运》篇中讲道:"政教修明,使人各亲其亲,各子其子,如禹汤文武成王周公之治,皆谓之小康。"

说其全新是邓小平将这一古代用语移植于现代社会,并赋予新的含义和内容,古为今用。

第二,小康是一个宽泛的富于弹性的概念。从其内涵考察,它是一个以享受为特征的消费发展阶段,介于温饱和富裕阶段之间,小康又是指中等生活水平。从国际范围看,指达到中等收入国家水平,从国内来看,城乡家庭平均收入水平要达到目前城镇居民的水平;从消费需求满足程度分析,小康意味着基本生活资料相对富裕,可用来满足部分享受和发展的需求。从外延分析,小康水平是指在温饱的基础上生活质量的进一步提高。小康和富裕又是相对的概念,不同时代有不同的标准,具有较大的弹性。

第三,小康既是一个经济概念,又是一个社会概念。经济发展到一定水平是小康的物质基础,但小康更标志着社会发展水平,如政治、科技、文化、教育、医疗卫生、交通通讯、社会安全、社会保障、生态环境等都达到一定的水平。

第四,小康水平与小康社会是紧密相联而又有所区别的概念。小康水平着重反映社会成员的生活水平,指生活质量的进一步提高。而小康社会则是指一种社会形态，即社会主义初级阶段的一种社会发展状态。它反映了在社会生产力解放和发展的基础上，全体社会成员的生活水平达到丰衣足食，消费水平和质量进一步提高，社会内部各种关系和谐，社会风气良好，整个社会处于一种文明、健康、进步的状态。

②小康型社会的定量描述

根据国家权威机构拟定的指标，到本世纪末：a. 人均国民生产总值达到 800 美元；b. 城镇居民人均生活费收入 2400 元，农民人均纯收入 1200 元；c. 第三产业比重为 33.3%；d. 恩格尔系数（食物支出占消费总支出的比重）为 50%；e. 城镇住房人均使用面积为 12 平方米，农村人均使用面积为 20 平方米；f. 人均日摄取热量 2700 大卡；g. 人均日摄取蛋白质 75 克；h. 每百户电视机拥有量 100 台；j. 每百人拥有电话 4 台；k. 人均订报刊 0.11 份；l. 成人识字率达到 90%；m. 每千人拥有病床 6.4 张，人均预期寿命 72 岁；n. 享受社会保障人口占常住户籍人口比重的 40%；o. 森林覆盖率为 15%；p. 城镇人均绿地面积 7 平方米。由以上 15 个指标构成的指标体系，涵盖了经济水平、产业结构、文化教育、生活质量、生态环境、社会保障等各个方面，描述了小康社会的真实前景，易于被广大群众所接受。

（三）现代化社会

现代化社会是就社会的文明、进步状态和发达程度而言的，实质上是一种发达型社会，它包括经济、政治、军事、文化、伦理、生活方式和质量等多方面的发展水平。

邓小平虽然没有明确提出发达型社会的概念，但他的多次谈话充分表达了类似的思想。他指出："如果从建国起，用 100 年时间把我国建设成中等水平的发达国家，那就很了不起！"（《同上》第 383 页）又说："再花 50 年时间，再翻两番达到人均四千美元。那意味着什么？

就是说,到下一个世纪中叶,我们可以达到中等发达国家的水平。"(《同上》第2~4页)

这里的"发达国家"既包括经济水平,也包括社会发展水平,实质上是指除社会制度之外的社会的发展形态。

现代化社会的一般标准是什么?我国尚无统一的规定。目前,最据权威性的是美国现代化问题专家阿历克斯·英克尔斯提出的十项标准:①人平国民生产总值在3000美元以上;②农业产值在国民生产总值中所占的比重不超过12~15%;③第三产业产值在国民生产总值中的比重达到45%以上;④非农业就业人员在总就业人口中所占的比重超过70%;⑤识字的、有文化的人口在总人口中超过80%;⑥同龄组青年中,受高等教育的人数占10~15%;⑦城市人口占总人口的50%以上;⑧100人中有一名医生;⑨平均预期寿命在70岁以上;⑩3人中有一份报纸。

用这个标准评价我国现在所处的水平,除平均寿命已接近现代化标准外,其余均存在相当大的差距。如:人均国民生产总值相差近10倍,农业在国民生产总值中的比重多出近20个百分点,第三产业在国民生产总值中的比重低23个百分点,适龄青年受高等教育的人数少13个百分点,城市人口占总人口的比重低20多个百分点,平均每个医生服务人口多630人,人口自然增长率高出2%。

事实说明,实现现代化是一个漫长的社会过程,它需要经济、社会、文化多方面的协调和同步发展。有鉴于此,邓小平提出在21世纪中期达到中等发达国家的水平,基本实现代化,在实践上是实事求是的,也是符合我国国情的,它有利于克服我国曾反复发生的急躁情绪和经济社会发展中的盲目性。

三、邓小平社会发展思想的特点

邓小平的社会发展思想是在继承世界上一切优秀文化遗产的基础上，把马克思主义的社会发展理论同中国的具体实践相结合的产物，具有明鲜的时代特色、中国特色和创造特色。

（一）破除了传统社会发展观的理性先定论，回归到马克思主义人的自我决定论。传统的社会发展观是理性主义的，认为社会发展的依据和尺度是外在于人的理性力量决定的，是先于人存在的永恒原则。邓小平的社会发展思想，依据我国社会主义的客观实际，实事求是地提出问题和解决问题，体现了人类社会主体——人的主动精神和能动性。倡导在经济发展的基础上，实现以人为主体的社会全面进步；以培养"四有"新人为基点，推动社会的全面发展。

（二）破除了社会发展的理想论，回归到马克思主义的"需要"论。过去的社会发展观过分地强调理想作用和精神作用，而邓小平的社会发展思想把理想和需要紧密结合起来，突出了人们的生存需要、享受需要和发展需要。马克思主义的社会学说有一个很重要的理论，就是需要理论。他认为人类社会发展的一个主要动力是人的需要，需要是人的"本性"。他把人类对生活资料的需要分为"生存、享受和发展"三个层次，认为"为了生活，首先就需要衣食、住以及其他东西。因此，第一个历史活动就是生产满足这些需要的资料"。又说："已经得到满足的第一个需要本身、满足需要的活动和已经获得的为满足需要用的工具又引起新的需要。"（《马克思恩格斯全集》第 1 卷第 32 页）邓小平提出的社会主义初级阶段社会发展的三种实践模式，充分体现了马克思主义的需要理论。"温饱"所解决的就是马克思所说的"第一个需要"，即"生存"需要，"小康"主要是满足人们的享受需要，也包括一定的发展需要；"现代化"解决的既有新的层次上的享受需要，更多的则是发展需要。

（三）破除了社会发展的本体还原论,回归到马克思主义的实践创造论。本体还原论认为,社会发展是依据理性的发展,是一种向本体复归的过程,越发展越接近和符合本体自身的规定。邓小平的社会发展思想注重实践,注重科学技术的力量,他提出并发动了"实践是检验真理的唯一标准"的大讨论,提出并确立了"科学技术是生产力"的基本理论。在社会发展的广阔领域里,充分尊重社会成员的创造作用,一切改革措施都先行试验,自下而上地不断完善,依靠群众的力量和科学技术力量, 征服自然, 创造日益丰富的物质财富和精神财富。

（四）破除了社会发展的单一模式论,回归到马克思主义的因地制宜论。过去的社会发展特别是社会主义国家大都照搬苏联的传统模式。而邓小平的社会发展思想突出本国国情和理论与实际的结合,他提出要"走自己的路","中国农村就是根据这样的原则,走自己的路取得成功的。"(《同上》第 95 页)"二十年的历史教训告诉我们一条最重要的原则, 搞社会主义一定要遵循马克思主义的辩证唯物主义和历史唯物主义,也就是毛泽东同志概括的实事求是,或者说一切从实际出发。"'外国的经验可以借鉴,但是绝对不能照搬。"(《同上》第118 页、140 页)

总之,邓小平的社会发展思想,既不同于传统的社会发展观,又不等同于马克思主义的社会发展理论。它的最根本的特点就是理论上的鲜明性、实践上的可操作性、体系上的完整性和风格上的民族性。

（原载于《甘肃社会科学》1994 年第 5 期）

改革开放以来我国社会建设的阶段性特征

一、引言

自 2004 年中共十六届四中全会提出"加强社会建设和管理"后，我国社会学界以不同方式对有关社会建设的概念、内涵、内容、建设领域、方法和途径等问题，进行了广泛而充分的探索。社会实际工作部门及党政管理干部也对此给予了充分关注，并在工作实践中进行了有益的探讨。

改革以来，我国全面实施了以经济建设为中心和社会主义市场经济体制为目标的经济体制改革，创造了举世瞩目的"中国奇迹"和"中国经验"。到 2003 年中国的人类发展指数达到 0.755，高于发展中国家水平 0.694 和中等人类发展水平国家的平均值 0.718。中国在世界各国中的排名也从 1991 年的 101 位上升到 2003 年的第 85 位。实现了建国以来最快的社会发展速度。经济社会的发展实践表明，我国已开始进入从生存型社会向发展型社会过渡，从主要是经济建设向经济建设和社会建设同步并进过渡的阶段。同时，国际经验表明，当一个社会人均 GDP 超过 1000 美元之后，既是社会发展的黄金期，又是社会矛盾的突显期。2003 年，我国人均 GDP 达到 1090 美元，说明社会在进入转型期的同时，也进入社会风险的高发期。

此前和此后的大量社会事实也表明，不仅我国社会发展面临着传统"安全问题"，如自然灾害、传染疾病等，而且还面临着现代化进程中不断涌现和加剧的失业问题、通胀问题、两极分化问题、交通问题、环境问题等非传统风险。尤其需要注意的是在这一时期,社会结构和阶层利益关系在大幅波动,社会分化和社会流动态势趋强,社会矛盾和社会冲突不断累积和非常态型增加,甚至在许多时候因为社会建设和社会管理的相对滞后直接引发相关的社会性群体事件,给社会的发展与和谐带来威胁。因此,如何提高驾驭市场经济的能力,提高认识和处理各种社会问题以及协调多种利益关系和消解多种社会冲突的能力,切实转变党的执政方式,提高执政能力和水平,修正治国方略,建立与市场经济体制和现代化进程相适应的社会建设和社会管理模式,就成为中国经济社会保持和谐稳定和持续发展的现实课题。为此,2004年党的十六届四中全会通过了"中共中央关于加强党的执政能力建设的决定",并向全党强烈宣示了"加强社会建设和管理"的主张。从此社会建设作为一个理论创新的新概念,作为一种现代化政治的新视野,作为一套治国理政的新方略,全面渗透和深入到社会生活的各个领域,不断修正着以往传统的增长方式和传统的发展方式带来的弊端,促动着我国经济社会由出口导向型向内需带动型,由资源消耗型向科技主导型转变;不断校正着对实现现代化进路和方式的传统理念,催涌着各种新思想、新理念、新举措的孕育和生成,对鲜活的社会生活和社会实践发挥着巨大的导向作用。

二、关于社会建设的两个基本问题

无论是当下的中国政界还是学界,一开始提及"社会建设"就会遇到两个问题。第一个问题是,近代以来至改革开放之前,中国政界或学界积累了哪些关于社会建设的理论遗产? 社会建设这个新概念,实际上在上世纪初期和30年代的中国政界和学界都曾经提出过[1]。1919年,孙中山先生将他1917年撰写的《民权初步(社会建设)》收入《建国方略》中,构成了他关于国家建设基本构想内容的重要组成部分。在《民权初步(社会建设)》中,孙中山充分表达了他的"社会建设"思想,即"教国民行民权"[2](P300)。1934 年,著名社会学家孙本文先生撰写的《社会学原理》一书的最后一章中专门写了一节《社会建设与社会指导》,开篇就给"社会建设"下了定义:"依社会环境的需要与人民的愿望而从事的各种建设,谓之社会建设。社会建设的范围甚广,举凡关于人类共同生活及其安宁幸福等各种事业,皆属之。有时此等事业,属于改革性质,就固有之文物制度而加以革新。有属于创造性质,系就外界传入或社会发明之文物制度而为之创造。无论创造或改革,要之,皆为社会建设的事业。"[3](P244)

同时,1930 年以后,以梁漱溟为代表的学者掀起了一阵乡村建设运动,他在广泛调查和试验的基础上提出了自己的乡村建设理论,认为中国的出路问题归根结底是中国的文化问题,复兴中国的唯一出路是复活中国传统文化,而中国传统文化(主要是孔子文化)又铸造了中国的社会组织,形成了"伦理本位"和"职业分途"的特殊社会结构,中国现实问题的解决只能走农业立国、乡村建设的道路。他提出的乡村建设方案是:从乡村教育、农业改良、行政改革做起,由乡村影响城市,以农业促进工业,逐步建设一个因袭"伦理本位"和"职业分途"传统的新国家。1931 年,他在山东邹平、菏泽等地创办山东乡村建设研究院和实验区[4]。

中华人民共和国成立后的 50 年代,我国在一穷二白的基础上搞社会主义建设,其难度可想而知。以毛泽东为代表的中国共产党人对此有着清醒的认识。首先,把"统筹兼顾"作为党领导人民进行社会建设的重要方针。毛泽东在《关于正确处理人民内部矛盾的问题》中对"统筹兼顾"进行了深刻的论述。正如他指出的"我们作计划、办事、想问题,都要从我国六亿人口这一点出发,千万不要忘记一点"[5]

（P782）。虽然，毛泽东论述统筹兼顾主要或重点是在经济领域，但不能认为只涉及经济，它也包括统筹社会等其他方面。正如他所说的"无论粮食问题，灾难问题，就业问题，教育问题，知识分子问题，各种爱国力量的统一战线问题，少数民族问题以及其他各项问题，都要从全体人民的统筹兼顾这个观点出发，就当时当地的实际可能条件，同各方面的人协商，提出各种适当的安排"[5]（P783）。

其次，处理好汉族和少数民族的关系，这是新中国成立后我们党和毛泽东领导人民进行社会建设过程中一直予以高度重视的问题。毛泽东认为民族关系是我国社会主义建设的十大关系之一，"对于汉族和少数民族的关系，我们的政策是比较稳当的，是比较得到少数民族赞成的。我们着重反对大汉族主义。地方民族主义也要反对，但是那一般地不是重点。我国少数民族人数少，占的地方大。论人口，汉族占百分之九十四，是压倒优势。如果汉人搞大汉族主义，歧视少数民族，那就很不好"[5]（P721）。

再次，倡导妇女解放，主张男女平等，扩展社会建设的人力资源基础是我们党和毛泽东在民主革命和社会主义革命时期始终关注的又一重大问题。毛泽东认为，妇女解放不仅仅是口号，不能停留在思想层面，要在进行社会建设和改造客观世界过程中体现妇女的作用，实现男女平等。毛泽东还指出，"中国的妇女是一种伟大的人力资源。必须发掘这种资源，为了建设一个伟大的社会主义国家而奋斗。要发动妇女参加劳动，必须实行男女同工同酬的原则。"[6]（P458）

由此可见，无论是解放前社会学家关于社会建设的理论洞见，还是建国初期以毛泽东为代表的共产党人关于社会建设的实践都会对我们今天的社会建设过程产生深远的影响。

第二个问题是，在中国共产党历史上，2004年才首次提出和使用社会建设这一概念。那么，在这之前的20多年改革开放实践中有没有社会建设？如果有社会建设,那么它以什么形式表现出来,有着什么样的特征？以社会学家为代表的学者对此提出了不同的有影响的重要见解。

陆学艺认为:"社会建设的涵义应是:从社会所处的发展阶段的实际出发,顺应社会发展的趋势,遵循社会发展的规律,有组织、有目的、有计划地动员各种社会力量,在社会领域从事的各项建设。其中,社会建设的主体是政府、社会组织与民众等;社会建设的原则是公平与公正;社会建设的目标是实现社会和谐与社会进步;社会建设的保证是社会安全运行,包括社会安全阀构建;社会建设的动员机制,是建立协调各阶层的利益机制,充分动员民众参与社会建设;社会建设的重要手段是社会管理,主要是在社会运行方面科学管理,保证社会良性运行。因此,社会建设是一项庞大的系统工程。"[1]

李培林指出:"关于如何构建基于中国经验的社会建设理论,我想一方面要沉下心,做些扎实的学术积累工作,提炼出一些马克思主义中国化的社会建设规则,广泛吸收中国传统的社会建设思想精华和西方现代社会建设理论成果。做学问要有返回经典的耐心、独上高楼的境界和秋水文章的心力。另一方面要注意理论联系实际,注意把普遍的理论概念与可操作的实际层面相衔接。"[7]

李强对社会建设的内涵和外延提出了深刻的见解,他认为:"社会建设是什么？中国其实有大社会、中社会、小社会。小社会就是过去改革以前的社会事业,即科学、教育、文化、卫生、体育。社会建设的社会是中社会的概念,它比小社会要大一些,相对于政治的、经济而言的社会。民生为主的社会,大体说的是社会管理、社会保障,也就是住房、养老、分配、就业、计生、教育,从这个意义上讲,社会建设是有限定的。社会建设有五个方面的建设,社会建设有其本身的特征:第一是全面性,不仅仅局限于经济建设;第二是强调整体利益;第三是强调平衡的发展;第四强调建设的公共性,强调社会时它的公共性最突出;最后是和谐的社会关系。社会是人构成的,社会建设是构建社会主义和谐社会。"[8]

邓伟志指出:"社会建设要建好,一要有正确的指导思想,要以科学的发展观为指导,而不是其他的发展观,我们要把人放在突出的位置;二要辩证处理好同其他几项建设的关系,包括社会建设与经济建设的关系,社会建设与文化建设的关系,社会建设与政治建设的关系以及社会建设与自然界的关系;三要牢牢把握自身的基本内容和要件。社会结构、社会管理与社会政策、社会事业、社会矛盾、社会保障、社会组织、社区都是相关要素。我还要强调的一点是,社会建设是全体社会成员自己的事。每个社会成员都要以主人翁的身份、主人翁的姿态,积极投身于社会建设。说一千,道一万,并成一句话是要扩大社会参与,要拓展社会参与的广度,加大社会参与的力度和深度。"[9]

尽管以上学者对社会建设有着不同的看法或见解,但他们对社会建设的基本内容或要素却有着极其相似的观点。这为我们探索社会建设的演进脉络及其特征提供了有益的思路和借鉴。

三、改革开放以来社会建设的阶段性特征

(一)1978—1993 年:以精神文明建设为特征的社会建设时期

如上所述,从中华人民共和国建立到改革开放之前,我们党对社会建设进行过一系列有益的探索。1978 年以来,邓小平连续多次提出了经济发展和教育、科技、文化、卫生发展"比例失调"的问题,并把这些领域的发展纳入精神文明建设范畴,强调要把精神文明建设和物质文明建设同等重视,"两手抓,两手都要硬"。正如邓小平所指出的,"搞四个现代化一定要有两手,只有一手是不行的,这两只手都要硬。""不但要有高度的物质文明,而且要有高度的精神文明。"[10]

(P378)他针对改革、发展、稳定等现实中的重大问题,提出了一系列两手抓的战略方针,包括:一手抓改革开放,一手抓打击犯罪;一手抓经济建设,一手抓民主法制;一手抓改革开放,一手抓惩治腐败;一手抓物质文明,一手抓精神文明。在这一系列两手抓的方针中,关键是一手抓物质文明,一手抓精神文明。在这里,邓小平用极其通俗的话语反复告诫全党,其实质是揭示两个文明建设的关系,目的是纠正精神文明"软"的问题。因为物质文明和精神文明建设是相辅相成和互相促进的。物质文明是基础,对精神文明起着最终的决定作用。但是,精神文明也对物质文明起巨大的反作用。没有经济的发展,社会发展和精神文明建设就失去了物质基础;没有社会的发展和精神文明进步,物质文明建设就会失去精神动力、智力支持和思想保证[11]。在邓小平理论的指导下,全国在狠抓经济发展,改变贫困面貌,解决温饱的同时,认真进行了教育、科技、卫生、人才和人口以及相关领域的改革、恢复、拨乱反正和发展,实现了经济建设和社会建设的同步发展。

同时,邓小平还明确指出:"现代化建设的任务是多方面的,各个方面需要综合平衡,不能单打一。"[12](P250)我国社会主义初级阶段要实现的总体战略目标是把我国建设成为富强、民主、文明的社会主义现代化国家。可见,我国社会主义建设发展战略目标不是片面强调经济增长的单向度的发展目标,而是多元化的目标,是经济、政治、文化三位一体,共同发展,共同进步,经济、社会全面发展的目标模式。他的"两手抓"和"综合平衡"理论,成为这一时期强调以精神文明为特征的社会建设的主要理论支撑。

(二)1994—2003 年:以社会事业发展为特征的社会建设时期

社会事业是指与经济活动相对应的,以社会公益事业为目的的社会公共服务领域。主要包括教育、医疗卫生、人口与计划生育、社会保障、劳动就业、文化体育、科学技术等。1994 年,为了参加 1995 年的世界发展首脑会议,我国首次召开全国社会发展工作会议。这次会议在可持续发展战略的指导下,讨论制定了我国首部《1996—2010年全国社会发展纲要》。纲要一开始就指出,为了全面规划和更好地推进各项社会事业,促进经济与社会协调发展,特制定本纲要。《纲要》共 30 条,把加快科技、教育发展,拓宽就业渠道,健全社会保障制度等作为社会事业的主要目标列入纲要计划。这次会议及其之后,党中央把实现经济和社会协调发展作为我国社会主义现代化建设的一个重要指导方针,号召全党在实现跨世纪发展的目标中必须继续推进各项社会事业发展。各级党委和政府的主要同志,在经济建设任务十分繁重的情况下,一定要统筹兼顾地抓好教育、科技、文化、卫生、体育、环境保护、计划生育等各项工作,努力促进经济、社会、环境协调发展。此后,全国及各地结合国情和省情,不断加强领导,加大投入,有力地促进了社会事业的全面发展。

值得一提的是,在此期间,对长期以来制约我国改革和发展的养老、失业等社会保险制度进行了较全面的改革,扩大了社会保险的实施范围,调整了社会保险待遇的结构,推行职工个人缴纳部分养老保险金的制度。从 1996 年开始,各地各部门按照"社会统筹与个人账户相结合"的原则,制定并出台了养老保险制度改革方案。经 1996 年 8 月和 1997 年 7 月两次总理办公会议研究,国务院作出了统一企业职工基本养老保险制度的决定并部署实施。在失业保险制度方面,与企业改革和再就业工程接轨,探索出了一条运用失业保险促进再就业的路子。1998 年,在精减机构的背景下,国家采取重大决策,成立了国家劳动和社会保障部。此项重大举措是我国建立健全全国性社会保障体系的一个里程碑,既为目前即将建成的覆盖全国城乡的社会保障网开了先导和好局,也为现在的社会建设打下了良好的基础。

（三）2004年至今：以改善民生为特征的社会建设时期

2004年召开的十六届四中全会，在党的十六大报告的基础上，进一步提出了构建社会主义和谐社会的任务，强调形成全体人民各尽所能、各得其所而又和谐相处的社会是巩固党的执政基础、实现党的执政任务的必然要求，要适应我国社会的深刻变化，把和谐社会建设摆在重要位置，并在我党历史上首次提出了"加强社会建设和管理"。党的十六届五中全会关于制定国民经济和社会发展十一五规划的建议以及十届全国人大四次会议审查通过的"十一五"规划纲要，都把促进和谐社会建设作为一项极为重要的任务。

然而，在我国剧烈的社会转型过程中也出现了一些影响社会和谐的矛盾和问题，这主要是：城乡、区域、经济社会发展很不平衡，人口资源环境压力加大，尤其是就业、社会保障、收入分配、教育、医疗、住房、社会安全等方面关系群众切身利益的问题比较突出，乃至于影响到国家的稳定和发展。针对这些日益突显的问题，国家进一步加大了社会建设的投入和工作力度。

在党的十七大报告中，胡锦涛总书记进一步系统论证了科学发展观，并且提出，科学发展观，第一要义是发展，核心是以人为本，基本要求是全面协调可持续，根本方法是统筹兼顾。同时强调指出："要加快推进以改善民生为重点的社会建设"，并对此作了明确部署："必须在经济发展的基础上，更加注重社会建设，着力保障和改善民生，推进社会体制改革，扩大公共服务，完善社会管理，促进社会公平正义。"[13]从此开始，我国将社会建设纳入中国特色社会主义"四位一体"的总体布局之中，使社会建设从理念理论转变为治国方略，社会建设思路越来越清晰，措施越来越有力，成效越来越显著。

在此过程中，我们不难发现自2004年以来，我国社会建设以改善民生为重点的特征日益明显。虽然，加快推进以改善民生为重点的

社会建设,涉及面广,内涵丰富,但它的基本要求仍然是:积极解决好教育、就业、收入分配、社会保障、医疗卫生和社会管理等直接关系人民群众根本利益和现实利益的问题,努力使全体人民学有所教、劳有所得、病有所医、老有所养、住有所居。然而,就是在这个基本的、不变的目标下,与前两个阶段相比,社会建设的过程和结果却发生了一些显著的变化,其主要特点:一是社会建设的合理性发展。即社会建设的提出和发展不是人们主观意志的结果,而是社会发展本身所固有的客观规律或必然趋势的体现,也是符合构建和谐社会目标的发展。同时,社会建设追求的是以民生发展为目的与人的发展相统一的发展,是以人为核心的发展。因此,社会建设的合理性发展是当代我国社会转型和良性发展的一个显著标志。如果说之前的社会建设比较被动的话,那么现在则是一种主动的、必然的社会行动了,所以说它是一种合理性发展。二是社会建设的整体性发展。社会是一个相互联系、相互制约的整体,社会机体的各个组成部分之间具有一种有机关联性,它决定了社会的发展必然是各部分之间的协调并进。因此,整体性发展既指社会大系统内部各个层面、各个环节之间的协调、同步发展,也指社会子系统内部各要素之间的协调、同步发展。三是社会建设的低代价性发展。在我国明确提出社会建设的时候已是我国经济连续 20 多年快速发展、综合国力极大提高的时候,再加上之前我们积累的精神文明建设和发展社会事业的经验教训,完全有可能避免因主观认识和操作上的失误而造成人为的、非必要的和非合理的代价的付出,而以尽可能少的投入获取社会建设最大限度的发展和回报。同时,我们强调的社会建设是以科学发展观为指导的,它要求经济、社会、资源、环境和人口的全面协调可持续发展。实践表明,与某一单项事业的发展相比,全面协调可持续发展的成本和代价要低得多,而回报要高得多。总之,加快推进以改善民生为重点的社会建设是对我国社会主义现代化建设和社会发展规律的新认识、新概括，是发展中国特色社会主义的重大任务，关系到社会主义现代化建设的全局和长远发展，在理论和实践上都具有重大意义。

参考文献：

[1]陆学艺.关于社会建设的理论与实践[J].国家行政学院学报,2008,(2).

[2]孙中山.建国方略[M].北京:华夏出版社,2002.

[3]孙本文.社会学原理(下册)[M].中国台北:商务印书馆,1975.

[4]梁漱溟.乡村建设理论[M].上海:上海人民出版社,2006.

[5]毛泽东著作选读(下册)[M].北京:人民出版社,2006.

[6]毛泽东文集(第六卷)[M].北京:人民出版社,1999.

[7]李培林.加强社会建设理论和经验的研究[J].社会学研究,2007,(2).

[8]李强.对"社会"及"社会建设"的思考[J].国家行政学院学报,2010,(1).

[9]邓伟志,童潇.社会建设与民生社会学[J].甘肃社会科学,2010,(5).

[10]邓小平文选(第2卷)[M].北京:人民出版社,1994.

[11]陈成文,孙淇庭.论邓小平社会建设理论与社会和谐构建[J].甘肃社会科学,2009,(3).

[12]邓小平文选(第3卷)[M].北京:人民出版社,1993.

[13]胡锦涛.在中国共产党第十七次全国代表大会上的报告[R].2007.

（原载于《西北师范大学校报》2011年第5期）

五、社会问题研究

论社会学的学术品格与底层意识

社会学自其创立,就一直为摆脱传统的"灰色"理论而努力。纵观社会学百年发展史,无论是社会学创立的最初目的,还是不同理论的争鸣与实践,无不体现出西方社会学界对工业文明所导致的社会危机与失序问题的反思。从某种角度而言,科学的批判与强烈的社会责任感是其能保持"卓尔不群学术品质"的关键。在社会学研究价值取向上,虽然马克斯·韦伯提出了"政治"与"科学"的界限,但事实上的社会学不可能是一项中立的知识和事业[1]。正如马克思主义社会学所选择的立场一样,它在分析和研究资本主义社会结构及个体的社会行为时难免带有自己的价值判断,更不可能对"社会事实"漠不关心。中国社会学本源于"西学",在秉承西方社会学价值理念的基础上,儒家"经世致用"思想的滋养与近代中国社会的苦难历程更使得中国的社会学理论自诞生之日起便具有了一种贴近底层生活的责任意识。

那么什么是批判精神?社会学应该批判什么?按照马克思主义哲学对于批判精神的解释,批判主要包括两个方面的内容。一是对社会现实的批判,即对人的生存状态与生存方式进行反思和批判;二是理论上的"自我反省"和"自我批判"[2]。在"批判社会与批判自我"的"双批判"中,马克思主义社会学尤其主张通过对"社会现实"的批判来推动个人理性和行动能力的提高,最终迈向合理的社会秩序。"面对人民的不幸,面对人性的蒙羞,我不准备也不能掉转头去视而不见,更不对昨天的邪恶,丑陋采取宽容态度,而是将强烈的爱憎感情倾注在自己的思考"[3]借用皮埃尔·布迪厄对知识的反思性解释,社会学可以实现"学术向度、道德向度、政治向度"的内在统一[4],认为如果社会学对人类的苦难和时代的困惑无动于衷或仅服务于政治权威,那其学术品性便无从谈起。社会学的心智品质决定了"社会学是永远不能放弃它自批判精神传统的。社会学家如果过度依附于科层,追随利益与权势,必将辜负作为公共知识分子的时代使命,从道德上自我否定与毁灭"[5]。

一、社会学的"中国式"成长与困境

中国社会学经过百多年的发展,尤其是改革开放 30 多年的变革洗礼与构建"和谐社会"的战略目标,使其从中国"边缘性学科"成为了可以与经济学等传统大学科相并列的"社会学帝国主义"。无论是人文研究中社会学范式的确立,还是大批社会学者进入体制内,社会学似乎真的成了一门"显学"。然而,当我们真实感受社会学的贡献时,似乎发现中国社会学给人一种"虚胖"的感觉,其发展越来越呈现出脱离底层真实世界的倾向,"学院派社会学"的历史又隐约重现。当研究者越来越执着于借用现代定量分析方法去解释社会现象时,图标公式型的研究结论早已让研究者失却了对"人"的本体性关注。研究者的批判神经开始变得麻木,叙述者多成为了远离底层后的"他者"想象[6]。

为分析近干来中国社会学的发展现状与主要研究领域,有学者曾尝试对一些社会学的主要期刊或出版物进行内容分析。如朱丹浩[7]利用 CSSCI (1998—2007 年度)的引文数据,计算了 24 种社会学 CSSCI 来源期刊的 h 指数及主要内容分布;李怀[8]以《甘肃社会科学》为例,对该刊 2000—2008 年度发表的社会学论文内容进行了纵贯研究；施敏[9]则通过对 CSSCI（2000—2007 年度）数据中社会学期刊引文数据的统计，对社会学领域内出版社图书被引频次较多的前 100 家出版社进行书目研究。虽然这些研究不一定有代表性，但研究的结论似乎都在指向一种事实：即社会学缺乏跳出体制对社会问题与现象进行深度批评反思的勇气与能力，更缺乏一种将学术理想付诸"生活实践"的干预能力；整个社会学领域呈现出的有深度的批判性与反思性研究过少，建设与维护性的研究过多；底层社会小人物的日常研究过少，宏大的社会结构与政策研究过多；务实性的"乡村建设式"研究过少，定量化、技术化的研究过多；太多的社会学研究者越来越迷恋于所谓的定量研究，痴迷于图表、公式以及带有"预设性"的统计推论所造就的"专家式的研究方式"。这使得一种本可以获得广泛理解的"大众科学"变成了一个只能由专家和业内人士看得懂的"天书"。误导了普通民众对于社会学的理解，也拉开了研究者与被研究者之间的心理距离。

同时，中国特殊的政治与文化场域，使得社会科学研究背后往往隐藏着很强的"政治意蕴"，而这正是许多社会学者力求回避和隐藏的。长期以来，我国社会学界一直标榜自己的"批判性价值判断"，但是有趣的是，当马克思主义成为一种官方意识形态时，以"对现实社会有着最为强烈的批判性及行动倾向的马克思主义"社会学批判的锋芒变得日益"钝化"，日益缺乏对市场逻辑和社会结构的批判。"面对底层社会的苦难所持有的'价值中立'态度"让普通民众与"社会学"的距离进一步拉大[10]，社会学"上层化""贵族化"的成长路线使其与"政治、经济"走向了合谋。

正如有学人指出，中国社会学批判性精神的匮乏，既体现在对学科自身反思性的不足，更缺少一种能跳出体制对社会现实进行深度批判的勇气[11]。面对中国改革和社会经济发展过程中出现的矛盾与问题,中国社会学如何才能回归"批判"传统,如何才能加强其干预社会发展的能力担当,便是其"保持学科活力"的核心所在。厘清这些矛盾与问题的根源,实现"增促社会进步,减缩社会代价",便是社会学的使命所在。

二、批判的妥协与失语

有学者指出,在诸多学科之中,社会学以其独特的成长经历是最有希望成为"民意公器"的"学科先锋"。但是现实的状况却是,社会学在对"社会事实"进行分析时总是有意无意地进行遮掩。尽管众多学人都对社会学批判的研究前景给予肯定,并有着相同或相似的认知,但还是因为种种难以尽述的原因而鲜有展开,结果只能停留在对传统范式的注释与翻炒之中,"实然"的分析立场看似遵循着一贯的学科规范,但实际上却忽略社会实践,降低了回应现实需求的能力要求。

那么,究竟是什么原因导致了社会学"批判精神"的弱化与失语?这可能既有中国社会学理论视野的自身原因,也可能与当下社会学的知识性质和知识结构变化有关。甚至还可能隐含着中国社会发展变化的时代性特征:如商业化生存模式的普遍性接受,人文价值的迷茫等因素。但最根本的原因可能还是很多的社会学者缺少"公共知识分子"应有的批判与独立精神。公共知识分子群体之所以不同于一般的专业知识性学者,就在于他们往往不仅拥有专业知识分子深厚的专业素养,更兼有强烈的公共关怀精神,具备了批判性思维,可以理性地分析和客观评论公共问题。公共性与批判性是社会对公共知识分子的基本期待。而公共知识分子要保持这一属性就必须"站在权力的外边",远离经济利益的束缚,并与权力保持适度的距离,用理性的态度和中立性的立场判断问题、解析问题并把结论传达给大众。同时,公共知识分子需以知识为依托,不惧怕权威和传统,分析、批判和揭露各种不正义现象,始终保持对公共政策、公共事务的客观分析和理性批判。

比照近年来发表在社会学类期刊或栏目的文章,很多现象值得我们反思。以代表性刊物《社会学研究》为例,笔者通过对 2004—2014 年的论文题目进行分析发现,宏观叙事类与实证主义分析类依然占据着主要版面,"大家型"学者也依然是刊物的常客,"验证式"的逻辑论述几乎成为"套路",文章变得越来越艰涩难懂。很多反思性与批判性文章落入了"异化的自我陷阱",在学科专业的束缚下,"日益精确的专业化给知识分子自我确认带来的内伤"[12]。很多知识分子只关注技术方法的提升、知识的创新,却逐步失去思辨精神和公共意识。沦为"知识分子"而非"公共知识分子",他们成为公共政策的解说者、传播者,而不是思辨者。作为一门以"批判"为核心与成长原点的学科,社会学从"最初的批判到对政治的半推半就,最后到与政治的合谋",原本具有公共知识分子潜质和特征的社会学者亦难逃既有体制的束缚,在"名利场"的游戏角逐中逐渐被异化成需要"体制供给"的职业官僚。于是,对政府的意图进行注解与论证便成为他们学术研究的基本内容和形式,试图通过改造和管理社会个体来完成宏大的社会工程。一个吉登斯式的"结构化"假设便被真实的演绎。同样缺少了"底层生活实践"的社会学,只能无奈地回避对普通民众和底层世界的人文关怀的"文化自觉"。正如徐友渔所说,那些经常在公共媒体布道、大放厥词的专家学者"他们真正关注的是对言说机会和效果的考虑,除了想当精神导师或言论领袖而必须了解动向与潮流,他们其实对中国的现实既没有兴趣也没有热情"[13]。

三、批判精神的回归与公共责任的实现路径

如何实现社会学"批判价值"的回归？作为研究者应该如何保持怎样的一种批判力？中国当下的社会学研究误区究竟在什么地方，该如何超越？社会学担当公共责任的切入点在什么地方？

（一）大力培育独立取向中的"公共性"

美国社会学家布洛维曾对社会学有一个基本的分类，他根据社会学的研究领域和目的不同，将其分为政策的、专业的、批判的和公共的四种类型[14]。认为这四种社会学在处理"公共性"的关系时，其学术取向差异甚大。政策社会学关注宏观理论与叙事，其与"政治"的联系最为紧密，目的即为统治服务；专业社会学属于技术层面社会学，其主要关注社会学的研究方法与概念框架等。批判社会学主要解决知识的定向问题，以批判为武器，反思社会发展中人的生存；公共社会学则以保卫社会为己任，强调社会学的公共责任。按照布洛维对社会学研究的定义，再结合中国社会学的发展现状，我们会发现，我国的社会学无论在"研究结构"还是"公共取向方面"均暴露出"一些短板"。如过分看重政策研究，过度强调专业技术方法，忽略社会批判与公共责任；一些进入体制内的社会学者强调"政策"的重要性，而更多的社会学从业者对于社会学的认知或实践只停留在技术层面，所以当剥离掉社会学的"政治、技术"面纱后，我们突然感到"社会学冷清的可怕"。批判性与公共性的不足严重制约着社会学的"知识合理性"。

那么应怎样培育与发展一个以批判和公共性为主旨的"社会学"以改善目前的"知识结构"，笔者认为关键在于培育具有独立取向的中国式"公共社会学"。正如闻翔在评介布洛维《公共社会学》一书中对社会学"公共取向"的推崇，认为如果政策与专业社会学不能对自

身的公共关怀和道德担当进行充分的反省，就很容易成为既得利益集团或政治的附庸，成为社会不平等和宰制关系再生产的一种手段。到时候，即使研究假设再漂亮，抽样方法再准确，统计分析再精致，也会有意无意地沦为布迪厄所说的"社会巫术"[15]。遗憾的是不是所有的社会学者都能认识到公共性才是保持"社会学良知"的基石，"公共社会学"必须旗帜鲜明地介入社会公众关注的问题中去，用更生活化、大众化的语言对市场化过程中出现的诸多问题进行注解，尤其应将"公共性"体现在对底层社会的关注中去。

（二）重建社会研究中的"理性批判"

中国社会学的发展始终伴随剧烈的社会转型，从最初激情澎湃的"社会评论"到后来的"合法性论证"，可以说"政治与市场化"的力量一直对社会学知识进行着某种"价值性改造"，使得社会学知识体系日益专业化与科层化，并产生了一批"弱批判"的知识生产者。在国家体制和市场逻辑的作用下，人文知识分子只有实现技术化的转变，方有机会进入社会中心。所以在工具理性化的大背景下，公共问题被技术化，批判精神的失落便成为了一种必然。

有学者认为"批判性"的弱化与"维护性"的强化有着必然关系。强维护必然会削弱社会学的批判力，两者是一种此消彼长的关系[16]。对此，笔者认为二者之间是存在一定的制约关系，但并不是绝对对立的。能否处理好维护性和批判性两者之间的关系，既涉及中国社会学是否可以正确发挥自己的社会功能、实现学术使命，也同样涉及社会学者的取向与态度问题。

面对社会转型与发展过程中存在的问题，社会学可以充分运用"批判"的武器"针砭时政"，这是由社会学的使命所决定的，我们可以将其表达为"有一种爱叫批判"。但凡事皆有度，社会发展需要"批判"，但更需要的是"理性批判"或者郑杭生先生所讲的"建设性的反思批判精神"[17]，而不是"否定一切"的颠覆性或毁灭性的变味批判，需要的是在"批判"之后能进行反思检讨并可以提出积极的建设性的改进意见和方案，而不是感情用事着重破坏与摧毁的批判，不能将批判蜕变成一种抨击性的仪式和思维习惯。

(三)强化底层小人物的日常生活研究

"底层"的解释很多，按照社会阶层理论的分析，居于社会金字塔最底端的人群均符合其意义范畴。"底层"一词最早源于葛兰西(A. Gramsci)名著《狱中杂记》中的 subalternclasses，意指欧洲社会那些从属的被统治者。而将"底层"首次引入社会科学研究的，则是瑞典经济学家冈纳·缪尔达尔(Gunnar Myrdal)的《对富裕的挑战》一书。其对于"底层"的表述是"由永久性失业、无就业能力者、低度就业者组成的弱势群体，他们越来越无望地脱离这个国家的主流生活。他们是经济转型过程中的受害者"[18]。

"底层意识"作为一种解构精英主义的研究视角，它强调给予最普通民众在社会变迁过程中以特别的重视。社会研究必须沉潜于底层社会，着眼于底层社会的生存策略与实践逻辑，深入底层人群日常生活的细节和事件，以底层社会的内部眼光来凝视底层行动者的遭遇及命运。揭示和再现社会运行的深层动力和被遮蔽的社会事实。而在中国的具体社会场景中，"底层"主要指社会性弱势群体，如低保人员、经济困难群体、流浪乞讨人员、杂技艺人和性工作者，甚至也可以包括上访者等[19]。那么，什么又是"底层意识"下的日常生活呢？日常生活是以常识为基础，以重复性、自在性和经验性为特征，处于特定的历史时空条件之下的人们进行的衣食住行、婚丧嫁娶、风俗礼仪、岁时节日、行为心理等具体生产和生活实践的抽象集合体[20]。

社会学研究为什么要关注底层小人物的日常生活？笔者认为这是对社会学过度关注宏大叙事的一种反叛和对真实生活的自然回

归。对日常生活主体——人（尤其是底层小人物）关注的缺失很容易让社会学忽略底层的社会诉求与政治表达，形成一种"自上而下"的解读习惯。殊不知，作为社会学视野中的日常生活，在根本上是与社会进程相一致的，本身即是社会的重要组成部分，它以广博的时空界限把社会的经济现实、政治事件、文化生产等都统摄进来。社会的转型、变迁也就在包罗万象的日常生活中发生着、体现着。马克思主义的历史观也认为，若轻视或蔑视人们的日常生活领域，就无法正确理解历史。从普通人的日常生活世界中把握底层的形象，将底层民众的日常生活作为学术知识生产和再生产的基础性资源是实现中国社会学学术转向的可能途径。

然而，遗憾的是自新中国成立后，社会学的发展路径与研究实践证明其对底层社会的日常生活研究的关注是不够的，对现实世界也是缺乏干预和担当的。更多的文章都习惯于站在精英主义的立场，自上而下审视底层，对底层发生的"小事件""小动作"进行某种有意无意的忽略，对拆迁维权、上访讨薪等底层抗争逐渐麻木。正如赵树凯先生所言，中国社会研究的重要挑战是在意识形态的影响下，政治化的话语往往掩盖了复杂生猛的社会现实[21]。如果依然用这样的视角理解和参与社会变革，必然是无力回应现实的。因此，笔者认为当下的社会学研究，需要推进"底层研究"的方法和策略。在"关注底层小人物日常生活"过程中体现社会学的"公共性"与"理性批判精神"。从事社会学研究事业的内在冲动应改变以往从精英角度对社会变革的关注与分析，底层的视角为沉默的大多数关注和破解社会转型，从平凡琐细和细语微言中生产"有意义的知识"[22]。如果广大社会学者能够自觉地秉持底层研究的价值关怀和理论方法，"多一份土气，少一分贵气"，切实抛弃精英主义的局外旁观者和代言者姿态，将研究眼光下移、重返生活现场、重塑底层关怀，方能形成关于行动者本身的

真切知识。这样的知识才能真正体现社会学自身的学术品格与学科定位。

四、结语

中国社会学面临的困境根源不在于社会抛弃社会学，而在于社会学家不敢或不愿意触及社会问题。在剧烈的社会变迁中保持社会学的学科品相应与社会现实紧密结合，培育其"公共性"与理性批判精神，将关注的目光投向底层，在日常生活中捕捉那些个体命运与社会制度变迁之间的微妙关联，从而真正实现马克思主义社会学的学科理念，这既可以看作是对社会学学科发展的一种探索，甚至可以视为社会学重新介入当下现实的一种努力。

参考文献：

[1]A Gidd ns.Sociology:A Brief But Critical Introduction [M].Harcourt Brace Jovanovich,1982.

[2]谭清华.郭湛.论马克思的社会自我批判思想[J].中国人民大学学报，2008(3):12.

[3]李湘树.孜弦而不易辙:谢晋的心灵轨迹[J].电影评介,1993.

[4]布迪厄 华康德.实践与反思:反思社会学导引[M].北京:中央编译出版社,1998:54.

[5]陶双宾.批判传统与美国早期社会学理论[J].沈阳师范大学学报,2007(1):9.

[6]刘军奎."贵族化"到"平民化":中国社会学的选择[J].内蒙古社会科学,2011(4):119—12.

[7]朱丹浩.三国社会学期刊的 h 指数分析:基于 CSSCI(2000—2007年度)数据[J].西南民族大学学报:人文社科版,2009(9):83.

[8]李怀.社会学贡献与综合类期刊的学术坚守[J].甘肃社会科学,2010(2):

64–65.

[9]施敏.对社会学最有学术影响的百家出版社分析:基于 CSSCI(2000—2007 年度)数据[J].出版科学,2011(1):77–78.

[10]江发文.被压迫的底层与底层的解放:读保罗弗莱雷的《被压迫者教育学》[J].社会学研究,2009(6):226–238.

[11]王庆明.社会学的社会学:从反思性到自主性[J].晋阳学刊,2008(4):47–54.

[12](美)理查德·A·波斯纳.公共知识分子:衰落之研究[M].徐昕,译.北京:中国政法大学出版社,2002:24.

[13]徐友渔.当代中国公共知识分子的生成[J].当代中国研究,2004(4):48–55.

[14]麦克·布洛维.公共社会学[M].北京:社科文献出版社,2007:15–18.

[15]闻翔.社会学的公共关怀和道德担当:评介麦克·布洛维的《公共社会学》[J].社会学研究,2008(1):231.

[16]赵勇.批判精神的沉沦:中国当代文化批评病因之我见[J].文艺研究,2005(12):5–11.

[17]郑杭生.论建设性反思批判精神[J].华中师范大学学报,2008(1):64–69.

[18]Gunnar Myrdal.Challenge to Affluence[M].New York:Pantheon,1962:203.

[19]秦洁.关于"底层"研究的相关概念分析[J].华南理工大学学报:社科版,2010(6):82–87.

[20]常利兵.日常生活研究的理论与方法:对一种社会史研究的再思考[J].山西大学学报:哲社版,2009(2):67.

[21]赵树凯."底层研究"在中国的应用研究[J].东南学术,2008(3):167–173.

[22]郭于华.社会学的心智品质与洞察能力[J].社会学家茶座,2006(1):167–173.

（与郭宏斌合作,原载于《甘肃社会科学》2015 年第 3 期）

关注新"社会病"——网络成瘾研究综述

Patricia Wallace 说:"伴随互联网走入千家万户的同时，人们也听到了由于上网引起行为问题的不和谐之音。'上网成瘾'已成为人们辩论和夸大的题目。"①确如其所言,从美国的 Dr.Ivan Goldberg 提出"网络成瘾"这个概念后,它便引起了国内外学界的广泛关注。在我国已有数百万青少年沉迷网络不能自拔，网络成隐已成急需防范和治理的"社会病"。本文主要对国内外在网络成瘾的名称、类型、特征、危害、成因、诊断和对策七个方面的最新研究成果作一梳理和评述，并提出相关问题和下一步的研究重点。

一、网络成瘾的概念

网络成瘾是随着互联网的出现和普及而产生的一种新的心理现象或社会现象，但正如 Patricia Wallace 所说:"目前人们激烈争论的是对这种现象冠以什么样的名称",直到现在,国内外对它的名称仍未统一,主要有以下几种说法:

（一）Internet addiction disorder(简称 IAD)

美国纽约精神病学家 Goldberg1994 年宣称自己在临床上发现了一种新的心理疾病,并把它命名为"internet addiction disorder"②,指的

①Patricia Wallace 著,谢影、苟建新译:《互联网心理学》,中国轻工业出版社,2001 年,第 198、206 页。

②王芳:《体验网络》,机械工业出版社,2004 年,第 188 页。

是个体由于过度使用因特网而导致明显的社会、心理功能损害的一种现象。该术语 1995 年被引入医学词典。我国学者对"internet addiction disorder"则有不同的译名,如"网络成瘾症"、"网络成瘾障碍"、"互联网痴迷错乱"等。在美国,这个概念受到了许多学者的质疑,他们认为"成瘾"这一术语是指有机体对某种药物心理上和生理上的依赖,是用于摄入某种化学物质或麻醉药的行为。网络用户对网络的着迷不同于对化学物质的依赖[1]。也有学者认为,使用"网络成瘾"夸大了网络的消极作用[2]。还有的学者认为目前使用这个概念是不准确的,"有人用'互联网痴迷错乱'的名称,但很多科学家认为随便使用'痴迷'、'错乱'等不够准确。在美国精神病协会的权威文件《精神病诊断及统计手册(Ⅳ)》还没有一种称作'互联网痴迷错乱'的病"[3]。

(二)Internet addiction(简称 IA)

尽管 Goldberg 提出了 IAD 概念,但在美国则大多使用 IA[4],其含义与 IAD 是一致的。

(三)Pathological internet use(简称 PIU)

Davis 针对一些学者对"网络成瘾"这一名称的质疑,提出了

①陈侠、黄希庭、白纲:《关于网络成瘾的心理学研究》,《心理科学进展》,2003 年,第 11 期。

②Hamby rger Y A,Ben-Artzi E.Loneliness and Internet use.Computers in Human Behavior,2003,19(1):71—80。

③Patricia Wallace 著,谢影、苟建新译:《互联网心理学》,中国轻工业出版社,2001 年,第 198、206 页。

④杨容、郑涌、阮昆良:《网络成瘾(IAD)实证研究进展》,《西南师范大学学报》(人文社会科学版),2004 年,第 5 期。

PIU 的概念^①,国内把它译成"病理性网络使用"^②,或"病态网络使用"^③。

（四）其他的说法也很多,例如 Internet Behavior Dependence（简称 IBD）、Online Addiction、Problematic Internet Use^④、Internet Addiction Disease^⑤等。国内除了上述叫法之外,还有人称其为"网络行为依赖"^⑥、"网络沉溺"^⑦、"网瘾"^⑧等。

尽管大家对这种现象的称呼不同,但对它的理解是近似的,即认为这是种因对网络的过度使用而对生理、心理及社会带来的危害,如周倩认为它是"由重复地使用网络所导致的一种慢性或周期性的着迷状态,并产生难以抗拒的再度使用的欲望。同时会产生想要增强使用时间的张力与耐受性、克制、退隐等现象,对于上网所带来的快感

①Davis R A.A cognitive-behavior modal of pathological internet use.Computers in human Behavior,2001,17（2）:187—195。

②刘树娟、长智君:《网络成瘾的社会—心理—生理模型及研究展望》,《应用心理学》,2004 年,第 2 期。

③孟令芳:《青少年网络成瘾探讨》,《山东行政学院山东省经济管理干部学院学报》,2004 年,第 4 期。

④孟令芳:《青少年网络成瘾探讨》,《山东行政学院山东省经济管理干部学院学报》,2004 年,第 4 期。

⑤彭阳:《青少年网络成瘾的形成原因及预防对策》,《零陵学院学报》,2003 年,第 1 期。

⑥孟令芳:《青少年网络成瘾探讨》,《山东行政学院山东省经济管理干部学院学报》,2004 年,第 4 期。

⑦李一:《网络沉溺的生成机制及社会对策》,《广东社会科学》,2002年,第 5 期。

⑧彭阳:《青少年网络成瘾的形成原因及预防对策》,《零陵学院学报》,2003 年,第 1 期。

会一直有心理与生理上的依赖"[1]；Armstroog 对它的概念做了较全面的描述，认为其外延很广，成瘾者有大量行为和冲动控制上的问题[2]；周春莲等人认为它是指无节制地花费大量时间和精力在网上冲浪、聊天或进行网络游戏，并且这种对网络的过度使用影响生活质量，降低学习和工作效率，损害身体健康，导致各种行为异常、心理障碍、人格障碍和神经系统功能紊乱等消极后果[3]；李一则将其界定为上网者由于长时间地和习惯性地沉浸在未来时空当中，对电脑、互联网以及网络世界的一切都产生了强烈的依赖，甚至达到痴迷的程度难以自我摆脱的行为状态和心理状态[4]。由此可见，对网络成瘾的含义不论有多少种表述方式，但至少有三个关键词是大家共同接受的：过度使用，异常状态，受到损害。

二、网络成瘾的类型

对网络成瘾类型的划分，国内外研究者的认识或结论是一致的。Armstrong 较早对它作出了划分，认为存在五种类型：

（一）网络色情成瘾（cyber-sexual-addiction）

指沉迷于浏览、下载和交换色情图片、电影、文字等内容，在线进行色情交易，或者进入成人话题的聊天室。

---

①陈侠、黄希庭、白纲：《关于网络成瘾的心理学研究》，《心理科学进展》，2003 年，第 11 期。

② Armstrong L.How to beat addiction to cyberspace.Http://www.netaddiction.com/2001。

③周春莲、郭继志等：《网络成瘾问题研究现状及展望》，《中国医学伦理学》，2004 年，第 3 期。

④李一：《网络沉溺的生成机制及社会对策》，《广东社会科学》，2002年，第 5 期。

（二）网络交际成瘾（cyber-relational-addiction）

上网者利用各种聊天软件以及网站的聊天室进行的人际交流（包括网恋）将全部精力投注于在线关系或是虚拟感情中，用在线朋友取代现实生活中的朋友和家人。

（三）网络游戏成瘾（game addiction）

指网络用户不可抑制地长时间过分沉迷于计算机游戏。此类成瘾者通常见于青少年，他们将大量时间、精力和金钱花费在网络游戏中。

（四）信息超载（information overload）

指花费大量时间强迫性地浏览各种网页以查找和收集信息，包括强迫性地从网上收集无用的、无关的或者不迫切需要的信息。

（五）网络强迫行为（net compulsions）

指网络用户有一种难以抗拒的冲动去进行强迫性的在线赌博（net gaming）网上拍卖、购物或进行股票交易等。

三、网络成瘾的诊断标准

目前，权威的网络成瘾诊断工具尚未出台，常用的诊断办法主要有：

（一）美国心理学年会制订的标准

在 1996 和 1997 年美国心理学年会上，学者们列出了"耐受性"（tolerance）、述瘾症状（withdrawal symptoms）等 7 种网络成瘾表现。如果网络用户在 12 个月中的任何时期有多于所列的 3 种症状出现，即为网络成瘾[1]。

---

①陈侠、黄希庭、白纲：《关于网络成瘾的心理学研究》，《心理科学进展》，2003 年，第 11 期。

（二）Young 制订的标准

Young 作为最早研究网络成瘾的心理学家,认为在《美国精神疾病分类与诊断手册》上列出的所有诊断标准中,病态赌博的诊断标准最接近网络成瘾的病理特征。因而他对赌博成瘾的 10 个诊断标准加以修订,形成网络成瘾的测量工具。该问卷有 8 道题:(1)专心于网络;(2)上网的时间越来越长;(3)不断试图减少网络的使用;(4)当减少网络使用时会出现退缩症状;(5)时间管理问题;(6)面临着环境的压力(来自家庭、学校、工作);(7)对周围的人隐瞒自己的上网行为;(8)由于网络使用而导致情绪的改变。如果被试对其中的 5 个题项给予肯定回答,即可确诊为网络成瘾①。这是目前被广泛使用的诊断依据。

（三）Beard 制订的标准

他对 Young 的量表进行修订,提出"5+3"的诊断标准。其中前 5 个标准为:(1)是否沉溺于网络;(2)是否为了满足需要而增加上网时间;(3)是否不能控制、缩减和停止使用网络;(4)当缩减和停止使用网络时是否会感到疲倦、忧郁和痛苦或易怒;(5)上网时间是否比最初想要上网的时间要长。这是网络成瘾的必要条件。此外,还须至少满足后 3 个标准中的 1 个:(1)危及重要的人际关系、工作、学习和职业;(2)对家庭成员、临床医生和其他人隐瞒真实的上网时间;(3)使用网络是为了逃避现实生活或减轻精神困扰。只要满足"5+1"个标准,即可诊断为网络成瘾②。

---

① Young, K.Internet addiction:Symptoms, evaluation and treatment（J）.In L. VandeCreek & T.Jackson（Eds）,Innovations in clinical practice:A source book.Sarasota.FL:Professional Resource,1999.V01.17:19—30。

② Beard K W.Modification in the proposed diagnostic criteria for internet addiction.Cyber Psychology & Behavior,2001,4(3):337—383。

(四)Goldberg 制订的标准

Goldberg 的评估标准有 9 项①:(1)每月上网超过 144 小时,也就是一天 4 小时以上;(2)头脑中一直浮现和网络有关的事;(3)无法抑制上网冲动;(4)不敢和亲友说明上网的时间;(5)可能因上网造成课业及人际关系的问题;(6)上网比自己预期的时间还久;(7)花许多钱在更新网络设备或用于上网;(8)要花更多时间上网才能满足;(9)上网是为逃避现实、解除焦虑。在这套标准中,只要符合 5 项以上,就说明已经上网成瘾。

(五)Davis 制订的标准

Davis 编制了 《戴维斯在线认知量表》(Davis Online Cognition Scale,简称 DOCS)②。该量表包含 5 个因素:安全感、社会化、冲动性、压力应对、孤独——现实,共 36 个题项,是一种七级自评量表。如果被试测出的总分超过 100 或任一维度上的得分达到或者超过 24,则认为是网络成瘾。

(六)陈淑惠的"四级自评量表"标准

台湾大学心理系教授陈淑惠以大学生为样本,编制《中文网络成瘾量表》③。该量表包含 5 个因素:强迫性上网行为、戒断行为与退瘾反应、网络成瘾耐受性、时间管理问题、人际及健康问题,共 26 个题项,是一种四级自评量表。总分代表个人网络成瘾的程度,分数越高

---

①吴娟、张文凯:《高校大学生网络成瘾现象矫正措施》,《桂林航天工业高等专科学校学报》,2004 年,第 3 期。

②Davis RA.Internet addicts think differently:An invent tory of online cognitions. http://www.internet addiction.ca/scale.hm,2001。

③陈侠、黄希庭、白纲:《关于网络成瘾的心理学研究》,《心理科学进展》,2003 年,第 11 期。

表示网络成瘾倾向越高。

（七）马宁、王辉的"主观测试"际准

他们认为对于网络成瘾学生的诊断，可以用 16 道题来测试其是否成瘾和成瘾的程度。这 16 道题是：（1）你发现你待在网上的时间超过预定时间；（2）你会与网上的人建立关系；（3）你的朋友会抱怨你花太多的时间在网上；（4）由于你花太多的时间在网上，以至于会耽误学业；（5）你尽量隐瞒你在网上的所作所为；（6）你会同时想起网上的快乐和生活的烦恼；（7）没有了网络，生活会变得枯燥、空虚和无聊；（8）深夜上网而不睡觉；（9）睡觉、上课时你仍想着上网或幻想着上网；（10）你上网老想着"就再多上一会儿"；（11）你尝试着减少上网时间，但却失败了；（12）你企图掩饰自己上网的时间；（13）你选择花更多的时间上网而不是和同学去玩；（14）当你外出不能上网时，你会感到沮丧、忧虑和焦虑，一旦上了网，这些感觉就消失了；（15）你会用自己节省下来的生活费去上网，而不是考虑明天是否有饭吃；（16）别人阻挠你上网时，你会非常恼怒和吵闹。评分标准是：按照发生的频度，用 0 分~5 分进行评分，0 分~5 分的具体含义是 0 代表"没有"；1 代表"罕见"；2 代表"偶尔"；3 代表"较常"；4 代表"经常"；5 代表"总是"，把各题选择的分数加在一起，如果超过 40 分，就说明已经具备网瘾的症状了，如果超过 60 分，就可以确定患网瘾症无疑[1]。

（八）杨文娇、周治金的"3 维度 5 级评分"标准

他们根据网络成瘾的症状和特征自编网络成瘾类型问卷[2]，主

---

[1]马宁、王辉：《大学生网络成瘾症形成的心理机制及预防和干预》，《高等理科教育》（刊期不详）。

[2]杨文娇、周治金：《大学生网络成瘾类型及其人格特征研究》，《华中科技大学学报》（社会科学版）2004 年，第 3 期。

要包括 3 个维度,即网络人际关系成瘾问卷、网络游戏成瘾问卷和网络信息下载成瘾问卷。采取 5 级评分标准,得分越低,则表示网络成瘾倾向越明显。

不同的研究人员基于自身的专业背景和研究旨趣,提出了不同的网络成瘾诊断标准,但到现在,仍无一套经过严格科学检验的标准。因此,尽快研制具有较高信度和效度的诊断工具应是以后网络成瘾研究中的重要方向。

四、网络成瘾的特征

(一)Young 概括的主要特征[①]

(1)突显性(Salience)

网络成瘾者的思维、情感和行为都被上网这一活动控制,上网成为其主要活动,在无法上网时会体验到强烈的渴望。

(2)情绪改变(Hood Modification)

如果停止使用可能会产生激怒、焦躁和紧张等情绪体验。

(3)耐受性(Tolerance)

成瘾者必须逐渐增加上网时间和投入程度,才能获得以前曾有的满足感。

(4)戒断反应(Withdrawal Symptoms)

在不能上网的状况下,会产生烦躁不安等情绪体验。

(5)冲突(Connict)

网络成瘾行为会导致成瘾者与周围环境的冲突,如与家庭、朋友关系淡漠,工作、学习成绩下降等;与成瘾者其他活动的冲突,如影响

---

①Young.K.S.Internet Addiction:Symptoms,evaluation,andtreatment(J).Innovationsin Clinical Practice:A Source Book.1999,17:19—31。

学习、工作、社会活动和其他爱好等。成瘾者内心对成瘾行为的矛盾心态：意识到过度上网的危害又不愿放弃上网带来的各种精神满足。

（6）反复（relapse）

（二）弗里希·戈赫特概括的特征①

他认为大学生网络成瘾的典型症状是：上网时容光焕发、精力充沛，在网上能连续待上十几个小时不休息；下网后精神疲惫、情绪低落、思维迟钝、眼光呆滞、表情木讷、无愉快感或兴趣丧失，生物钟紊乱，食欲下降，体重减轻，精力不足，精神运动性迟缓，自我评价降低和能力下降，对现实生活失去兴趣，有的学生甚至不惜荒废学业，放弃就学机会。有自杀意念和行为，社会活动减少，大量吸烟和饮酒，滥用药物。

（三）谢延明概括的特征②

（1）强烈的依恋。上网成为成瘾者主要的心理需要，上网时间和精力所占比例逐渐加大，进而导致了个体生物钟的紊乱。当在无法上网时，会体验到强烈渴求，甚至产生烦躁和不安的情绪及相应的生理和行为反应，上网后情况好转。上网在其生活中占主导地位，注意和兴趣单一，并指向网络，工作、学习动机减弱，生活质量下降。

（2）情感淡漠。成瘾者对网友如胶似漆，对亲友则显得更为冷漠，情绪低落时不向家人和朋友表露，而在网上倾吐。因家人对其上网的限制易与家人发生冲突。

（3）人际交往范围变窄。网络成瘾者往往寻求较高的社会赞许

---

① 马宁、王辉：《大学生网络成瘾症形成的心理机制及预防和干预》，《高等理科教育》（刊期不详）。

② 谢延明：《关于网络成瘾对人的心理影响的研究》，《西南民族学院学报》（哲学社会科学版）2002 年 5 月。

性,但在现实生活中的交往却遇到了相对较多的困难,从而产生严重的社交焦虑。网上社交的游刃有余与现实生活的不断受挫,导致其更多的上网行为。网络成瘾者将自己的人际交往转入虚拟的网络空间,现实的人际关系逐渐疏远或恶化,对周围的人和环境采取逃避或对抗的态度。

(4)意志力薄弱。网络成瘾者和药物成瘾者相同,具有反复性。上网频率总是比事先计划的要高,上网时间也比计划的时间长。网络成瘾者虽能意识到过度上网所带来的危害,企图缩短上网时间,但总以失败告终。

国内其他学者如程亮、张明志等,也在这方面开展了研究。

五、网络成瘾的危害

(一)对生理的影响

孟令芳、文新发、周春莲、程亮、谢延明等人在各自的研究中都谈到了网络成瘾对使用者生理健康的影响。他们认为成瘾的青少年长时间"泡"在网上,缺少必要的锻炼和休息,对其视力、成长中的骨骼等都有不同程度的危害。孟令芳指出[①],网络成瘾开始时出现精神上的依赖现象,到后来可能发展为躯体上的依赖,出现一系列的躯体症状。从生理上讲,这些症状的出现是由于上网时间过长,大脑中相关的神经中枢长时间处于亢奋状态,引起肾上腺素分泌异常,交感神经过度兴奋造成的,实际上是一种过度疲劳。除此之外,患者还会出现一些复杂的生理和生物化学变化,如神经功能紊乱、体内激素水平失衡等,可能导致免疫功能下降,引起其他的疾病。更为严重的网络成

---

①孟令芳:《青少年网络成瘾探讨》,《山东行政学院山东省经济管理干部学院学报》,2004 年 第 4 期。

瘾患者还会产生其他的并发症,如:心血管疾病、胃肠神经官能症、紧张性头痛等。谢延明特别指出[1],睡眠的剥夺和生物钟的紊乱导致成瘾者过度的身心疲劳。

(二)对心理的影响

张宏如在《网络成瘾大学生动机与人格特征》一文中认为:

(1)影响健康人格的塑造。上网者大多以假面具来伪装自己,可能使人失去自我感和现实感,形成软弱、虚幻的人格。网络虚拟空间的表现与现实生活中的表现具有的强烈反差导致了沉溺者的双重人格,他们夸大自己的次要性格,自我向本我妥协,在互联网上一味追求快乐原则,但另一方面又受到环境的制约,因此产生焦虑。另外,出于好奇性而易上网者容易导致异装癖、同性恋倾向等不健康人格。

(2)产生认知不协调。认知不协调的突出表现是浏览信息数量增多,但接触信息种类却在减少;上网时间增加,感受信息阈值却在递减。此外,长期上网可能造成认知麻痹现象,也就是人们长期感知同一事物后容易导致对该事物的感受性降低,出现这种情况意味着后继的信息对人们的感受程度下降。上网时间越长,感受性就越低,时间浪费也就越多,易产生"丧失时间感"和错估时间现象。

(3)导致人际交往心理变异。邱杰在《大学生网络成瘾的心理分析及对策》一文中指出网络成瘾容易引发学生:

A. 信息选择失度。即对信息资源的选择过杂、过乱和无度,大学生网民对网络产生过份依赖心理,不能过滤和筛选必要的信息,常浏览一些盗版信息、污秽信息、虚假信息、过时信息、错误信息,造成身心健康的严重损害,严重的会导致心理变态。

---

[1]谢延明:《关于网络成瘾对人的心理影响的研究》,《西南民族学院学报》(哲学社会科学版)2002 年 5 月。

B. 情感自我迷失。网络给大学生提供了一个广阔的交流情感的空间,和网友们可以尽情地沟通,享受着无拘无束的愉悦。同时,网络也给他们造就了一个宣泄情绪、放纵冲动的场所。网络成瘾使得一些大学生心理闭锁,情感迷失,已经成为明显的心理问题。

C. 道德意志弱化。沉溺于网络的大学生往往会产生道德情感的沮丧,道德意志的无奈,丧失有效的道德判断力,消解传统道德的基础,造成责任观念的淡漠。

D. 行为角色混淆。在网络世界,人们可以随心所欲地扮演自己理想的"自我",迷失了现实的自我,使大学生混淆现实角色和虚拟角色的界限,造成心理错位,行为失调,损害了大学生的心理健康。

E. 网络人格异常。人格异化是指人格模式的不稳定状态,主要表现为偏执型人格、自恋型人格、剧化型人格、边缘型人格等。受戒断心理的干扰,大学生的网络人格很容易发生变异,上网时间失控,行为不能自制,时常焦虑、忧郁、情绪剧烈波动等。

(三)对其他方面的影响

孟令芳认为网络成瘾会导致个体学习成绩下降、引发社会难题,目前,在校生因迷恋网络游戏造成学习成绩下降,甚至旷课、逃学的现象日益普遍。

衣新发、佟国良认为网络成瘾首先会造成时间管理问题,网络成瘾的青少年由于难以抗拒的上网冲动,在网上耗费了大量的时间去做那些不紧急也不重要的事情,这不仅使青少年宝贵的时光流逝,也影响到青少年方方面面的发展。

周春莲等人谈到了网络成瘾对家庭和社会的危害,认为许多网络成瘾者为享受网上乐趣而不惜支付巨额上网费用,宁可荒废学业或事业,甚至抛弃家庭。有的人则沉溺于网恋之中不能自拔,为了虚拟情感而抛弃现实的家庭。网络成瘾患者由于长期脱离现实生活,给社会增加了不安定因素，目前，网络成瘾引起的暴力事件已日趋增多。

谢延明认为网络的过度使用导致了严重的人际关系问题。人在网上待的时间越长，他们在现实中与人打交道的机会就越少，"人—机—人"的交流模式取代了"人—人"面对面的交往模式。对于网络成瘾者，人与人之间的交流往往以机器为中介，极大地减少了人际直接交往的机会，人与人之间的依赖关系被人对网络的依赖所取代。由于网络人际关系具有短暂性、不稳定性和不可靠性，网络成瘾者人际情感的远程交流冲击了原有的近亲情感。人类情感的真实表达需要手势、语言、表情等媒介，而网络中的交往仅仅停留在运用简单的符号来传递，缺乏现实情感体验。网络成瘾者的"触角"变短，视野变窄，逐渐产生"交往剥夺"感。在网络中虚拟的人际范围变大，但实际上缩小了个体现实的交往圈子。

六、网络成瘾的原因

(一)Young 的分析

Young 根据自己的研究提出了网络成瘾的 ACE 解释模型，认为是网络具有的匿名性、方便性和逃避现实性特点诱使个体沉溺于网络世界。

(二)Kiesler 和 Joinson 的分析

他们提出，"去抑制性"(disinhibiton)是网络导致用户沉溺的最根本特性，它是指个体在网络社会中因受某种外加因素的影响所出现的抑制作用的减弱，因而其行为比现实生活中更不受约束。

(三)Davis 的分析

他提出认知——行为解释模型，认为适应不良认知是网络成瘾的充分条件。

（四）Grolol 的分析

他提出阶段解释模型，认为网络成瘾是一种阶段性行为。

（五）Johr 的分析

他根据"需要满足"的观点解释网络成瘾，认为当需要被压制、忽略、转移或陷入一个表面的、间接满足的恶性循环时，往往会出现病态的固执和成瘾。

（六）生理学分析

生理理论认为人脑中有"快乐中枢"，当网络成瘾者上网时会对大脑进行化学反应式的刺激，从而释放出多巴胺，进而使人产生快感。如果这种刺激是经常性的，大脑会强化自身的这种化学反应，从而产生成瘾行为[1]。美国匹兹堡大学心理学教授基姆伯雷博士的一份研究资料表明。网络成瘾的发生机理是由于沉溺者上网时间过长使得大脑相关的高级神经中枢持续处于高度兴奋状态，并使血压升高。然后则令人更加颓废、消沉。这些劣性改变伴随着一系列复杂的生理和生物化学变化，尤其是植物神经功能紊乱、体内激素水平失衡，会使免疫功能降低，使肌体处于亚健康状态或疾病状态[2]。

（七）心理学分析

英国大不列颠心理学会的近期调查结果显示，年龄在 20 到 30 岁之间、受过良好教育的学生群体是网络成瘾的易感群体。坎德尔（Kandell）的研究同样表明[3]，青少年尤其是大学生，比其他群体更容

---

[1]孟令芳：《青少年网络成瘾探讨》，《山东行政学院山东省经济管理干部学院学报》，2004 年第 4 期。

[2]冯小茹：《青少年网络成瘾的心理学分析》，《山西青年管理干部学院学报》，2003 年 12 月。

[3]衣新发、俞国良：《青少年网络成瘾研究述评》，《中国青年研究》2003 年 12 月。

易产生诸如网络成瘾等问题行为。为什么青少年会成为易感群体呢？这除了他们具备丰富的网络知识外，还与他们的心理特点有关。青少年时期是个体生理不断发育和心理趋向成熟的特殊阶段，他们的身体发育出现了剧烈变化，并以一定的方式影响着心理发展，从而呈现一些显著的心理发展特点，正是这些特点在一定程度上推动了青少年陷入网络成瘾之中。

（八）人格缺陷分析

但是，并非所有上网的青少年都会陷入网络沉溺，网络仅提供了成瘾的可能性。缺陷人格理论[①]认为：网络成瘾与人格因素有关，是否沉溺更取决于沉溺者自身的某些人格特质，一定的人格倾向使个体易于沉溺，网络只是沉溺的外界刺激之一。

国内外研究证实了这一假设。Pratarelli M F 通过单因素分析方法分别就沉溺者网络使用中的病理行为、功能、一般目的性满足以及无任何动机四个方面考察，发现有些病理性网络使用者具有与网络强迫性使用有关的性格特征[②]。美国卡内基梅隆大学和匹兹堡大学的研究都显示网络成瘾患者往往具有以下人格特点：喜欢独处，敏感，抑郁，倾向于抽象思维，警觉，不服从社会规范。Young 用在线调查法结果显示成瘾者为轻度至中度的抑郁，推测抑郁是导致 IAD 的一个主要因素。Kraut 认为网络的使用与个体抑郁、孤独和受到打击高度相关。另外，研究者还认为具有低自尊、焦虑、寻求外界认可、害怕被拘禁以及自我封闭等与抑郁有关的人格特征的人易网络沉溺，而辛

---

①孟令芳：《青少年网络成瘾探讨》，《山东行政学院山东省经济管理干部学院学报》，2004 年，第 4 期。

②黄涛、杨林胜、赵淑英：《病理性网络使用研究概述》，《实用预防医学》，2003 年 10 月。

辛那提大学的精神病学家内森·夏皮拉发现他的网络成瘾病人中,大多数患有狂躁抑郁症和社交恐惧症。

国内已有的研究也得到了同样的结果,他们认为个性心理因素是影响大学生网络成瘾的最主要因素。周涛对湖南四所大学的调查发现,社交焦虑越严重的学生网络成瘾的倾向越高。其解释为具有社交焦虑的学生一般缺乏自信,回避现实,而网络的虚拟社区能够提供给他们进行深层次交流的空间,有利于他们的精神慰藉,增强其自信心。林绚晖和张宏如分别利用卡特尔16种人格因素调查表进行的调查显示,推理能力和支配力与网络成瘾者呈负相关,说明由于上网所带来的情绪不稳定,容易造成网络成瘾者智力水平相对较低且较为退缩,进一步表明网络成瘾对大学生的负面影响。同时也表明网络成瘾者普遍不能约束自己,自我控制能力较差①。

(九)家庭环境缺陷分析

张兰君对西安市四所大学的学生进行调查发现,在网络成瘾倾向的大学生中,多数人的父母对他们管教严格,惩罚严厉,操纵、控制他们的倾向较为明显。说明过严的家庭环境可能是网络成瘾的一个影响因素。

(十)社会支持缺陷分析

王立皓利用社会支持评定量表进行的研究表明,人际交往、社会支持等各种需要很可能是导致大学生网络成瘾的动机之一。许多网络成瘾者尤其是网络高手,他们可以在网上获得现实生活中所体验不到的满足感和虚荣感。一旦下网,会有一种失落感,对社会支持的要求会促使他们重新投入到网络中。

---

① 冯国双、郭继志、周春莲等:《国内大学生网络成瘾研究进展》,《中国医学伦理学》,2004年6月。

（十一）综合因素分析

刘树娟,张智君提出社会—心理—生理解释模型,认为网络成瘾是一个复杂的社会和心理现象,社会、心理和生理各方面因素的制约,并可显示社会、心理和生理等各种效应[1]。

（十二）"合力"论分析

段兴利提出了青少年网络沉溺的 IYE 解释模型,认为是三种"合力"(来自网络的吸引力、青少年自身的推动力和环境的影响力)导致了青少年的网络成瘾[2]。

七、网络成瘾的防治

周春莲等人提出要从预防和治疗两个方面入手。他们认为,网络成瘾的预防要从加强教育工作、家庭教育指导、对网络的法规管理方面切入;对成瘾者的治疗,则要求学校、家长首先能够及时发现并通过控制成瘾者的上网时间、开展心理咨询和药物治疗手段来达到目的。

张春燕提出了四个具体步骤:第一步是评估网络成瘾者对于网络的使用模式;第二步是鉴别引发成瘾行为的深层次问题;第三步是制定一个计划,立即着手解决当前的生活或工作上的压力;第四步是帮助成瘾者制定一个具体的计划,来克服成瘾行为本身。她根据自己的临床经验提出治疗时要特别注意两点,一是与当事人建立良好的治疗关系,二是要争取当事人身边的人对他的支持和监督。

李三波提出从六个方面进行治疗:一是让学生意识到成瘾行为

---

[1]刘树娟、张智君:《网络成瘾的社会—心理—生理模型及研究展望》,《应用心理学》,2004 年,第 2 期。

[2]内部资料,段兴利的"青年社会学"讲稿。

的危害性;二是加强网络道德教育,使青少年自觉约束自己的行为;三是控制上网时间;四是教师要把学生上网的注意力引导到查资料、找信息上;五是家长要关心孩子上网的成果;六是网吧经营者要给学生创造一个良好的网络空间。

程亮认为对青少年网络成瘾的心理矫治办法是:一是行为矫正法,具体可以采用厌恶疗法(药物厌恶法;想象厌恶法)和系统脱敏法,二是认知疗法。

马宁、王辉建议对确已上网成瘾的学生要进行心理干预,具体可以采用强化干预法、厌恶干预法、转移注意力法、替代、延迟满足法、团体辅导法。

彭阳提出要建立一个立体交叉式防护网络,让青少年在这个网络中得到正确、及时的引导和保护,他认为应建构网络法律法规与伦理导向机制,加强互联网的管理,青少年要加强自身心理品质的培养,提高行为自控力,家庭、学校要建立有效的监控系统。

吴娟等人则认为应根据造成网络成瘾的不同原因采取不同的矫正措施。韩春从强化思想政治工作的角度提出了一些应对措施。苏国辉提出要开展信息素养教育,让学生掌握获取有价值信息知识的方法和修养,克服网络使用不当。

关于网络成瘾的防治,大家从不同的角度提出了不同的措施,可谓见仁见智。但是,这些办法的可行性和有效性尚未得到验证。因此,加强对网络成瘾防治措施的探索将是以后本领域研究的又一个重点。

参考文献:

[1]王立皓、童辉杰:《大学生网络成瘾与社会支持、交往焦虑、自我和谐的关系研究》,《健康心理学杂志》,2003年,第2期.

[2]张兰君:《大学生网络成瘾倾向多因素研究》,《健康心理学杂志》,2003

年,第 4 期.

[3]张宏如:《网络成瘾大学生动机与人格特征》,《健康心理学杂志》,2003年,第 5 期.

[4]张春燕:《网络成瘾的成因及心理治疗》,《集美大学学报》,2003 年 9 月.

[5]李三波:《网络成瘾的心理分析及预防》,《职教论坛》,2002年,第 4 期.

[6]霍彩芳:《网络时代新的心理疾病——网络成瘾》,《教学与管理》,2004 年 8 月.

[7]周涛:《大学生社交焦虑与网络成瘾的相关研究》,《湖南师范大学教育科学学报》,2003 年 5 月.

[8]程亮:《青少年网络成瘾的心理机制及其矫治》,《当代教育科学》,2003年,第 23 期.

[9]邱杰:《大学生网络成瘾的心理分析及对策》,《中国高等医学教育》,2004年,第 3 期.

[10]邹琼:《大学生网络成瘾的动机和对策探讨》,《内蒙古师范大学学报》(教育科学版),2004 年 7 月.

[11]林绚晖、阎巩固:《大学生上网行为及网络成瘾探讨》,《中国心理卫生杂志》,2003 年 6 月.

[12]刘梅、卢捷:《学生上网成瘾现象及行为的探讨》,《沈阳大学学报》,2003年 6 月.

[13]魏宁:《网络成瘾:虚拟空间对青少年的挑战及对策》,《北京教育》,2003年,7–8.

[14]朱美燕、朱凌云:《透视青少年"网络成瘾综合症"》,2002 年 6 月.

[15]刘翠花:《青少年学生网络成瘾原因分析与对策》,《商丘师范学院学报》,2004 年 8 月.

[16]韩春风、赵光明、朱国和:《对大学生网络成瘾的思考》,《河北建筑科技学院学报》(社会科学版),2003 年 12 月.

[17]张明三:《大学生网络成瘾的成因及对策》,《重庆邮电学院学报》(社会科学版),2003三,第5期.

[18]李娟:《大学生网络成瘾心理分析及引导对策》,《山东行政学院山东省经济管理干部学院学报》,2004年8月.

[19]陈明龙、陈光建:《青少年网络成瘾分析及对策浅论》,《兰州学刊》,2003年,第1期.

[20]苏国军:《网络游戏对大学生的影响及其思考》,《武汉科技大学学报》(社会科学版),2004年9月.

(原载于《甘肃社会科学》2005年第4期)

甘肃省小城镇发展战略探讨

随着改革的不断深入和国民经济的迅猛发展，我省城乡的经济和社会结构正在发生深刻变化，其显著标志之一就是为数众多的小城镇在全省各地蓬勃兴起，在这种形势下，如何正确认识小城的地位和作用以及怎样进行小城建设，已迫在眉睫。为此，根据我们近年来调查研究的体会，主要从社会学和宏观经济的角度，对我省小城镇的发展战略及对策作初步探讨。

一、小城镇在经济社会发展中的战略地位

(一)小城镇是经济社会发展的动力

小城镇是社会出现分工和商品交换的情况下得以产生的，是商品经济发展的必然结果。因此，我们说城镇就是以促进经济发展为前提的适度集中、适度专业化分工和适度协作的联合经济实体；是一个以集聚经济效益、社会效益为目的的集约人口、集约经济和集约科学文化的空间地域系统。

人类最早的城镇即古代城市，出现在幼发拉底、底格里斯两河流域，稍后在尼罗河流域、黄河流域和印度河流域形成一批人口不过万人的城镇。在我国，最早的城镇的雏形就是集市与城堡的结合，即"买卖所之"，"日中为市"和有城堡的"商业繁盛之处"。在长达几千年的封建社会里，随着手工业、商业金融业的发展和农业剩余产品率的提高，以及社会分工，商品交换和交通运输的兴旺，小城镇亦有了较快

的发展。据初步统计,春秋战国时期全国仅有小城镇(首邑)42个,到了明朝,全国人口达到6055万,小城镇发展到2000多个,集镇4000多个。

从近代工业革命起到现在为止,伴随着工业革命出现了人口脱离农业向工业和第三产业集中的潮流,小城镇的发展也随之进入一个新的阶段,原来小城镇中的一部分,早已超出城镇的范围成为具有劳动生产集中、协作关系密切而商品流通畅达,管理严明、经济活跃、信息灵通、科技昌盛、文化发达、社会经济效益高等特点的现代化城市,同时,在生产力发展的基础上又有一大批新兴城镇拔地而起。

小城镇虽然是以生产力发展为基础而产生的,但当它一旦发展起来之后,就又以自己先进的多种功能的载体影响和推动生产力的发展,在经济和社会生活中发挥着动力作用,正如恩格斯和列宁指出的那样:"在德国境内,只有在几十个工商业中心及其附近地区才有文明可言","城市的繁荣也把农业从中世纪的简陋状态中解脱出来了",(《马克思恩格斯全集》第七卷第38页)城镇一旦产生以后,就成了"经济、政治和人民精神生活的中心,是前进的主要动力"(《列宁全集》第19卷第246页)。

在我国,目前所说的小城镇,根据1979年《中共中央关于加快农业发展若问题的决定》, 主要指的是县城以下比较发达的集镇或乡(社)所在地以及在大城市周围农村中建设的卫星城镇。建国以来,我们曾提出过发展小城镇问题,但那时,主要是从控制大城市规模、改变工业布局和适应战备为出发点的, 而对小镇在发展农村商品经济和整个社会生产力中的动力作用,缺乏足够的认识。十一届三中全会后,农村的改革大大解放了农业生产力,小镇在发展商品经济中的地位和作用日益显示出来,愈来愈被人们所重视。胡耀邦同志在《做一个彻底的唯物主义者》中指出:"现在我们要发展商品经济,小城镇不恢复是不行的。……如果我们的国家只有大城市，中城市，没有小城镇，农村里的政治中心，经济中心、文化中心就没有腿。"后来，他又在视察四川时指出，发展小城镇是继农业责任制之后的一大政策，是生产力的又一次大解放。接着，党中央国务院向全国提出了建立小城镇的指示，1984 年又提出要把"集镇逐步建设成为农村区域性经济文化中心。从此，我们党和政府对小城镇在经济社会发展中的动力作用给予高度重视，促使小城镇在全国蓬勃发展起来。

（二）小城镇对发展农村商品经济具有特殊作用

我们把县城、县城以下的镇之所以不称市而又谓其小，主要是就其特殊属性而言的。作为一种社区，它们是一种由农业人口、非农业人口、亦工亦农人口和流动性人口为主体组成的，比农村高一层的社区；就其地理位置，环境、经济活动和社会活动而言，既有与农村社区相异的特点，又与农村有着各种天然的联系。可以说，它既是城市之尾，又是城市产生的基础和借以发展的依托，既是乡村的一部分，又是乡村之首和实现农村现代化的基地。它兼有城乡的双重特点，在发展农村商品经济中具有城市无法取代的特殊作用：一是在发展农村商品经济中，起着沟通城乡交流的纽带和桥梁作用；二是在解决农村剩余劳力、改变产业结构中，起着"开流开源"的作用；三是在为农村商品经济的服务方面，起着后勤作用；四是在农产品进城、工业品下乡方面，起着转运站作用；五是在发展乡镇企业和第三产业方面，起着基地作用；六是在传播精神文明方面，起着窗口和阵地作用。总之，它是发展农村商品经济必不可缺的劲"腿"，是实现农业现代化的"必由之路"。

（三）发展小城镇是实现我国乡村城市化的根本道路

马克思曾经指出："现代的历史是乡村城市化"（《马克思恩格斯全集》第 46 卷第 480 页）。乡村城市化的基本含义就是指农业人口转化为非农业人口、农村人口转化为城镇人口的过程而言的。社会发展的事实表明，乡村城市化是人类历史发展的必然要求。经济愈发展，愈要加速这"两个转化"的进程，这几乎是一个世界性的社会经济运动的普遍趋势。1800年，全世界总人口中城市人口仅占3%，一百年后上升为13.6%，又经过50年，到1950年增长到28.6%，近三十年增长更快，1980年已达到42.2%。据联合国有关组织预测，到2000年，世界总人口将达60亿，其中城镇人口达52%。

在当今世界，这种乡村城市化的潮流是同工业化现代化同步发展的。据世界银行统计，在不发达的低收入国家，1985年城镇人口一般占总人口的20~30%；中等收入的国家般在30~60%之间，工业化发达国家几乎都超过70%，最高的(英国)达到91%。从这些发达国家已经走过的发展道路来看，凡是人均国民生产总值达到一千美元的时候，其城镇人口所占比重一般都要发展到50%左右。如：苏联1958年实现人均国民生产总值一千美元，城镇人口达到48%；日本1965年实现一千美元，城镇人口达到68%；法国1953年实现一千美元，城镇人口达到56.6%。现在在所有发达国家，人口比重愈来愈高，其人均国民生产总值亦愈来愈高。由此可见，乡村城市化是工业化和现代化水平的一个重要标志，我们现在提倡加速发展小城镇，把大批农民就地转变为工人、转变为城镇人口，完全是现代化建设的需要，也是经济社会发展的必然趋势。

当然，由于社会制度不同、经济结构不同和时代历史的不同，各国乡村城市化的道路性质和特点也不尽相同。在一般的资本主义国家里，大多数都经历过人口向大中城市集中的道路，结果是使农村日益凋敝，城市极度膨胀，由此造成了许多社会问题。现在，无论是这些资本主义国家还是其它正在经历乡村城市化的国家都汲取了历史的教训，正在走发展小城镇的道路，特别在人民当家作主的社会主义国家正在有计划的推行乡村城镇化政策。如罗马尼亚在解放初就确定了发展小城市、不搞大城市的方针，近年来已建设成 269 个人口在 30000 以下的小城镇，有 600 多万农民成为这些城镇的居民，并计划到 1985 年底再建成 140 个乡级"农工城市"；南斯拉夫实行的是限制大城市数量、提高其质量，发展小城镇的政策，近 20 年内，全国只有一个百万人口以上和两个 50 万人口以上的大中城市，其余都是小城市和城镇；朝鲜在近些年来，逐步把全国所有分散的小村庄合并起来，建成规模六千至七千人的现代化小城镇。

我国是一个发展中的社会主义国家，又是农村人口占绝大多数的农业国，我们绝不能重复资本主义国家城市化的老路，而必须从我国国情出发，坚持"控制大城市规模，合理发展中等城市，积极发展小城镇"的方针，走具有中国特色的乡村城镇化的道路。

从我国目前实际看，由于商品经济的发展，农村业已出现大批剩余劳力。一般约占总劳力的 30~40%。有些地方高达 60%，我们甘肃已经达到 20% 左右，约 130 万人，预计到本世纪末，全国将达到三亿左右，我省达到 320 万人，占 40%，如此庞大的剩余劳动力大军，如果都涌进现有的大中城市，其后果不堪设想，若要建立新的城市，则必须建设百万人口以上的城市 200 座，或 50 万人口以上的城市 400 座，国家需投资 9600 多亿元，而近百年来，我国才建设百万人口以上的城市 18 座，50 万人口的城市 28 座，未来 15 年要兴建这么多城市，不论从时间还是财力来看显然是不可能的。

然而，如果我们大力发展小城镇，经过努力把现有的 2133 个县城镇建成 4 至 5 万人，把 54000 多个乡社所在地建成 3000~5000 人的小城镇，便可容纳三亿左右的人口，这种设想经在近几年的实践证明是完全可以实现的。1982 统计，全国有建制镇 2678 个，而到 1984 年上半年就发展到 5698 个，一年半增加了三千多个。从"农转工"的人口来看,1983 年全国从事乡镇企业的 3200 万人,1984 年底达到 4000 万人,一年增加了八百万。假如今后我国小城镇和乡镇企业人口的速度都象这样发展到本世纪末,我国就可在基本控制大城市规模的前提下,把大批农民转化为城镇工人,把广阔农村变为现代化小城镇星罗棋布的经济网络,全国城镇人口的比重将由现在的 20.6% 上升到 40%左右,与我国实现人均国民生产总值一千美元的目标相适应。事实说明,发展小城镇是在我国实现乡村城市化的最佳选择。

二、制订甘肃小城镇发展战略的客观依据

小城镇建设和发展是与整个社会生产力水平紧密相连的,在具体研究和探讨甘肃小城镇发展战略时,首先应对本省的客观实际和小城镇发展的历史与现状,以及未来发展趋势进行具体分析和正确估价。

1. 甘肃地处祖国西北边疆,全省山区面积大,交通闭塞,又是多民族杂居区。在历史上相当长时期内,经济文化落后,商品经济不很发达,大中城市少,农村商品率低,直接影响了小城镇的建设和发展。到解放前夕,全省唯一的中等城市——兰州,仅有人口 19.5 万人,只有 16 家工厂,1000 余万元的产值,有数座二、三层楼房,一辆私营搭客卡车。其他小城镇更是衰败冷落。

中华人民共和国成立以后,我省的小城镇曾经得到迅速恢复和发展,出现了欣欣向荣的景象,但由于受"左"的干扰和重农轻商传统观念的影响,使小城镇建设又经历了"三起两落"的曲折发展过程。

从 1949 年到 1957 年,经过土改、互助组和合作化,农业生产力得到大解放,农副产品商品率有较大提高,农民对生产资料和消费品的需求日益增加,使小城镇的恢复和发展获得了物质基础和推动力,我省的建制镇由 1955 年的 36 个增加到 1957 年的 76 个（包括现宁

夏自治区的 10 个），这是第一次兴起。但是从 1958 年开始，搞公社化，刮共产风，加之三年自然灾害，集市贸易基本停止，所有建制镇全部撤销，使小城镇普遍萧条冷落下来，这是第一次衰落。

从 1962 年到 1966 年，通过贯彻"调整、巩固、充实、提高"的方针和"允许社员经营自留地和家庭工副业生产，开放集市贸易"的政策恢复了镇建制，到"文革"前的 1965 年底，我省的建制镇又由零发展到 39 个，这是第二次兴起。从 1966 年到 1976 年，在"农业学大寨"的口号下，把集镇当作资本主义的温床批判，大割资本主义尾巴，大批下放城镇居民，取消集市贸易，致使镇经济急剧萎缩，到"文革"结束后的 1977 年，全省本来很少的建制镇又减少了 10 个，仅存 29 个，低于二十年前的水平，这是第二次衰落。

党的三中全会以来，改革之潮率先从农村兴起，随着农村商品生产的迅猛发展，一批历史老镇迅速恢复，为数众多的新兴集镇拔地而起。1983 年全省建制镇达到 53 个，1984 年达到 31 个，第一次超过历史最高水平，这是我省小城镇发展史上的第三次兴起，也是最大的一次兴起。

我省小城镇发展过程中"三起两落"的客观实际雄辩地说明，作为社会生产力发展产物的小城镇，它的兴衰是和社会政治经济的发展成正比的，政治愈升平，经济愈发展，小城镇的数量、规模和发展水平就必然愈多、愈大、愈高。因此，在目前的政治、经济形势下正确认识小城镇发展自身的这种客观规律，有计划、有领导、有组织地发展我省的小城镇，已不是可有可无的事情，而是振兴经济的客观需求。

2. 就我省小城镇的现状来说，如果从它们的主要职能和现存状态两个方面考察，都可分为五种类型。

①从主要职能来看，第一种类型是政治型小城镇。如目前各地、县所在地的城关镇、这些城镇中的大多数，在历史上的起源同政权机

构的设置有很大关系,因而长期来就成为小区域内的政治中心,尽管后来随着城镇的扩大,其工业、商业等也逐步发展起来,但主要职能仍然是政治性的。

第二种类型是工业型小城镇,如宝积镇、安口镇、黄羊镇、河西堡镇等,这些镇大都是随着大型工业而兴起的,已成为一个小区域内的工业中心,目前,由于乡镇企业的发展,我省有许多新兴集镇也在朝这个方向发展。

第三种类型是商业型小城镇,如洛门镇、内官营镇和各县比较大的一些集镇,这是以商品交易为主体的,一般都是小区域性的商业和贸易中心。

第四种类型是交通型小镇,如武威武南镇,柳园镇和处于铁路、公路汇交点上的一些镇,这是以交通运输为主体的镇。

第五种类型是综合型小城镇,如西峰、碧口和一些工、商业比较发达的县城镇,这些以上各种职能兼而有之,既是一区域的政治,文化中心,又是经济和交通中心。

②从我省小城镇的现存状态来看,第一类是繁荣的城镇,如文县碧口镇,由于优越的地理条件和自然环境,历史上就颇有名气,现在已逐步建成拥有农业工业、出口加工业、水陆运输业、文教卫生业的多功能小城镇。1983 年工业总产值达到三百多万元,为镇农业总产值的 1.8 倍,商品销售额三百八十多万元,上交税收五百九十多万元,分别占全县这三项总额的 55.6%,16.0% 和 87.2%,成为文县左右经济形势的重要支柱。

第二类是在曲折中发展的小城镇, 如临夏县韩集镇,据历史记载,韩集早在元、明时期,设有衙门,但建国以来二改县址,三撤镇建制,使韩集大失元气,三中全会以来,由于放宽政策和重设县址,使城镇建设又充满生机,现已建成为具有回族特色的小城镇。

第三类是发展速度缓慢的小镇,如武山县洛门镇。该镇早在汉代就形成村镇聚落,是丝绸之路上的著名重镇,又是全国 206 个重点集镇之一,这里尽管商品贸易日趋繁荣,但城镇建设却异常缓慢。全镇除五十年代修建的个别公共建筑和农民新建的一些房舍外,其它面貌依然如故,至今仍是窄巷小街、土路破屋,与其经济地位和担负的职能极不协调。

第四类是新兴城镇,如近几年新建县制的所在地和一批随着商品贸易而兴起的乡(社)集镇。

第五类是集镇的雏形——集市,在全省现在的 1532 个乡(社)中,大部分乡所在地都开放集市贸易,目前除一小部分可分批发展成为建制镇或集镇外,大多数只具有集镇初级阶段的特点,商品上市量小,品种少,上市人数不多,经济吸引力不强,没有形成区域性经济中心。

3. 以上我们把全省的小城镇(包括乡社集镇)概述为几种主要类型,其目的在于正确认识我省小城镇发展的不同情况,如果由此进一步考察,我们就可以发现,目前有诸多不利因素影响着小城镇发展,这主要是:

第一,经济条件,如上所述,经济条件是小城镇赖以发展的主要基础和源泉但就目前来说,我省的经济虽有大的发展,然而仍不发达。1984 年,全省人均工农业总产值只有 627 元,人均国民收入 421元(居全国第 5 位),人均农业收入 221 元,人均占有粮食 539 斤。这就给大力发展小城镇造成了一定的困难,特别在商品生产很不发达的边远山区和至今仍保留以物易物的原始交换形式的少数民族地区就更为困难。

第二,自然条件。许多小城镇的产生和发展都同当地自然资源的开发利用有关。从整体看,我省的自然资源非常丰富,既有广阔、优厚的土地资源和地表资源,又有类型齐全、储量可观的矿藏资源,还有十分充足的能源资源,但应该看到,由于我省地域辽阔,地形复杂,干旱多灾,自然资源分布不广,可供发展小城镇的资源并不多,如矿藏资源,据统计,全省共发现矿产地 1659 处,编入矿藏量表的 64 种。但可供乡镇开采的只有 21 种,而其中多数仅分布在河西和省内其它少数县,大部分产量大产值高的黑色金属、有色金属和能源矿只能靠国家开采,有相当一部分县并无矿藏开采。

第三,历史条件。历史上形成的某些因素,如风俗习惯、民族传统等,既可能成为经济发展的动力,又可能成为阻力。单就发展小城镇来说,历史给我们遗留了许多不利因素。如重农抑商的观念,早在西汉时期,上大夫贾谊就在《论积贮疏》中说过"今背本而趋末,食者甚众,是天下之大残也"。认为农民弃农经商是对国家最大的催残,这种传统观念仍顽固地禁锢着不少人的思想,在定西地区至今还有"做生意辱人"、"饿死不出门"之说。

第四,交通条件。城镇的形成往往依托于交通条件,列宁曾经说过,在那些穷乡僻壤到处都是几十里的羊肠小道,这样就把乡村和连结文明、连结大工业、连结大城市的物质脉络隔离开来(《列宁选集》第 4 卷 524 页)。在我们甘肃虽然 98% 的乡已经通了汽车,但像列宁所说的那种几里几十里无路可走的山区还相当多,在这些交通闭塞无法实现产品内外交流的地区,建设小城镇既很困难,又相当迫切。

以上分析可以看出,过去我省小城镇发展的基本特点是:道路曲折,速度缓慢,类型复杂,分布失衡,困难重重。这些客观事实,在我们制订小城镇发展战略时应该予以充分注意。

三、我省小城镇发展战略的指导思想

根据我省社会和经济发展的实际,今后小城镇建设不可能全面

铺开,齐头并进,总的指导思想应该是三句话:合理布局,因地制宜,积极发展。

合理布局,就是小城镇布局要适应全省经济发展的需要。现在,全省的建制镇在交通沿线、川地区较多,山区、半山区和少数民族地区较少,这是不利于山区经济发展的,也不符合我省山区多和民族杂居这个省情。另外,小城镇布局要同生产力布局相联系,小城镇布局必须同乡镇企业发展规划相联系,乡镇企业要相对集中,把工厂尽量办到集镇上去,集镇要搞横向联系,争取为城市大中工厂加工配套产品,避免许多为本地原料不能就地转化为商品而往返远运的状况。还有小城镇布局要考虑本身的层次,一般来说,我省小城镇的层次是呈宝塔形的,县城镇是塔顶,其它建制镇和一部分比较发达的乡(社)集镇是塔身,大多数乡镇和一些村镇是塔底,现在,我们的这座"宝塔"的塔顶不尖,塔身不粗,塔底不厚。因此,布局必须从这个实际出发,有利于改变这种状况,在一定地域范围内,不同规模的城镇,商业、服务业和其它设施也应作合理布局。由于不同层次的小城镇服务范围大小不同,服务设施的项目、规模以至商品种类都应有所不同。总之,通过合理布局,在全省范围内组成一个层次分明、功能各异、有机结合、互相促进的小城镇网络。

因地制宜,就是从本省自然条件、经济条件、交通状况、地理位置出发,建设各具特色、利民便民的小城镇。例如,有的可以发展为综合小城镇,有的则为工业性,商业性或者其它性的。要避免不顾客观条件,不注意城镇间合理的职能分工,搞"一刀切"、"小而全",以往小城镇性质千篇一律,抹杀了个性特色。具体而言,在兰州、天水、金昌、嘉峪关等大中城市和一些大型厂矿附近,交通方便,信息灵通,技术素养高,与城市联系方便,可多发展与城市的大工业协作的工业性小城镇。在一般农区,情况千差万别,应根据当地优势,宜工则工,宜商则商。在山区,主要发展商业性或综合性小城镇。在林牧区和少数民族地区,也应提倡靠山吃山,靠林吃林,发展以加工业为主的小城镇。

积极发展,就是我们在小城镇问题上,应该是主动的、进取的,而不应该是被动的、消极的。在这方面,现在有一些说法和作法实在是不可取的。

一是小城镇自然发展的说法。认为经济发展了,小城镇自然而然就发展了,这种认识的片面性,在于它从根本上把城镇看作为定态性、消耗性的场所,忽视了作为先进生产力集中点的城镇对经济的动力作用,这无疑是对马克思主义城市经济理论和城镇功能的误解。

二是把小城镇建设和乡镇企业对立起来的观点。有的同志认为我省贫穷,要集中人力和财力大办乡镇企业,这无疑是对的。但没有想到,办企业首先有一个交通、能源、供销、场地以及职工生活等问题,如果这些问题不解决,乡镇企业只能是一纸空谈,或是办而不兴,兴而不久。现在,一些地方已经出现了乡镇企业规划混乱遍地开花、分散孤立、缺乏能源、运销不便、产品积压等问题,甚至造成新的环境污染。因此,"村村办工业"和"遍地开花"的提法是值得研究的。主张乡镇企业相对集中,坚持靠近小镇的原则,把小城镇建设同乡镇企业统一起来,使它们能够同步规划,协调发展。

三是唯条件论,这种观点片面夸大了消极因素也没有正确地分析有利因素,一味地同内地比条件,同江浙比资源,越比魄力越小,越比斗志越弱,由此对小城镇建设不热心,不提倡,不支援,放弃领导者的责任。这些认识和观点如不克服和纠正,就会直接影响正确建立小城镇发展战略的指导思想。

四、我省小城镇发展的战略目标

(一)小城镇发展总体战略

由于经济基础的限制，我省小城镇发展战略目标必然是多重性的。也就是说这一战略不仅要同我国城镇建设的方针相适应，而且要同全省经济社会发展的总战略相适应。它们的具体目标既是多样的，又是有机结合、相互制约的。因此，我们把甘肃小城镇发展的总体战略概述为：在全省经济社会发展战略的指导下，加速发展县城镇，重点提高建制镇，积极建设乡集镇，合理开发一批村镇，经过十五年努力，把我省建设成为以镇为带的城乡一体化的经济网络，组成一个多因子、多变量，多目标的新的社会经济系统，使原来城乡之间的无序状态转变为一种在时间与空间和功能上的有序结构。把城乡之间在人才科技、物质、能量、信息等方面形成互为开放、广为对流与交换的动态结构，使全省城乡综合发展、农工商协调发展、生产与消费同发展、经济与生态良性发展，使城乡人民在收入水平、生活方式、价值观念、精神文明等方面相互渗，促进提高，逐步缩小和消灭城乡之间的对立与差别，从而振兴甘肃经济。

(二)战略重点

从这个总体战略出发，"七五"期间的战略重点应该放在发展县城镇和其它建制镇，不断增强区域经济中心的经济实力，为后十年的大发展创造物质条件。

重点地区应放在河西和定西。因为河西地区地形狭长，人口相对集中，自然资源较全省丰富，商品生产发达，又有一批新兴城市和厂矿作依托，具有优先、从速发展小城镇的良好条件。定西地区于旱多灾，居住分散，资源较少，但这里城乡分割和对立情况最甚，群众买难卖难问题为突出，比其它地区更急需发展小城镇。

（三）发展小城镇的突破口

小城建设牵扯到社会经济发展的各个方面,既不能单枪匹马,孤立发展,又不能一哄而起,全面铺开。从战略上讲,应以规划为突破口;从战术上讲,应以发展各类乡镇企业为突破口;没有规划,小城建设就可能是盲目的,是口头上的,不发展乡镇企业,小城镇建设就没有资金来源,也不可能是快速的。

（四）发展小城的具体战略目标

第一步,到 1990 年,新增建制 100 个,平均每年 20 个,把现有的 72 个县城镇和所有建制建设成为具有 2~5 万人口、1000 万元左右企业产值的小城镇,总产值达到 20 亿元。把全省三分一的乡(社)地建成具有 5000~10000 人口、100~500 万元企业产值的集镇, 总产值也达到 20 亿。两项合计,全省建制达到 180 个,乡镇 400 个以上,城镇人口达到 500 万, 把目前农村剩余的 210 万劳力全部变为城镇企业的工人,城镇企业总产值达到 40 亿元。

第二步,到本世纪来,把所有县城镇、乡镇都建设成为具有平均人口三万左右、平均企业产值一千万元左右的城镇,总产值达到 100 亿元,农业人口平均 500 元,城镇人口达到全省总人口的 40~50%,初步实现乡村工业化和农村城镇化的宏伟目标。

五、我省小城镇发展的基本对策

正如上面指出的,由于我省小城镇发展的战略目标是多重性的,就必须相应地采用多重的发展对策,我们把这一对策概括为"三靠、三多、三个加强"。

"三靠"即靠政策上路,靠规划起步,靠改革发展。

1. 靠政策上路

《中共中央关于加快农业发展的若干问题》指出:有计划地发展

小城和加强城市对农村的支援,这是加快实现农业现代化,实现四个现代化,逐步缩小城乡差别和工农差别的必由之路,但在我省,目前不论在对这一"必由之路"的认识上还是在政策上都没有很好地解决,确实存在一个"上路"问题。

据我们在洛门镇的抽样和问卷调查,自 1984 年《中央一号文件》允许农民自理口粮进镇务工经商以来,进镇落户的农民只有 10 户,在这 10 户中,回答镇上各部门不过问的占 70%,怕政策不落实的占 90%,有各种困难(如经营场地、落户、建房等)的占 80%,由此可见,不认真解决认识问题和具体政策问题,小城镇建设就难以上路,所以我们建议省委省政府能像安徽等省那样,在今年组织一批人力对全省小城镇分不同地区进行一次深入的、大规模的、点面结合的调查,在此基础上讨论制订小城发展规划,发布关于小城镇建设若干问题的具体政策,使小城镇建设作为振兴甘肃经济的重要组成部分,开始走上有领导、有计划、有政策的正确轨道。

2. 靠规划起步

万里副总理在全国农村工作会议的讲话中谈到小城镇建设时说,对这件事他"一则以喜,一则以忧",忧的主要问题就是"怕缺乏指导,盲目发展,坑了农民。"事实上,前几年我省就存在小城镇建设缺少统一规划、盲目发展和妨碍发展的问题。因此,要使小城镇建设有一个突破性发展,必须从规划做起。

我省小城镇建设规划可分为三步走:第一步,制订全省小城镇发展整体布局;第二步,在整体布局的基础上进一步作出区域中心城镇的具体建设规划;第三步,在各个小区域范围内确定集布局和建设规划以及经济发展规划为一体。在三个层次的具体规划中,要从本省的经济、社会和地方特色出发,按照小城镇的不同类型,不同等级、不同功能分别确定建设标准和发展规模;要贯彻"扬长最短,发挥优势"的原则,按不同的特点和条件,确定发展方向;要贯彻"城乡结合,工农结合,有利生产,方便生活"的原则,因地制宜、量力而行分期分级逐步建设。

3. 靠改革发展

小城镇建设仅有政策和规划是不够的,必须在改革中求发展。实践证明,经济之振兴,社会之进步,皆立足于改革,有改则破,有改则新,有改则进。小城镇建设的改革,首先要同城市经济体制改革同步进行,在体制、生产、流通等方面冲破旧框框,把全省的大中城市同小城镇联为一体从而抵销条块分割的离心力,形成上下贯通互补、相得益彰的经济实体;其次通过改革,实现小城镇经济组织结构合理化,建立以小城镇为依托的经济区,并逐步形成以小城镇为中心的引进、消化,推广新技术的体系,建立经济信息,经济决策,经济监督,经济反馈和对外联系等系统,不断提高小城镇的社会经济效益;同时,要通过小城镇经济改革,调整经济结构,沟通城乡交流,安排农村剩余劳力,开发新的生产领域,以促进小城镇向多类型、多功能、多目标的方向快速发展。

"三多",即多渠道积累建设资金,多形式培养建设人才,多向发展城镇经济。

(1)多渠道积累建设资金。资金是我省小城镇建设的一个突出问题,解决的途径除国家必要的扶持以外,主要靠发展生产、靠人民群众和社会各方面的力量多渠道积累。目前,有些地方采取地方财政挤一点、乡镇企业筹一点、受益单位集一点、群众义务劳动献一点的方法解决公共设施建设的资金,这个办法体现"人民城镇人民建"的方针,值得提倡,特别要鼓励农民到城镇投标承包、租赁原有的企业,兴建新企业,集资建设城镇基础设施,在有条件的地方,要逐步扩大征收城镇维护费。在新建、扩建项目中收取城镇建设配套费,凡有集市贸易的地方,收取一定比例的地摊费、管理费,还可在税制改革中,开征一些新的税种等。

（2）多形式培养小城镇建设人才。一是大力起用本地有一技之长的现有人才;二是省内外有关学校、部门,选送进修,定向培养人才;三是走出去,聘请、雇用各种人才;四是同大中城市挂勾协作,向下输送人才；五是上级人事部门以优惠政策向县以下城镇选派人才。总之,小城镇要发展,不解决人才不行,要解决人才问题,不多门路,多形式也不行。

（3）多向发展经济。城镇经济,特别是乡镇企业和第三产业,是城镇建设的支柱,必须坚持多元开发,多向发展。

在乡镇企业方面,就是在立足本地基本资源的基础上向各个新的工艺、新的技术、新的产品开发,向更新的生产领域发展,既利用现有的条件,发展现有的企业,又创造新的条件,发展新兴企业,使单一的资源获得多元化开发,多层次增值,多方向发展。

在第三产业方面,主要抓两个变型:一是把单行业型变为多门类型,第三产业本来包括商业、外贸金融、保险、租赁、广告、信息、咨询、电讯、运输科研、文教、医疗、保险、旅游、娱乐等生产和生活服务行业,但目前尚有许多同志只理解为商业等单一行业。因此在发展中只强调某一方面,忽视其它各种门类繁多的第三产业,这种单行业型的发展方向必须转变过来。二是把行业型变为企业型。第三产业不是慈善事业,不能单靠国家一家拨钱贴钱来办,应当走企业型的道路,靠国家、集体、个人以及社会多家的力量来办,通过服务→赢利→积累→扩大再生产这种方式获得发展,这样第三产业才会有巨大的内在动力和潜力,促使小城镇不断发展自身的经济实力,发挥区域中心的多种功能作用,增强对周围地区的吸引力。

"三个加强"是:加强小城镇的精神文明建设,加强小城镇的政权建设,加强对小城的研究、宣传和各方支援。

(1)加强小城镇的精神文明建设。小城镇地处农村,是农村文化生活的中心。旧社会集镇是有钱人吃喝玩乐的地方,这种陋习应该反对,现在富起来的农民富而好学、富而好乐,我们应该给予支持和引导。以城镇为依托,建立必要的文体娱乐机构和设施,组织文体骨干队伍,灵活多样地开展各种群众喜闻乐见的活动,把农村的时政宣传、文化娱乐、科技普及、业余教育、体育卫生等各个方面融为一体,通过健康愉快、生动活泼、丰富多彩的文明活动,提高农民的思想觉悟,使他们在这个社会主义精神文明的前沿阵地上受教育,长知识,得到同城市群众一样的精神文化享受。

(2)加强小城镇的政权建设,扩大城镇权力。随着现代化建设的日益发展,城乡分割,工农分家的状态日益被打破,在这种新形势下,凡是有条件的地方都应该按国务院颁布新的建镇标准,建立新的建制镇,并实行镇管村的管理体制。在现有的建制镇中,凡是县城镇和人口超过二万的大镇,领导力量因子加强,其党政一把手可仿照安徽的做法,按副县级配备,并赋以县级行政、经济机构的某些权力。在财政、税收企业管理权限等方面也应据城市经济管理体制改革的具体精神,简政放权,不断扩大小城镇的权力。

(3)加强小城镇的研究、宣传和各方面的支援。国家对小城镇的研究非常重视,已列为"六五"计划期间社会科学的重点研究项目,我省也应该改变过去理论上不研究,报纸上不传,甚至无人过问,无部门分管的状况。组织力量和宣传工具,研究我省小城镇建设中的理论和实际问题,宣传这方面的先进经验,从而更好地指导实践,同时,各行各业都要为小城镇建设开方便之门,对于过去各部门制定的规章制度,凡不利于小城镇建设的都应大胆改革,对用于小城镇建设的资金、物资等,各部门应予优先批发、供应。对小城镇生产的各类产品,各部门也应积极穿针引线,打开销路。总之,只要我们领导重视,政策对头,各业支援,依靠群众,就一定能够开创我省小城镇建设的新局面。

(原载于《中国西部开发研究论文集》1985 年 7 月)

甘肃省 2000 年人才预测

一、极目陇原话人才

甘肃省是中华民族古老文化的发祥地之一，自古以来，人才荟萃，群星争辉。从我国文化教育的鼻祖——孔丘，最赏识的 72 高才弟子中的 3 名甘肃籍学生，到二十四史立传的 145 名甘肃籍人才，便是最好的证明。然而，当历史步入封建社会后期和近代，由于种种极其复杂的原因，甘肃终因生态失衡，地瘠民贫，而由人才兴盛之"极顶"跌入人才匮乏之"低谷"。直至中华人民共和国成立初，全省仅有四所大学，各类专业技术人员 2000 多人，平均每万人中只有两名大学生，25 名中学生，文盲率占总人口的 87.5%。

中华人民共和国成立以后，经过三十多年的艰苦努力，全省的文化教育和科技事业蓬勃发展，专业人才大幅度增加，科学研究成果累累。据 1985 年统计，全省已建大专院校 17 所，在校学生 2.81 万人，相当于 1949 年的 15 倍；中等学校 1583 所，在校学生 110 万人，比 1949 年增加 64 倍；全省高校和中等专业学校累积向社会输送人才 22 万多人。各类专业技术人员发展到 19.85 万人。其中，自然科学 98559 人，社会科学 99911 人。

在专业技术人员中，女性 57751 人，占专业技术人员总数的 29.1%；少数民族 8528 人，占 4.3%，具有高等文化水平的占 26%，中等文化水平的占 56.9%，初等文化水平的占 16.8%。

从职能结构看，以从事教育工作的最多，占专业技术人员总数的 48.16%；其次是工程技术人员和卫生技术人员，分别占 16.7% 和 16.6%，会计人员占 7%，农业技术人员占 4.9%。以上五类人员共占 93.36%，其余九类职业专业技术人员占 6.64%，平均约占专业技术人员的 0.74%。

以年龄结构看，全省各类专业技术人员中，36 岁以下的青年 50%；36~55 的中年占 46.6%；56 岁以上的老年占 3.4%，是一支以中青年为骨干的专业人才队伍。

在地理分布上，省直系统占 26.3%，14 个地、州、市占 73.7%，在地、州、市中，兰州市占全省专业技术人员的 11.2%，居第一位。天水、定西、庆阳、平凉在 6~10% 之间，其余八地、州、市均在 6% 以下。

中华人民共和国成立初，全省只有 8 个实验研究机构。现有科研机构 130 个，比中华人民共和国成立初增长 16 倍，人才队伍的不断壮大有力的推动了科学技术事业的发展。中华人民共和国成立 35 年来，全省共取得重要科研成果 2031 项。其中，工业科技成果 1307 项，农业科技成果 390 项，医药卫生科技成果 187 项，基础理论研究成果 133 项，新技术成果 14 项。1986 年，共取得 131 项重要科技成果，其中达到国际先进水平的 3 项，达到国内先进水平的 62 项，已经应用于生产的科研成果占 40%。

喜看今日千里陇原，真可谓人才济济，成果辉煌。所有这些，都为甘肃的工农业生产，特别是为把最新的科技成果及时应用于现代化建设，发挥着日益重要的作用，成为甘肃振兴的坚实基础和经济腾飞的良好条件。

二、未来建树仗群才

中华人民共和国成立以来，全省的专业人才队伍尽管成百倍地增长，并且已形成了专业门类较全、技术力量雄厚和科研、推广、生产、管理配套的体系,但与全省现代化建设的宏伟目标和本世纪末全国建设重点转向大西北的战略目标相比,不仅在人才队伍的总量和质量上,而且在人才队伍的群体结构、行业结构、知识结构、年龄结构等方面都存在相当大的差距。

(一)数量不足,素质较差

1985年,全国专业技术人员占人口总数的1.18%,我省只占0.97%,总量居全国第25位。而世界发达国家的专业技术人员一般已占人口总数的5%;同时,根据当今世界经济增长20年翻一番,专业技术人员15年翻一番的一般规律,专业技术人员的增长速度应高于经济增长速度(一般为1∶1.3)。但我省建国以来的人才发展速度大大低于经济发展速度,虽然"六五"期间人才年平均增长10.15%,超过工农业总产值增长速度的2.55%,但绝对数每年只增加1000多人。

另外,在现有人才队伍中,高中级科技人员比例低,高级职称占0.4%,中级职称占7.09%,还有30.4%的人没有受过系统的专业知识训练,不具备专业技术人员应有的学历。

(二)结构和分布不够合理。具体表现为"六多六少"

(1)城多乡少。1985年,全省各类专业技术人员中,37.5%集中于省会兰州,相当于河西三地区和定西、天水、陇南六地区专业人才的总和。在全省176个科研机构(含中央在兰单位)中,集中位于兰州的105个,76个县(市)中只有24个科研机构,中部18个干旱县,仅有中级以上农业技术人员百余人,占人口的万分之三。另据我们对全省1238户农民家庭抽样调查,仅有39名在校大专学生,占调查总人口的0.5%;还有54%的乡没有一名在校大专学生。

(2)工多农少。1985年,在全省14个行业中,工程技术人员33143人,占专业人才的16.7%,而农业技术人员只有9807人,仅占4.9%,农村平均每万人只有5.5名技术人员。全省畜牧系统只有661名专业技术人员,占专业技术人员总数 0.33%,平均 31 万亩草原才有一名专业人才。全省年 200 个乡镇企业才有一个专门技术人员。

（3）东多西少。河西地区以商品粮基地和富足的工业资源在全省居重要地位,但专业人才共有 31474 人,占全省总数的 15,85%,平均每地、市只占 3.17%,均居全省 14 个地、州、市的第七位之后,平均占有数比全省末位的甘南州还要少 0.43%。

（4）"汉"多"少"少。甘肃共有四十多个少数民族,人口占全省总人口的 8%,民族自治地方面积占全省总面积的 38%,设两个自治州,七个自治县和 24 个民族乡。但少数民族专业人才只占全省人才总数的 4.3%,在 14 个少数民族自治县中,中级以上专业技术人员只有 214 人,仅占干部总数的 0.99%,大大低于全省 6.9% 的平均数。其中,有四个县没有一名中级以上专业技术人员。另据全省少数民族地区 12 个科研机构调查,共有科技人员 139 人,只占全省科研人员的 5.17%,其中只有一名高级科研人员。这与少数民族的人口,土地面积,资源和开发极不协调。

（5）重多轻少。我省的重、轻工业均有丰富的资源和发展前景,理应同等对待,同步发展。但目前状况是,全省重工业拥有职工 59.12 万人,专业技术人员 27920 人,占全省工程技术人员总数的 84.2%。而轻工业职工总数为 13.25 万人,有专业技术人员 2427 人,只占全省工程技术人员的 7.3%,两者比较,职工总数相差 4.5 倍,而专业技术人员却相差 12 倍。

（6）"硬"多"软"少。目前,随着科学技术的发展,各学科之间相互交叉,渗透的整体化趋势日益增强。但我省"硬"学科人数多,力量雄厚,资金充足,而软学科除教育工作者外,人数相当少。如从事社会科学研究的人员只有 410 人,占全省科研人员的 6.4%,占全省专业人才的 0.2%。

除上所述外,还有培养人才和管理,使用人才等方面的问题,也有待于进一步解决。

根据以上问题和全省本世纪末经济社会发展的总目标,今后十多年内,我省的人才队伍必须要有一个大的发展,对此,我们进行了宏观概算预测:

第一,按照弹性预测法,亦即世界经济每二十年翻一番,科技人才十五年翻一番,两者增长速度之比约为 1 : 1.3 外推预测,1990 年,全省各类专业技术人员将达到 31 万人左右。到 2000 年,全省工农业总产值达到 510 亿元,比 1990 年翻一番,专业技术人员将提前实现翻番,最少不可低于 62 万人。

第二, 按照增长率法,1990 年专门人才可达 32 万人,2000 年将达到 76 万人。计算公式为 $Itn=Ito(1+r)^n$ 式中:

Itn 为预测年份专门人才数

Ito 为基础年份专门人才数(以 1985 年 20 万计)

r 为年增长率(以"六五"期间 10.15%计)

n 为间隔年数(分别为 5 年和 10 年)

结果:$Itn(1990=200000(1+10.15\%)^5 \approx 320000$ 人

$\quad\quad Itr(2000)=320000(1+10.15\%)^{10} \approx 760000$ 人

第三, 按照比重法预测,1990 年全省专门人才可达 32 万以上,2000 年将超过 70 万人。

计算公式为 $Itn=Mtn \times Qtn$ 式中:

Itn 为预测年份专门人才数

Mtn 为预测年份人口数(1985 年全省人口数为 2045 万, 按照 13% 的增长率,1990 年为 2179 万;2000 年为 2475 万)

Qtn 为预测年份专门人才占总人口的百分比(参照当今世界发达国家专门人才一般占总人口 5%的比率,结合本省实际,1990 年由现

在的近 1%增长到 1.5%,2000 年增长到 3%)

结果:Itn(1990)=2179 万×1.5%=32.7 万

Itn(2000)=2475 万×3%=74.3 万

如果把上述三种结果加以比较，就可以发现，虽然预测方法不同，但结果极其相似,1990 年都在 32 万人左右,2000 年均与经济实现翻番对人才的需求相吻合。因此,我们有理由认为,1990 年全省专门人才达到 30 万人以上,2000 年达到 60 万人以上。在战略规划的大趋势和大方向上是有科学性的。

三、审时度势育新才

上述预测结果向我们展示了未来全省人才发展的宏伟蓝图,但把它变为现实,尚需付出艰苦的努力。就以 1990 年 30 万人来说,要比 1985 年净增 11 万人。而如果按本省"六五"期间的人才培养量计算:本省高等院校"六五"期间共输送 24114 人,中等专业学校输送 44713 人,合计为 68827 人,再减去今后五年离退休 8000 人和流出 7000 人,合计 15000 人,尚缺 5 万人。再加之目前在校的成人高校学生 23000 人和成人中专学生 16000 人,还缺 10000 多人。在 1990 到 2000 年的十年中,预测增加人数更多,而现有人员中将有三分之一的退休,缺额将更大,因此,要保证这个目标实现,必须从现在开始,审时度势,统观全局,以立足本省,培养新的人才为主,实行培养、引进、管理三结合的战略对策:

(一)大力发展教育事业,培养新型人才

首先,培养人才是一项长期复杂的系统工程,而中小学教育是整个人才队伍的基础,又关系到全省人民的文化素质,必须作为培养人才的基础工程。从师资、经费等方面给予重视和支持,力争在本世纪末在全省普及中学教育,为源源不断的人才队伍打下坚实的基础。

其次,中等专业教育是培养人才的一项重点工程,特别与我省经济不发达的特点相适应,更需要大量的适应生产需求的初等专业人才。因此,要加速中等教育结构的改革,逐步建立一批在专业设置、教学内容、招生分配制度等方面适应全省"七五"建设重点和长远战略目标的初、中等专业技术学校。力争在 1990 年使全省不能升入高级普通学校的 8 万名小学毕业生,12 万名初中毕业生和 3 万名高中毕业生都能受到职业技术教育,以解决初等专业人才的燃眉之急。农村可逐步将一些普通中学改为职业中学,边远少数民族地区可兴办简易职中,大专院校还可以设中等专修班。千方百计加速初等人才的培养,尽快改变我省高中单一化,专业技术教育面小和普通高中在校学生与中等专业学校学生比例失当(目前为 37∶63)的局面。到 1990 年,在校学生达到 7.5 万人,毕业 1.8 万人;2000 年在校学生达到 122 万人,毕业 6.2 万人。

第三,高等教育是培养人才的关键工程。而我省高等教育专业门类少,规模小,缺乏急需的专业设置(全国高校专业分 11 类,6750 个;省属院校只有 5 类、66 个),今后,除了继续办好师范院校解决全省师资缺乏的突出矛盾外,要提高现有高校的规模效益,改造专业、扩大校舍,增加招生,培养现代化急需的高级人才。还要增加教育经费,有计划的兴建新的大专院校,培养农林牧、有色金属、石油化工、能源、原材料加工、乡镇企业等全省重点行业的高级人才,争取在 1990 年普通高校在校学生由现在的 3.01 万人增加到 4.5 万人,毕业人数达到 1.1 万人,到 2000 年,在校人数到 8 万人以上,毕业 2.5 万人。

最后,成人教育是培养人才的一项辅助工程,近几年从无到有,从小到大,发展极其迅速。1986 年,各类成人学校在校学生达到 3.8 万多人。今后仍要根据统筹规划、分级管理、保证质量的原则充分发挥社会各方面的积极性,逐步形成教育与现代化建设需要相结合、产业结构与劳动力布局相协调、以系统和社会联合办学相促进的成人职业教育网络,快出人才,早出人才。1990年成人学校在校学生达到4万人,毕业1万人;到2000年,在校学生达到10万人,毕业人数达到3万人,以弥补专业学校教育培养人才的不足。

(二)加强人才引进,为振兴甘肃服务

人才引进是对本省教育培养能力不足的一种补充形式,而根据预测,在2000年前的各个时期又是非常必要的。然而,人才流动同其它任何事物一样有其客观规律,如人才多形式、多渠道、多层次交叉流动的规律;人才能级、能量和工作岗位相适应的流动规律;人才的贡献和报酬均等的流动规律等。因此人才引进一定要按客观规律办事,用适宜的方法和恰当的政策为其创造良好的条件。否则,人才引进就会是一纸空谈或"单想思"。

从1981年到1986年的全省人才流动情况来看, 总的趋势是出大于入。6年中流出9666人,流入6475人,两者相抵,净出3191人。但从发展趋势看,流出量逐年减少,流入量不断增加,而且出现了入大于出的年份。这种状况除了受上述人才流动规律的作用外,与近几年一系列优惠政策的影响有密切关系。

由此可见, 今后在引进人才上即要遵重客观规律, 又要注意政策,采取灵活多样的方法,广开门路,多层次,多渠道的引进。重点解决人才的能级、能量同岗位相适应、贡献和报酬相适应等问题,主要引进生产急需、本省又无培养能力的人才,避免重复浪费。同时要人才立法,保护人才的合法权益,协调各方面的关系,使现有人才和引进人才同心协力,携手并进。

(三)加强人才管理,充分发挥现有人才的积极性和创造性

人才管理是各类管理中最重要的管理。其目的在于创造良好的社会环境,充分调动人才的劳动积极性和潜在的创造能力,而不是把

人管住或者管死。为此,在人才管理中必须注意人才队伍的群体特征和个性,按照人才的价值工程原理,贯彻"四个原则",即贯彻能级原则,开辟多种晋升渠道,鼓励人才沿着不同的能级台阶,创造、攀登科学高峰;贯彻互补原则,使人才整体各因子间互相补充,最大限度地发挥人才的整体效应;贯彻动态原则,使人才合理流动起来,在竞争中择优汰劣,优化人才群体结构,实现人才的团体目标;贯彻奖惩原则,强化人才团体内部的竞争机制,激励上进,鞭笞后进,为拔尖人才脱颖而出开拓道路。

发现人才是人才管理的主要内容。要发现人才,识别人才,首要的是管理部门要有求才之心和科学的管理方法,创造一种人才脱颖而出的社会机制,同时,要用系统思想改革人才管理体制。人才管理是一个整体的动态系统,具有集合性、目的性、整体性和层次性等特征。因此,必须用系统思想和系统方法组织人才管理系统的各个子系统,建立合理的系统结构和体制,提高整个管理系统而不只是某个成员的管理水平和管理效率,使发现人才的基础紧靠于科学、精干、高效的管理系统,而不是靠个别高水平的领导人。

使用人才是人才管理的归宿和根本任务,而要害问题是出于公心、用当其才。任何一个人才,首先是社会群体的一员,而又是特定环境中的具体成员,这就决定了使用人才的社会性和复杂性。人才的使用、晋升、提拔、调动等在目前和今后更长的时间内总不可能是一帆风顺,而越是有才之人越会遭到嫉妒。这种嫉才风是落后的传统观念,它最终破除将有待于现代化的发展和科学技术的进步。作为人才管理来说,应该同这种风气做不懈的斗争,为用当其才,才尽其用开径辟路。使全省的人才队伍在振兴甘肃、实现经济腾飞中放开手脚,各显奇才,争做贡献。

(原载于《2000年甘肃环境》,四川科技出版社,1989年5月)

企业社会责任的思想传承和理论建构

引　言

企业社会责任（Corporte Social Responibility）是兴起于当代西方正在风靡全球的一种哲学伦理学。主要指企业对社会公众和社会公益承担的义务和应尽的职责，包括高于企业自身目标的社会义务以及未尽职责而承担的不利后果或强制性义务，通常主要有经济责任、法律责任、道德责任等三大类型。

近年来，企业社会责任日益成为我国社会各界关注的焦点问题。国内学术界也开始进一步深入研究企业社会责任的相关理论与实践问题，不断促进我国企业积极应对企业社会责任的强烈需求，勇于承担社会责任。为了适应这一社会需求，本文将对企业社会责任的思想传承和理论建构进行新的学术梳理和探讨。

一、企业社会责任思想在商品经济中发育和成熟

企业社会责任的理念、思想是企业社会责任理论的文化思想基础，曾经经历了一个由中国儒学思想传承、从商业伦理脱胎、在商品经济发展中发育的成熟过程。

（一）儒学思想是企业社会责任思想最早的文化思想源渊

在我国古代的商业活动中，就有"童叟无欺"、"买卖公平"、"诚实守信"等基本道德要求。特别是在汉代就成为正统国学的儒学思想倡

导"重义兼利、重义尚利"的义利统一观,这可以看作是企业社会责任思想的最早发端。

在以儒学思想为主导的价值体系下,我国形成了以下4个方面的具体伦理规范:一是"仁义观"。强调"仁"是人之所以为人所应具有的品德,既要关心人、同情人,又要把人当作人来看待。同时,仁和义要结合,仁义并施,从而形成人伦型社会的价值基础;二是"德化观"。强调以道德教化民众,为政以德。认为人生来具有"恻隐之心"、"羞恶之心"、"辞让之心"、"是非之心"、即所谓"四端"。"四端"得到扩充即成为仁、义、礼、智"四德";三是"慈善观"。慈与善无论作为西方社会所倡导与认同的伦理价值观念,还是作为中华文明的伦理精神,都彰显了人类文化的共同精神与文明。它强调"慈"即爱也,"善"即和也,二者都体现或蕴藏着人应具备的责任感和责任意识,而"善"所体现的更是人主观意识到的一种社会责任;四是"惠民观"。与上述三种思想相比,惠民观更直接地体现了社会责任思想,它主张施行仁政、制民之产、重视农事、取之有制、工商皆本。

这些思想不仅对我国而且对东方各国的历代商人一直有着深厚的影响,在儒学思想熏陶下成长的中国商人和企业家,更是怀有强烈的社会责任感和报国助人情怀。

(二)企业社会责任思想从商业伦理中脱胎

在西方近代文艺复兴后兴起的新教伦理是其商业伦理的主要起源,它提倡理性追求财富光荣的理念,重视信誉与诚信,推崇勤俭节约,乐善好施,也有着慈善的传统美德。在企业社会责任思想发展较早的国家,慈善是企业履行社会责任的最早方式。在古代及中世纪的欧洲,工商活动的规模小,商人处在社会的边缘群体的境地,教会作为社会中的强势力量,其价值观对影响商人的社会角色起着决定作用。他们认为,营利动机是违反基督教教义的,逐利行为是违背基督教精神的,商业被教会定位为只为社会公共利益而存在,要求商人要诚实守信,遵守商业伦理,关心社会福利。在此种伦理的严格规范下商人为了提高社会地位,就大力投资社会公益事业,为乡村建立教堂、医院、救济所等。但这时由于真正意义上的企业尚不存在或未在经济社会生活中占据主导地位,所以就自然不可能提出企业的社会责任问题,而只能作为个人或群体的"商人"的社会责任问题被关注,由此形成西方传统的脱胎于商业伦理精神的商人社会责任观。

纵观这一时期的商贸经济秩序及商人行为规范,就其共性而言商人被认为应将社会公共利益放在首位,也不应该为了私利而损害社会利益。这一思想对后来的企业社会责任思想产生了积极而深远的影响,可看作是企业社会责任思想的萌芽。

(三)企业社会责任思想在商品经济中发育成熟

18世纪中后期,伴随着工业革命,现代意义上的企业诞生了。从此,企业成为社会的主导生产单元,商品经济不断发展。与此同时,追求利润、发财致富的欲望在摆脱了宗教的束缚之后极度膨胀并被合理化,衡量企业的标准只是产值、利润而非伦理。从19世纪中叶起,资本主义开始从自由竞争时期向垄断时期过渡,特别是第二次工业革命促使技术和生产力迅速发展,生产过程进一步专业化和社会化,资本主义经济得到长足发展。因而,此时企业面临的竞争已不再像过去哪种弱肉强食的动物界的生存斗争,而是有了多资金渠道、多产品选择、多生产方式、多销售市场的更加宽松的生存环境和更加广阔的发展空间。企业抵御风险的能力极大增强,开始有能力追求和实现利润目标之外的社会目标,由此也产生了企业社会责任的内在动力。

同时,企业在自由竞争的过程中规模急剧扩大,垄断资本主义逐渐形成。它们不择手段的逐利行为给社会带来许多不利影响,如贫困和财富的两极分化、种族主义、环境污染、交易不公、产品质量不安全、消费者利益受损等。这些现象越来越引起社会大众的不满，并逐渐演变成为企业外部力量，要求企业承担社会责任以及以强制手段控制企业不公正行为的公共要求。

正就是在企业内源动力和外源动力的共同推动下，政府作为社会的管理者开始制定相关法律限制企业不负责任的自由放任行为。后来世界各国陆续制定出台了反垄断法、消费者权益保护法、产品质量法、竞争法、环境保护法，分别从社会主体、客体、行为、环境等方面强制要求企业必须保护社会利益，并不得以侵害社会公共利益为代价获取自身的经营利益。至此，企业负有的不仅仅是增进社会财富的经济责任，而且负有法律确定的他律的社会责任。法律责任的出现使企业社会责任思想进入了一个新的阶段，标志着企业社会责任思想的不断发育和成熟。

二、企业社会责任理论在应对社会问题中形成

企业作为一个经济组织，追求利润最大化必然是它的发展目标。但企业追求经济目标不会自动导致社会进步和人民福祉，相反还可能引发资源枯竭、环境污染、生产条件恶化以及对社会中某些利益群体的歧视等社会问题。从 20 世纪早期开始，针对因工业发展产生的失业、贫富分化等许多负面影响以及由此引发的社会不满情绪，社会有识之士开始批评"达尔文社会主义"的冷漠与残酷，使更多的人意识到企业必须对哪些与其相关联的群体承担应有的责任。劳工运动倡导企业给予劳动阶层和穷人更多的关爱，给予社会更多的关注。在社会强烈需求的压力下，企业通过社会责任行动致力于解决社会问题逐步形成为一种较为普遍的社会现象。

在企业通过社会责任行动消除社会问题的过程中，企业社会责任论得到了进一步传播、完善和发展，至今已形成了一个比较完整

的思想理论体系。这一体系由三个层次组合而成,第一层次是核心理论,即利益相关者理论。企业家承担社会责任的动力取决于内外两种力量:一是外界的压力,即各利益相关者的需要和对企业的强烈诉求。二是企业内部自身的压力,即追求利润最大化的目标。利益相关者理论是企业社会责任理论的基础,利益相关者的含义、范围、对象,利益相关者的利益期望、权力影响,决定和影响着企业社会责任的含义、范围和需求主体。第二层次是基本理论。一是社会契约理论,该理论认为企业于社会之间是一种契约关系,一方面企业不能超越社会而存在,要对社会承担责任;另一方面社会也要对企业承担社会责任。二是工具理论,该理论认为,企业在法律和伦理框架下所承担的社会责任,是企业增强竞争优势、扩大销售、实现股东财富最大化的战略工具,而不是企业的负担。[5]三是可持续发展理论。该理论认为,企业在追求利润最大化的经营过程中,以社会责任为出发点,贯彻经济和伦理相协调的原则,不断进行创新、环保、高效率地使用资源,不断创造利润,满足企业利润相关者的合理需求,实现企业与社会永久和谐和可持续发展。第三个层次是相关理论。主要包括社会响应理论、社会期待理论、层次责任理论、企业生命周期与社会责任理论、企业和社区互动理论等。

在这一理论体系中,第一层次居于核心地位,起着主导作用。第三层次实质上既是核心理论的客观反映,又是支撑这一体系的实践基础。第二层次则发挥着中介作用。它们三者之间的有机组合和良性互动,保证了企业社会责任理论体系的完整性和生命力。

三、企业社会责任理论在现代化和全球化实践中创新

我们处在一个不仅仅是现代化进程加速的时代,而且处在一个经济、信息和知识全球化的时代。在这个时代里,一方面企业履行社

会责任的数量越来越多,规模越来越大,程度越来越高,效益越来越好。但另一方面由于企业生产经营活动中所导致的负面影响如资源浪费、能源消耗、环境污染以及全球气候变暖等问题还在加剧。正是在这种大背景下,在上世纪末和本世纪初,从社会责任概念延伸出了"企业公民"的新概念,从而形成了企业公民理论。这一理论认为,企业作为一个经济组织和生产单位,如同个体公民一样具有自己的权利和义务。即享有财产、生产经营、法律保护等权利的同时,又要承担包括经济、法律、环境和道德责任在内的社会责任。

企业公民理论是在企业社会责任实践中对企业社会责任理论的创新,它把这一理论的主体与客体的定位更加明确,主客体之间的关系更加紧密,理论边界更加清晰:其一,它把企业拟人化,赋予企业以公民人格,使企业因获得"人权"而与其他公民一样具有平等地位;其二,因强调"公民权"而使企业社会责任理论的"责任"具备了合法性,调动了企业履行社会责任的主动性;其三,把权利和义务同等对待,有效延续和发掘了企业社会责任的本质。其四,进一步规范了企业与社会的关系,使企业在社会中有了准确定位。

企业公民理论一经产生,便很快传入我国。2006年,我国学者开始引入和使用这一概念,先后有许多著述问世。企业公民建设也不断成为越来越多的中国大企业特别是500强企业的常态化行为。有的企业为了有效开展公益和慈善事业,成立了内部相关机构,通过整合企业多种资源,更好地实现和树立负责任的优秀企业公民形象;有的企业将企业公民建设的要求进一步细化,从预算制定、资源安排、战略管理到社会效益评估,全方位地引导企业社会责任的发展方向。

企业公民理论虽然将企业的权利和义务同等对待,但更强调企业自律,即企业内在地、自愿地、主动地选择负责任的行动。因此,这一理论的兴起及其实践,进一步推动了社会责任理论的完善和发展。

参考文献:

[1]章辉美,李绍元.中国企业社会责任的理论与实践[J].北京师范大学报, 2009,(5).

[2]任荣明,朱晓明.企业社会责任多视角透视[M].北京大学出版社,2009, (1).

[3]同(1)95.

[4]李双龙.企业社会责任研究[M].北京:中国农业出版社,2010,(4).

[5]杨自业.企业社会责任研究中的几个基本理论问题[J].武汉大学学报, 2009,(6).

[6]甘培忠.公司社会责任的起源与人文精神解构[J].北京大学学报,2010, (2).

[7]张志强,王春香:西方企业社会责任的演化极其体系[J].宏观经济研究, 2005,(90).

(原载于《北京工业大学学报》2012 年第 6 期)

附录

著述简目

一、论文

1.《按照实际情况决定党的工作方针》，社会科学 1979 年第 2 期。

2.《浅谈社会主义民主的规范性》，社会科学 1981 年第 2 期。

3.《高度民主的概念和目标》，兰州学刊 1082 年第 1 期。

4.《在改革中发展社会主义》，社会科学 1983 年第 2 期。

5.《小城镇在发展农村商品经济中的地位和作用》，甘肃经济论丛 1984 年第 3 期。

6.《富有地方特色的韩集镇建设》，城乡建设 1985 年第 9 期。

7.《加快小城镇建设，振兴甘肃经济》，社会科学 1985 年第 2 期。

8.《东西部小城镇比较》，开发研究 1985 年第 2 期。

9.《从世界城市新潮流看小城镇的发展趋势》，社会科学 1987 年第 2 期。

10.《小农观念的调查与思考》，社会学研究 1987 年第 4 期。

11.《论协调发展战略及其特征》，开发研究 1988 年第 5 期。

12.《开发社会学初探》，中国社会学函授大学校刊 1989 年第 1 期。

13.《持续协调稳定发展是社会发展的保证》，中国社会报 1990年 9 月 28 日。

14.《西部民族地区发展中有关问题的反思》，甘肃社会科学 1990

年第 3 期。

15.《不发达地区农村社会保障与社会整合》，社会工作 1990 年第 1 期。

16.《建国前后甘肃毒品危害及禁毒活动》，甘肃文史资料选集34期 1991 年 7 月。

17.《当代毒品及其防治概述》，社会科学动态 1991 年第 2 期。

18.《中国西部毒品蔓延的现状和特点》，甘肃社会科学 1991 年第 3 期。

19.《毒品问题面面观》，高教与社会 1993 年第 1 期。

20.《区域经济合作与社会发展》，甘肃社会科学 1993 年第 2 期。

21.《甘肃社会发展的定量评估及问题分析》，社科纵横 1993 年第 2 期。

22.《邓小平社会发展思想及其特点》，甘肃社会科学 1994 年第 3期。

23.《中国民族地区社会发展特点及转型》，社会学研究 1994 年第 1 期。

24.《从可持续发展看中国社会第一问题》，中国社会报 1996 年8 月 8 日。

25.《建立具有中国特色的社会发展理论体系》，甘肃社会科学 1996 年第 2 期。

26.《兰州市社会发展思路的宏观思考》，兰州发展论坛 1997 年第 1 期。

27.《中国西北扶贫的举措——开放型移民》，中国研究（日本）1997 年 5 月。

28.《邓小平社会发展理论初探》，特区理论与实践 1998 年第 12期。

29.《邓小平社会发展理论的科学体系》,时代学刊 1999 年第 2 期。

30.《社会发展理论的演变走向及其特征》,甘肃社会科学 1999 年第 2 期。

31.《社会发展理论的本土化与邓小平社会发展理论》,中国经济体制改革和对外开放 20 周年文集，中国社会科学出版社 1999 年 5 月。

32.《中国西北黄土高原山村社会结构调整与社会发展》,香港国际学术会议文集,中国社会科学出版社 2000 年 4 月。

33.《论邓小平的协调发展思想》,毛泽东思想研究 2002 年第 1 期。

34.《中国民族社会学的发展现状及趋势》,西北民族研究 2002 年第 1 期。

35.《入世后陇东南经济社会发展的机遇与挑战》,天水师范学院学报 2002 年第 1 期。

36.《农业劳动力的剩余度、流动度和净剩余度》,与周林刚合作,东南学术 2003 年第 3 期。

37.《社会资本理论研究的拓展及问题》,与奂平清合作,香港社会科学 2004 年第 10 期。

38.《和谐社会的实质是三大关系的和谐》,甘肃日报 2005 年 6 月 3 日。

39.《关注新社会病——网络成瘾研究综述》,甘肃社会科学 2005 年第 2 期。

40.《社区建设中的国家与社会关系模式》,与马晓燕合作,甘肃社会科学 2005 年第 6 期。

41.《风险社会及安全建构》,与司睿合作,甘肃理论学刊 2006 年第 3 期。

42.《人、陇人与陇人品格》,甘肃社会科学 2006 年第 3 期。

43.《社会行动与行动者的责任》,甘肃社会科学 2008 年第 1 期。

44.《民族地区特殊的社会关系及其战略调整》,北京工业大学学报 2008 年第 1 期,新华文摘同年第 14 期全文转载。

45.《2009—2010 甘肃省社会发展分析与预测》,甘肃日报 2010 年 3 月 3 日。

46.《中国民族社会学学科的形成与发展》,中南民族大学学报 2011 年第 1 期。

47.《企业社会责任是一种竞争力》,中国社会报 2011 年 3 月 10 日。

48.《改革开放以来我国社会建设的阶段性特征》,西北师大学报 2011 年第 5 期。

49.《社会良性运行有赖于企业履行社会责任》,中国社会科学报 2012 年 2 月 27 日。

50.《走向低代价开发:西北开发的历史反思和现实应对》,社会学评论(北京)2013 年第 2 期。

51.《企业社会责任的思想传承和理论建构》,北京工业大学学报 2012 年第 6 期。

52.《在社会建设中引入和加强企业社会责任建设》,甘肃社会科学 2012 年第 5 期。

53.《城市居民住房来源途径与优化研究》,开发研究 2014 年第 2 期。

54.《论社会学的学术品格与底层意识》,与郭宏斌合作,甘肃社会科学 2015 年第 3 期。

55.《西部社会学:实践基础、理论建构和研究内容》,西北师大学报 2015 年第 1 期,新华文摘同年第 10 期全文转载。

56.《科学解读马克思主义民族关系理论体系》,西北民族大学报 2015 年第 1 期。

57.《中国农业现代化"短板"之辩》,西北师范大学学报 2017 年第 3 期。

二、著作

1.《统一战线工作问答》,合著,甘肃人民出版社,1985 年 2 月。

2.《社会学词典》,合著,山东人民出版社 1986 年 5 月。

3.《农村社会问题与社会发展》,甘肃人民出版社 1988 年 7 月。

4.《被害者学》,合著,中国矿业大学出版社 1989 年 11 月

5.《中国不发达地区农村社会发展》,中国经济出版社 1990 年 9 月。

6.《中国百县市经济社会调查——静宁卷》,合著,中国大百科全书出版社 1992 年 2 月。

7.《日趋严重的毒品问题》,甘肃人民出版社 1992 年 3 月。

8.《甘肃农村能源研究》,合著,甘肃人民出版社 1993 年 12 月。

9.《西北民族地区社会稳定与社会发展》,甘肃人民出版社 1994 年 6 月。

10.《山村社会——西北黄土高原山村社会发展动力研究》,甘肃人民出版社 2000 年 6 月。

11.《社会发展论》,中国社会科学出版社 2012 年。

12.《灾害社会学研究》,甘肃人民出版社 2000 年。

三、项目

1.《甘肃省 2000 年人才与智力开发战略与对策》,省科委,1987 年。

2.《中国不发达地区农村社会发展》,国家社会科学基金项目,

1988 年。

3.《中国百县市经济社会调查静宁卷》,合作,国家社会科学基金项目,1991 年。

4.《当代毒品及其防治》,国家社会科学基金项目,1992 年。

5.《民族地区经济发展通俗讲话》,合作,国家民委,省委宣传部委托,1992 年。

6.《甘肃省设市规划及预测》,省民政厅,省城建委 1992 年。

7.《西北民族地区社会稳定与社会发展》,合作,国家社会科学基金项目,1993 年。

8.《中国百县市经济社会调查永昌卷》,合作,国家社会科学基金项目,1993 年。

9.《中国农村供水与卫生·农民对供水改造的社会态度》,合作,联合国开发计划署委托项目,1994 年。

10.《中国百县市经济社会调查秦城卷》,合作,国家社会科学基金项目,1996 年。

11.《西北黄土高原山区农村社会发展动力研究》,国家社会科学基金项目,1997 年。

12.《树立高尚情操抵御毒品危害》,省政法委,1997 年。

13.《甘肃省非国有单位职称改革研究》,省科委,1998 年。

14.《邓小平社会发展理论研究》,省社会科学规划办,1999 年。

15.《全国社会科学学科调查·民族社会学》,国家社会科学规划办委托,2000 年。

16.《领导干部形象论》,省委组织部,2000 年。

17.《西北少数民族地区社会关系调整研究》,国家社会科学基金项目,20002 年。

18.《甘肃省科技环境与保障措施研究》,合作,省科技厅 2005 年。

《陇上学人文存》已出版书目

· 第一辑 ·

《马　通卷》马亚萍编选　　《支克坚卷》刘春生编选
《王沂暖卷》张广裕编选　　《刘文英卷》孔　敏编选
《吴文翰卷》杨文德编选　　《段文杰卷》杜琪　赵声良编选
《赵俪生卷》王玉祥编选　　《赵逵夫卷》韩高年编选
《洪毅然卷》李　骅编选　　《颜廷亮卷》巨　虹编选

· 第二辑 ·

《史苇湘卷》马　德编选　　《齐陈骏卷》买小英编选
《李秉德卷》李瑾瑜编选　　《杨建新卷》杨文炯编选
《金宝祥卷》杨秀清编选　　《郑　文卷》尹占华编选
《黄伯荣卷》马小萍编选　　《郭晋稀卷》赵逵夫编选
《喻博文卷》颜华东编选　　《穆纪光卷》孔　敏编选

· 第三辑 ·

《刘让言卷》王尚寿编选　　《刘家声卷》何　苑编选
《刘瑞明卷》马步升编选　　《匡　扶卷》张　堡编选
《李鼎文卷》伏俊琏编选　　《林径一卷》颜华东编选
《胡德海卷》张永祥编选　　《彭　铎卷》韩高年编选
《樊锦诗卷》赵声良编选　　《郝苏民卷》马东平编选

第四辑

《刘天怡卷》赵　伟编选　　《韩学本卷》孔　敏编选
《吴小美卷》魏韶华编选　　《初世宾卷》李勇锋编选
《张鸿勋卷》伏俊琏编选　　《陈　涌卷》郭国昌编选
《柯　杨卷》马步升编选　　《赵荫棠卷》周玉秀编选
《多识·洛桑图丹琼排卷》杨士宏编选
《才旦夏茸卷》杨士宏编选

第五辑

《丁汉儒卷》虎有泽编选　　《王步贵卷》孔　敏编选
《杨子明卷》史玉成编选　　《尤炳圻卷》李晓卫编选
《张文熊卷》李敬国编选　　《李　恭卷》莫　超编选
《郑汝中卷》马　德编选　　《陶景侃卷》颜华东　闫晓勇编选
《张学军卷》李朝东编选　　《刘光华卷》郝树声　侯宗辉编选

第六辑

《胡大浚卷》王志鹏编选　　《李国香卷》艾买提编选
《孙克恒卷》孙　强编选　　《范汉森卷》李君才　刘银军编选
《唐　祈卷》郭国昌编选　　《林家英卷》杨许波　庆振轩编选
《霍旭东卷》丁宏武编选　　《张孟伦卷》汪受宽　赵梅春编选
《李定仁卷》李瑾瑜编选　　《赛仓·罗桑华丹卷》丹　曲编选